KB022991

유한성 이후

유한성 이후

우연성의 필연성에 관한 시론

Après la finitude: Essai sur la nécessité de la contingence

퀑탱 메이야수

정지은 옮김

도서출판 b

| 일러두기 |

1. 이 책은 Quentin Meillassoux, *Après la finitude: Essai sur la nécessité de la contingence* (Éditions du Seuil, 2006)를 완역한 것이다. 이 책의 한국어판은 도서출판 b에서 2010년에 출간한 바 있다. 이후 2012년에 메이야수는 1장의 후반부를 증보하여 재출간한다. 새롭게 재출간하는 이번 한국어판은 그 증보된 내용을 모두 반영했다.
2. 본문의 각주는 모두 원주이며, 옮긴이의 각주는 [역]으로 표시했다.
3. 본문의 고딕체는 원문의 이탤릭을, 진한 명조체는 원문의 대문자 강조를 표시한 것이다.

| 차 례 |

서문

알랭 바디우

I

'철학계' 총서의 사명은 성숙되고 완성된 당대의 저서들과 모든 시대의 주요한 철학적 문헌들뿐만 아니라 개시의 의미를 읽어낼 수 있는 시론들을 출간하는 데 있다. 다음과 같은 질문에 답하는 텍스트들 말이다. '나는 어떤 상처를 치유하기 위해서, 실존의 살에 박힌 어떤 가시를 제거하기 위해서 철학자라고 불리는 자가 되었는가?' 베르그송이 주장했듯이 철학자는 오로지 하나의 이념만을 전개할 수도 있다. 여하간 철학자가 어떤 유일무이한 질문, 즉 젊음의 어느 주어진 순간에 사유와 삶을 꿰뚫고 생겨나는, 어떤 대가를 치르더라도 해답의 길을 발견해야 하는 질문으로부터 탄생한다는 것은 확실하다.

우리는 바로 이 표제 안에 퀑탱 메이야수의 이 책을 놓아야 한다.

II

특별히 중요한 철학적(혹은 저자의 용어를 적용하자면 '사변적') 기획의 단편인 이 짧은 시론은 칸트의 비판철학을 동기지었던 문제, 칸트가 주었던 해결책으로 말미암아 사유의 역사를 둘로 쪼개놓았던 그 문제를 뿌리에서부터 다시 취한다. 흄에 의해 가장 분명한 형태로 정립되었던 이 문제는 자연법칙의 필연성과 관계한다. 세계에 관해 우리가 알고 있거나 안다고 믿는 모든 것이 유래하는 감각적 경험이 분명 그것에 대해 어떤 것도 보장할 수 없을 때, 과연 무엇으로부터 이른바 그러한 필연성이 유래할 수 있을까? 칸트의 대답은, 우리가 알다시피, 모든 것은 경험으로부터 유래한다는 것에 대해서 흄에게 양보하고 있다. 그러나 뉴턴 이래 사람들이 자연법칙의 수학적 형식을 알고 있고, 자연법칙의 경험적 관찰과의 형식적 일치를 알고 있는바, 그러한 자연법칙들의 필연성에 대해서 양보하지 않으면서 칸트는 이렇게 결론을 내려야 한다. 사실상 그러한 필연성은 우리의 감각적 수용으로부터 유래하는 것일 수 없기 때문에 또 다른 원천을 가져야 한다고 말이다. 그것이 칸트가 '선험적 주체'라고 부르는 보편적 주체의 구성적 활동이다.

경험적 수용과 선험적 구성의 이러한 구분은 모든 근대적 사유에, 특히 필연성과 우연성 같은 '양태들'에 대한 모든 사유에 강요된 틀처럼 보인다. 들뢰즈와 푸코가 여전히 검토하는 것이 바로 그것이다. 하지만 카르납과 분석철학 전통에 있어 근본적인, 형식 과학과 경험 과학의 구분 안에서 우리가 재발견하는 것 역시 바로 그것이다.

퀑탱 메이야수는 흄의 문제에 대한 또 다른 이해, 더욱 '자연적'이지만 어느 정도 은폐되어 있었던 그런 이해가 완전히 다른 분할에 이르게 된다는 사실을 놀라울 정도로 단호하게 제시한다. 칸트처럼 메이야수는 필연성을 구해내는데, 여기에는 논리적 필연성이 포함된다. 그러나 흄처럼 그는 자연법칙의 필연성에는 받아들일 만한 어떤 토대도 존재하지 않는다는 것을 인정한다.

메이야수의 증명은 — 왜냐하면 문제가 되는 것은 실로 증명이기에 — 어떤 유일한 것이 절대적으로 필연적임을 확립한다. 유일한 그것은 자연법칙들이 우연적이라는 것이다. 상반된 양태들 간의 완전히 새로운 이 매듭은 사유를 세계 경험에 대한 전적으로 다른 관계 안에, 고전 형이상학의 '필연론적nécessitant' 주장을 해체함과 동시에 경험적인 것과 선험적인 것 간의 '비판적' 분할을 해체하는 관계 안에 자리 잡게 한다.

연이어서 퀑탱 메이야수는 근본적인 문제('나는 무엇을 인식할 수 있는가?')를 다시 취하면서 몇 가지 결과들을 끌어내는데, 이것들은 두 가지 다른 질문들로 향하게 된다. 즉 내가 해야 하는 것은 무엇인가? 그리고 내가 희망할 수 있는 것은 무엇인가? 동시대인들에게서 유한성 너머는 바로 거기서 전개된다.

현 단계에서 인식한다는 것은 무엇인가에 대한 역사로서 파악된 철학사 안에서 퀑탱 메이야수가 '독단주의', '회의주의', '비판'이라는 칸트의 정전正典적 분배와는 이질적인 새로운 길을 열어놓는다고 말하는 것은 과장이 아니다. 그렇다, 절대적인 논리적 필연성은 있다. 그렇다, 근본적인 우연성은 있다. 그렇다, 우리는 존재하는 것을 사유할 수 있으며, 이러한 사유는 구성적이라고 가정된 주체에 조금도 의존하지 않는다.

이 주목할 만한 '"비판"의 비판'은 여기서, 특별히 명석하고도 논증적인 스타일로 본질적인 것을 향해 곧바로 나아가면서 미사여구 없이 도입되고 있다. 그것은 사유의 운명이 — '종교적인 것의 복귀'가 영혼의 허구적 보충물을 제공해 주는 가운데 우리가 자족해 하는 저 단편들과 부분적 관계들이 아니라 — 절대적인 것이라는 사실을 다시금 정당화한다.

1. 선조성 L'ancestralité

제1성질과 제2성질의 이론은 복구할 수 없을 정도로 시효를 상실한 철학적 과거에 속하는 것처럼 보인다. 지금이 그것을 복권해야 할 때다. 오늘날의 독자에게 그러한 구분은 본질적인 철학적 쟁점이 부재하는 스콜라적 형식주의의 교묘함으로 비칠 수 있다. 그럼에도 불구하고, 앞으로 보게 될 테지만, 거기에 연루되어 드러나는 것은 사유와 절대적인 것의 관계 자체다.

우선, 문제가 되는 것은 무엇인가? '제1성질'과 '제2성질'이라는 용어 자체는 로크로부터 유래하지만 차이의 원리는 이미 데카르트에게서 발견된다.[1] 촛불에 데었을 때 나는 당연히 뜨거

- - - -

1. 이러한 차이를 다루는 주요 텍스트들 가운데, 우리는 다음의 것들을 언급할 수 있다: Descartes, *Méditations métaphysiques*, sixième Méditation, Oeuvres, éd. par C. Adam et P. Tannery(AT), nouvelle présentation, Paris, Vrin/CNRS, 1964-1974,

움의 감각이 나의 손가락에 있다고 생각하지 촛불에 있다고는
생각하지 않는다. 나는 속성들 가운데 하나처럼 불꽃 안에 현전
할 수 있을지도 모를 고통을 만지는 것이 아니다. 즉 땔감이
불타고 있을 때 그것은 자신을 데게 하지 않는다. 그러나 정동들
에 대해 우리가 인정하는 것은 감각에 대해서도 같은 방식으로
말해져야 한다. 음식의 맛은 음식이 맛보는 게 아니며, 따라서
음식이 섭취되기 전에 맛이 음식 안에 존재하는 게 아니다.
마찬가지로, 연속해서 이어지는 소리의 선율적 미는 멜로디가
듣는 게 아니다. 그림의 눈부신 색깔은 캔버스의 색료가 보는
게 아니다. 기타 등등. 간단히 말해서, (정동적인 성질이건 지각
적인 성질이건) 감각적인 그 어떤 것도 나 자신 혹은 다른
생명체와 관계하지 않으면서 오로지 사물 그 자체로서 내게
주어지는 방식으로 존재할 수 없다. 우리가 그러한 '즉자적'
사물을 사유 내부에서 고찰한다면, 다시 말해 사물이 나와 맺는
관계와 무관하게 사물을 고찰한다면 이러한 성질들 가운데

••••

rééd. 1996, vol. IX, pp. 57–72; *Les Principes de la philosophie*, Seconde partie, article 1 et article 4, AT, IX, II, pp. 63–65; Locke, *Essai philosophique concernant l'entendement humain*, introduction E. Naert, trad. Pierre Coste, rééd. Paris, Vrin, 1972, 제2권, chap. 8, pp. 87–97.

데카르트와 로크가 이러한 구분을 동일한 방식으로 이해하지 않았다는 것은 분명하다. 그러나 우리는 여기서 의미의 공통적 핵으로 나타나는 것에 집중한다.

그 어떤 것도 존속할 수 없는 것처럼 보인다. 관찰자를 걷어내 보자. 손가락을 치울 때 불꽃에서 고통이 '빠져나가는' 것처럼, 청각적, 시각적, 후각적 등등의 성질은 세계에서 빠져나간다.

그렇지만 우리는 감각적인 것을 지속적이고 자의적인 환각의 방식으로 내가 사물들 안에 주입하는 것일 수 있다고 말할 수 없다. 왜냐하면 실로 실재적인 것들과 이것의 감각 사이에는 항상적인 연결이 있기 때문이다. 붉음의 감각을 불러일으킬 수 있는 **사물**이 없다면, 붉은 사물의 지각도 없다. 실로 실재적인 불이 없다면, 데었다는 감각도 일어나지 않는다. 그런데 사물의 붉음이나 뜨거움이 내가 있을 때와 마찬가지로 내가 없을 때도 성질의 자격으로 존재할 것이라는 말은 이치에 맞지 않는다. 붉음의 지각이 없다면 붉은 사물은 존재하지 않는다. 뜨거움의 감각이 없다면 열기는 존재하지 않는다. 그러므로 감정적이든 지각적이든지 감각적인 것은 **관계로서만** 존재한다. 그것은 세계와 생명체로서의 나의 관계다. 실제로 감각적인 것은 꿈의 방식으로 단순히 '내 안'에 있지도, 내재하는 속성의 방식으로 '사물 안'에 있지도 않다. 감각적인 것은 사물과 나의 관계 자체다. 사물 그 자체 안에 있는 것이 아니라 사물과 나의 주관적 관계 안에 있는 감각적 성질들— 이러한 성질들은 고전 철학자들이 제2성질이라고 명명한 것에 상응한다.

그런데 성질에 관한 고전 이론을 실격시킨 것은 그런 제2성질이 아니다. 사물과 사물의 주관적 파악 사이의 관계의 결과로서만 생길 수 있는 속성들을 (기본적으로 '내가 부재하는 사물'인) '즉자적 사물'에 부여한다는 사실이 이치에 맞지 않다는 것은 실상 철학자 가운데 거의 누구도 다시금 문제 삼지 않는 진부한 생각이 되었다. 현상학의 유산 안에서 사람들은 데카르트나 로크가 그런 관계를 생각했던 방식 — 예컨대 사유작용-사유대상noético-noématique의 상관관계로서가 아니라, 물질적 신체의 기계적 활동과 연결된 사유 실체의 변형과 같은 관계 — 에 틀림없이 강경하게 반대할 것이다. 그런데 문제는 고전 철학자들이 감성의 구성적 관계를 규정했던 방식을 다시 집어 드는 데 있지 않다. 여기서는 감각적인 것이 사물에 내재하는 속성이 아니라 어떤 관계라는 사실만이 우리에게 중요해진다. 이러한 관점에서 바라보았을 때 데카르트나 로크에게 동의하는 것이 현대 철학자들에게 그다지 어렵지는 않다.

우리가 성질에 대한 고전 이론의 핵심, 다시 말해서 두 유형의 성질이 있을 것이라는 사실을 개입시키면서부터 사정은 달라진다. 왜냐하면 제2성질과 제1성질의 구분을 단호하게 실격시켰던 것은 구분한다는 사실 자체이기 때문이다. 다시 말해, 제2성질의 '주체화'(제2성질이 주체의 현전과 맺는 본질적인 관계를 명시하는 것)는 대상의 파악 가능한 모든 속성들에까지 확장되어서는 안 될 것이며, 다만 감각적 규정들에만 적용되어야 할 것이라는 믿음 말이다. 실제로 사람들은 속성의 제1성질을 대상과 분리할 수 없는 것으로 전제하면서 이해한다. 그것은 내가 그것을 파악하기를 멈출 때조차 사물에 속하는 것으로 가정된 속성이다. 그것은 내가 있을 때와 마찬가지로 내가 없을 때도 존재하는 사물의 속성들— 즉자의 속성들— 이다. 그러한 속성들은 어떻게 성립되는가? 데카르트에게 그것들은 연장의 영역에 속하는 속성, 따라서 기하학적 증명들의 대상을 만들어 낼 수 있는 속성들이다: 길이, 넓이, 깊이, 운동, 형태, 크기.[2] 우리로서는 연장의 개념을 개입시키는 것을 피할 터인바, 왜냐하면 그 개념은 감각적 표상과 분리될 수 없기 때문이다. 우리는 색깔이 입혀지지 않은 연장, 그러니까 제2성질과 연합하지 않은 연장을 상상할 수 없다. 데카르트의 테제를 현대 용어들로 재활성화하기 위해, 그리고 그 테제를 변호할 수 있다고 생각되는 용어들로 말하기 위해 우리는 이렇게 주장할 것이다. 수학적 용어들로 공식화될 수 있는 대상의 모든 것이 즉자적 대상의

• • • •

2. 우리가 여기서 검토할 수 없는 근거들을 이유로, 로크는 이 목록에 '견고함(solidité)'을 추가한다.
　　엄밀하게 로크적인 의미에서, 제2성질들이 제1성질들처럼 지각된 물체들에 내재한다는 점을 덧붙이자. 왜냐하면 제2성질들은 지각된 물체들이 자체적으로 소유하지 못하는 감각적 성질들을 정신 안에서 촉발시킬 수 있는 능력이자 지각된 물체들이 가진 능력에 상응하기 때문이다. 우리는 감각적 성질들이 지각된 사물에 대한 지각 관계에 의존하기 때문에 제2성질들을 감각적 성질들과 동일시하는 널리 퍼진 관례를 따르기로 한다.

속성으로 사유될 이유가 있다. 지각이나 감각이 아니라 수학적 사유(공식, 계수화)가 생겨나게 할 수 있는 대상의 모든 것이 내가 있을 때와 마찬가지로 내가 없을 때도 사물의 속성이 될 이유가 있다.

그러므로 주장하려는 테제는 이중적이다. 한편으로 우리는 감각적인 것이 오로지 주체와 세계의 관계로써 존재한다는 것을 인정한다. 그렇지만 다른 한편 우리는 수학화될 수 있는 대상의 속성들이 그런 관계의 속박으로부터 면제된다고, 내가 저 대상과 관계하든 아니든 그러한 속성들이 내가 파악하는바 대상 속에 실제로 존재한다고 단언한다. 이 테제를 정당화하기 전에 어째서 현대 철학에서는 그 테제가 불합리하게 나타날 수 있는지를 파악해야 하고, 그러한 외양적 불합리성의 정확한 원천을 밝혀야 한다.

이 테제가 현대인에게 무의미하게 보일 수 있는 모든 가능성들을 가지고 있다면, 이는 결정적으로 그 테제가 선비판적이기 때문이다 — 그것이 독단주의적 형이상학의 '소박한' 입장으로의 후퇴를 재현하기 때문이다. 실제로 조금 전 우리는 우리가 세계와 맺는 관계의 결과로써 나타나는 세계의 속성들과 우리가 세계와 맺는 관계와 무관하게 그 자체로서 존속하는 '즉자적' 세계의 속성들을 사유가 판별할 수 있다고 가정했다. 그런데 우리는 칸트 이후, 심지어 버클리 이후부터 이 명제가 유지될 수 없게 되었다는 것을 잘 알고 있다.[3] 그것이 유지될 수 없는 테제인 이유는 사유가 '즉자적' 세계를 '우리에 대한' 세계와 비교하기 위해 사유 자체로부터 벗어날 수 없기 때문이고, 따라서 우리가 세계와 맺는 관계에 의한 것과 세계에만 속하는 것을 판별할 수 없기 때문이다. 그러한 시도는 사실상 자기모순적이다. 즉자적 세계에 어떤 속성이 속한다고 사유하는 순간, 정확히 우리는 즉자적 세계를 사유하고 있으며, 따라서 그 속성은 본질적으로 우리가 즉자적 세계에 대해 가질 수 있는 사유와 관련되어 계시된다. 즉자가 '우리에 대한' 것이 되지 않고는 우리는 즉자를 표상할 수 없고, 혹은 헤겔이 재미나게 말하고 있듯이 대상이 그 자체로 존재할 수 있을 무엇을 알기 위해 그 대상을 '등 뒤에서' '기습'할 수 없다.[4] 이는 우리가 세계와 맺는 관계를 넘어서 있는 것에 대해 알 수 있는 것은 아무것도 없다는 것을 의미한다. 그러므로 대상의 수학적 속성들은 선행하는 주관화에 대해 예외가 될 수 없을 것이다. 그것들 역시

• • • •

3. 이 점에 관해서 우리는 칸트가 마르쿠스 헤르츠에게 보낸 1772년 2월 21일자의 편지에 대한 알랭 르노의 분석을 참조할 것이다; *Kant aujourd'hui*, Aubier, 1997, 제1장, pp. 53-77. 제2성질과 제1성질의 구분에 대한 버클리의 비판에 대해서는 *Principes de la connaissance humaine*, *Oeuvres*, volume I, trad. Marilène Philips, PUF, 1985, Première partie, § 8-10, pp. 322-324를 참조할 것이다.

4. *Phénoménologie de l'esprit*, trad. B. Bourgeois, Introduction, Vrin, 1997, p. 201.

주체가 소여된 것과 유지하는 관계에 의존적인 것으로서 — 주체가 전통적 칸트주의자라면 표상의 형식으로서, 현상학자라면 주체성의 활동으로서, 분석철학자라면 그에 특수한 형식 언어 등등으로서 — 파악되어야 한다. 그러나 모든 경우에 선험적 혁명의 정당성을 인정하는 — 독단주의적이 아니라 '후-비판적post-critique'이기를 바라는 — 철학자는, 그것이 대상의 수학적 규정이라고 할지라도 어떤 것을 사유하는 자가 언제나 우리라는 사실을 완전히 제외시키면서 그 어떤 것을 사유할 수 있다고 믿는 것은 순진하다고 주장할 것이다.

사실 우리는 이 주제로 돌아올 것인데, 선험적 혁명이 단순히 독단주의적 형이상학들의 소박한 실재론(버클리의 주관적 관념론을 이미 채우고 있었던 소박한 실재론)을 실격시키는 데 놓였을 뿐만 아니라 무엇보다도 독단주의적 맥락 바깥의 대상성을 재정의하는 데 놓였다는 것에 주목하자. 실제로 칸트의 구조 안에서 대상에 대한 진술의 일치는 더 이상 '즉자'로서 전제된 대상에 대한 표상의 '합치'나 '유사성'으로 정의될 수 없는데, 왜냐하면 그런 즉자는 접근 불가능하기 때문이다. 그러므로 객관적 표상('태양이 돌을 데운다'의 유형)과 '단순히 주관적인' 표상('내게는 이 방이 더운 것 같다'의 유형)의 차이는 주관적 표상들의 두 가지 유형 사이의 차이로 기능해야만 한다: 보편적일 수 있는 — 다시 말해, 권리상 누구나 경험할 수 있고 그런 자격에서 '과학적'인 ── 표상들과 보편적일 수 없으며, 결과적으로 과학 담화에 속할 수 없는 표상들. 이제 **상호주관성**, 즉한 공동체의 합의는 객관성의 참된 기준의 자격으로서, 그리고더 특별하게는 과학적 객관성의 참된 기준의 자격으로서 한고독한 주체의 표상들과 사물 그 자체의 **합치**를 대신하게끔주어진다. 과학적 진리는 자신의 소여됨과 무관하다고 가정된즉자 존재에 일치하는 것이 더 이상 아니다. 하지만 과학적진리는 과학 공동체에 공유되어 주어질 수 있는 것일 수 있다.

이러한 고찰들에 의해 우리는 어째서 칸트 이후 현대 철학의중심 개념이 **상관관계**^corrélation^가 되었는지를 파악할 수 있다. '상관관계'는, 우리가 사유와 존재의 상관관계에만 접근할 수있을 뿐이며, 그것들에서 따로 추출해 낸 어느 하나의 항목에는절대로 접근할 수 없다는 의미로 이해된다. 따라서 이제부터우리는 그처럼 이해된 상관관계의 넘어설 수 없는 특징을 주장하는 사유의 모든 흐름을 **상관주의**^corrélationisme^라고 명명할 것이다. 그러므로 소박한 실재론이기를 원치 않는 모든 철학이 상관주의의 변이형이 되었다고 말하는 게 가능해진다.

그러한 철학소^philosophème^ ── '상관관계, 상관주의' ── 의 의미를 좀 더 자세히 검토해 보자.

상관주의는 주관성의 영역과 객관성의 영역을 각자 무관한 것처럼 사유하는 모든 주장을 실격시키는 데 있다. 우리는 주체와의 관계로부터 따로 분리된 '즉자적' 대상을 결코 파악할수 없다고 말해야 할 뿐만 아니라, 언제나-이미 대상과 관계하고 있지 않은 주체를 결코 파악할 수 없다고 주장해야 한다. 악순환으로 들어가지 않으면서, 곧바로 자기모순에 빠지지 않으면서즉자를 사유한다고 주장할 수 없다는 저 논증을 '상관관계적원환'이라고 명명할 수 있다면, 우리는 철학자들에게는 매우친숙한 저 다른 형상의 추론을 '상관관계적 무도의 스텝pas de danse corrélationnel'이라고 명명할 수 있다. 이 형상은 우리가현대의 저작들에서 매우 빈번하게 발견하는 것이며, 다음과같이 주장한다. '주체와 대상이 각자 자체적으로 존속할 수있으며 이 둘을 유지하는 관계가 다른 곳에서 유래하여 부가되는그런 두 존재자처럼 사유하는 건 순진하다고 할 수 있다. 그와반대로 이를테면 관계가 최초다. 세계는 오로지 내게 세계처럼나타나기 때문에 세계의 의미를 가지며, 내가 나라는 의미를갖는 것은 오로지 내가 세계와 마주하고 있기 때문에, 세계가내게 자신을 드러내기 때문이다…….'[5]

일반적으로 현대의 '무도의 스텝', 그것은 연결된 항들에대한 관계의 우선성에 대한 믿음, 상호 관계의 구성적 역량에

• • • •

5. Ph. Hunement, E. Kulich, *Introduction à la phénoménologie*, Armand Colin, 1997, p. 22.

대한 믿음이다. '공共'(공–소여됨co-donation, 상관–관계co-relation, 공–본래성co-originarité, 공–현전co-présence 등등), 그러한 '공co-'은 현대 철학의 지배적 소사小辭이고, 현대 철학의 진정한 '화학 공식'이다. 그래서 우리는 칸트 이전까지 철학의 주된 문제들 가운데 하나가 실체를 사유하는 데 있었던 반면에, 칸트 이래 문제가 되었던 것은 특히 상관관계를 사유하는 것이었다고 말할 수 있다. 선험철학 이전에 경쟁적 철학자들을 결정적인 방식으로 분리할 수 있었던 질문들 가운데 하나는 누가 진정한 실체를 사유하는지였다. 이념을 사유하는 철학자인가, 아니면 개체, 원자, 신을 사유하는 철학자인가, 신이라면 어떤 신인가? 칸트 이후, 그리고 칸트부터 두 경쟁적 철학자를 분리한다는 것은 이제 누가 진정한 실체성을 사유하는지를 묻는 것으로 귀착되는 게 아니라, 누가 가장 본원적인 상관관계를 사유하는 지를 묻는 것으로 귀착된다. 주체–대상의 상관관계의 사상가인 가, 노에시스–노에마의 상관관계의 사상가인가, 언어–지시 대 상의 상관관계의 사상가인가? '무엇이 고유의 기체인가'라는 질문은 없고 '무엇이 고유의 상관관계인가'라는 질문이 있다.

의식과 언어는 20세기 상관관계의 주된 두 가지 '환경'이었다. 그것들 각각이 현상학과 분석철학의 다양한 흐름을 지탱하고 있었다. 프란시스 볼프Francis Wolff는 의식과 언어를 '대상들–세계들'로 만들면서 그것들을 매우 정확하게 특징짓는다.[6] 사실상 의식과 언어는 독특한 대상들인데, 왜냐하면 '세계를 만들기' 때문이다. 그리고 이 대상들이 세계를 만든다면, 그것은 한편으로 의식과 언어에 대해 '모든 것이 내부'이지만, 다른 한편으로 '모든 것이 외부……'이기 때문이다. 볼프는 계속해서 말한다. '모든 것은 내부다. 왜냐하면 도대체 무언가를 사유할 수 있기 위해서는 "그것에 대한 의식을 가질 수" 있어야 하기 때문이고 그것을 말할 수 있어야 하기 때문이다. 따라서 우리는 의식 혹은 언어 속에, 빠져나올 수 없는 채 갇혀 있다. 그런 의미에서, 의식과 언어는 외부를 갖지 않는다. 하지만 다른 의미에서, 의식과 언어는 완전히 외부로 향해 있다. 그것들은 세계의 창문, 바로 그것이다. 왜냐하면 의식을 가진다는 것은 언제나 무언가에 대한 의식을 가진다는 것이고, 말한다는 것은 필연적으로 무언가에 대해 말한다는 것이기 때문이다. 나무의 의식을 가진다는 것은 나무 자체에 대한 의식을 가지는 것이지, 나무의 관념에 대한 의식을 가지는 게 아니다. 나무에 대해 말하는 것은 어떤 단어를 진술하는 게 아니라 사물에 대해 말하는 것이다. 결과적으로 의식과 언어가 자신들 속에 세계를 가둘 수 있는 것은, 역으로 그것들이 완전히 세계 속에 있는 한에서다.

● ● ● ●

6. *Dire le monde*, PUF, 1997, p. 11.

우리는 투명한 감옥 속에 있는 것처럼 의식 혹은 언어 속에 있다. 모든 것이 외부지만 그것을 빠져나가는 건 불가능하다.[7]

의식과 언어에 대한 현대 철학자들의 이러한 기술에서 주목할 만한 건 상관관계적 외부성이라는 역설적 특징을 제시한다는 것이다. 한편으로 상관주의는 언어처럼 의식이 어떤 근본적인 외부와 맺는 본원적 관계를 기꺼이 주장한다(현상학의 의식은 자신을 초월하고, 사르트르가 말하듯 세계를 향해 '스스로를 폭발시킨다'). 그러나 다른 한편 그런 주장은 그와 같은 외부 속에 갇혀 있고, 유폐되어 있다는 기이한 감정을 숨기는 것처럼 보인다('투명한 감옥'). 우리는 실제로 언어와 의식의 바깥 l'en-dehors 속에 갇혀 있는데, 이는 우리가 언제나-이미(이것은 '공co-'과 함께, 상관주의의 또 다른 근본적인 어법이다) 거기에 있기 때문이고, 저 '대상들-세계들', 외부성 전체의 넘을 수 없는 소여자들을 외부로부터 관찰할 수 있는 그 어떤 시점도 갖추고 있지 않기 때문이다. 그런데 만약 저 외부가 유폐적 외부처럼, 그 속에 갇혀 있다고 느끼는 게 충분한 의미를 갖는 그런 외부처럼 우리에게 나타난다면, 이는 사실을 말하자면 그것이 전적으로 상대적이기 때문이다 — 정확히 그것이 우리 자신에 대해 상대적이기 때문이다. 의식과 의식의 언어는 확실

• • • •
7. *Ibid.*, pp. 11-12.

히 세계를 향해 스스로를 초월하지만, 세계는 의식이 스스로를 초월하는 한에서만 존재할 뿐이다. 그러므로 외부의 그러한 공간은 우리가 마주 대하는 무엇의 공간, 우리 고유의 실존의 상대자라는 자격으로서만 실존하는 무엇의 공간일 뿐이다. 그렇기 때문에 실제로 우리는 그런 세계 안으로 빠져듦으로써 그렇게까지 멀리 자신을 초월하지는 않는 것이다. 우리는 — 메달이 자신의 배면만을 알 수 있는 것처럼 — 마주하며 머물러 있는 것의 양쪽 면을 탐사하는 데 만족한다. 그리고 현대 철학자들이 사유는 외부로 향하는 순수한 정향이라고 주장하느라고 온 힘을 기울인다면, 이는 실제로 잘 겪어내지 못한 애도 — 독단주의의 포기에 내재하는 어떤 상실에 대한 부인 — 때문일 것이다. 사실상 현대 철학자들은 거대한 외부Grand Dehors, 선비판적 사상가들의 절대적 외부Dehors absolu를 영원히 상실했다는 희미한 인상을 가질 수 있을 것이다. 그 외계는 우리에 대해 상대적이지 않으며, 존재하는 그것으로 있기 위해 자신의 소여됨과 상관없이 제공되는 것, 우리가 사유하든 아니든지 자체적으로 실존하는 것이었다. 이국의 영토에 있다는 — 이제는 완전히 다른 곳에 있다는 — 정당한 감정과 함께 사유가 돌아다닐 수 있었던 저 외부.

끝으로, 후비판적 철학소에 대한 이 간결한 설명을 마치기 위해, 사유-존재의 상관관계는 주체-대상의 상관관계로 환원될 수 없다는 점을 강조해야 한다. 달리 말해서 상관관계의 현대 사유에 대한 지배는 표상 철학들의 지배를 함축하지 않는다. 실제로 사유와 존재의 더 본원적인 상관관계의 이름으로 표상의 철학들을 비판하는 것이 가능하다. 그리고 사실상 표상에 대한 비판들은 상관관계와의 단절, 다시 말해 독단주의로의 단순한 복귀를 의미하지 않았다.

이와 관련해서 한 가지 실례 — 하이데거의 실례 — 를 드는 것으로 만족하자. 한편으로, 하이데거에게서 확실히 중요한 것은 모든 표상의 형이상학에서, 대상으로서 간주되는 유일한 현재적-존재자를 위한 존재의 마멸 또는 현전의 마멸을 지적하는 것이다. 그러나 다른 한편, 존재자의 탈은폐의 한가운데서 그것을 가능하게 하는 존재의 은폐를 사유한다는 건, 하이데거에게서 **존재사건**이라고 명명된 인간과 존재의 본원적 **공속**共屬, Zusammengehörigkeit이 고려되고 있다는 것이다.[8] 따라서 후기 하이데거에게서 핵심적인 존재사건의 개념은 칸트로부터 상속된, 그리고 후설 현상학에 의해 연장된 상관관계의 요청에 충실한 것으로 남는다. 왜냐하면 존재사건인 '공속co-appropriation'은, 인간과 존재는 오직 나중에야 관계 속으로 들어가는 그런 두

• • • •

8. "Identité et Différence", *Question I*, trad. A. Préau, Gallimard, 1968, pp. 262-271.

'즉자'들처럼 정립될 수 없다는 것을 의미하기 때문이다. 반대로 귀속appropriation의 저 두 항은 본원적으로 그것들 상호 간의 관계에 의해 구성된다. '존재사건은 인간과 존재의 본질적 결합, 그 둘의 고유한 존재의 서로 속함에 의한 결합이다.'[9] 그리고 그 뒤를 잇는 문장들은 하이데거에게서 상관관계적 '무도의 스텝'이 엄격하게 유지되고 있다는 것을 보여준다. '"존재"를 말하면서, 인간의 본질에 현전하는-존재를 따로 떼어놓고 인간의 본질 자체가 "존재"를 구성하는 데 기여한다는 것을 이해하지 못할 때 우리는 "존재 자체"에 대해 거의 말하는 바가 없다. 또한 (인간-존재가 아니라) "존재"를 말하면서 인간 자신에 대해 인간을 정립한 다음, 그와 같이 정립되어 있던 존재와의 관계 속에 인간을 놓을 때 우리는 인간에 대해 거의 말하는 바가 없다.'[10]

• • • •

9. *Ibid.*, p. 272. 하이데거는 '공속'이라는 용어에서, 속함이 '공(zusammen)'으로부터 이해되어야 하는 게 아니라 '공'이 속함의 의미로부터 이해되어야 한다는 것을 확실히 강조한다. 그러나 중요한 건 단지, nexus와 connexio처럼, 그리고 체계의 질서에의 복종처럼 형이상학의 방식으로 사유와 존재의 일치를 이해하는 것을 삼가야 한다는 것이다. 중요한 건 'co-'를 포기하는 게 아니라 표상의 도식 바깥에서 그것의 본래성을 재사유하는 것이다. 이와 관련해서 같은 책, pp. 262-263을 볼 것.

10. "Contributions à la question de l'être", *Question I*, op. cit., trad. G. Granel, pp. 227-228. 인용문은 자크 롤랑의 번역을 따른다, *in* Gianni Vattimo, *Introduction à Heidegger*, Éd. du Cerf, 1985, p. 121.

그러므로 우리는, 근대성과의 단절의 정도가 어떠하든 단순하게 독단주의적인 입장으로 후퇴하기를 원치 않는 모든 철학자가 스스로 인정해야 하는 결정들의 수를 가늠할 수 있다 ─ 상관관계적 원환과 상관관계적 무도의 스텝/과학적 객관성의 재정의에 있어 합치를 상호주관성으로 대체함/표상에 대한 비판 안에서도 상관관계를 유지하기/유폐적 외부. 이 공준들은 모든 '후비판적' 철학을 특징짓는다. 다시 말해 선비판적 형이상학으로 향하는 단순하고 순수한 모든 복귀를 거부하기 위해 칸트주의에 충분하게 충실하기를 바라는 철학을 특징짓는다.

　우리가 제1성질들의 실존을 지지하면서 위반하게 되는 것이 바로 저 결정들 전체다. 그렇다면 우리는 뻔히 알고 있으면서도 독단주의로 퇴보할 수밖에 없는 것일까? 그리고 이처럼 상관관계의 원환과 단절하게끔 우리를 자극하는 건 무엇인가?

* * *

　그것은 단순한 선이다. 이 선은 여러 뉘앙스를 지닐 수 있다. 짧은 수직선들에 의해 분리된 색의 스펙트럼과 어느 정도 유사하다. 이 짧은 수직선들 위에는 어마어마한 양을 상징하는 숫자들이 있다. 그 선은 우리가 대중 과학 서적들 어디에서나 볼 수

있는 그런 것이다. 숫자들은 날짜들을 지시하며, 그 날짜들은
주로 다음과 같다.

- **우주**의 기원 (135억 년 전)
- **지구**의 형성 (44억 5천만 년 전)
- 지구의 생명체의 기원 (35억 년 전)
- 인간의 기원 (*Homo habilis*, 200만 년 전)

　　오늘날 실험과학은 의식과 생명의 도래에 선행하는 사건들과
관련된 진술들을 산출할 수 있다. 이 진술들은 때때로 **지구**상의
모든 생명 형태보다 더 오래된 '대상들'의 연대 측정으로 이루어
진다. 이 연대 측정의 절차는 오래전부터, 시간 안에서 화석들의
서로 간의 위치들만을 문제 삼는 한에서 이를테면 이미 상대적이
었다(특히 이 절차는 화석들이 발견된 암석층들의 상대적 깊이
에 대한 연구에 의해 얻어졌다). 연대 측정은 측정된 대상들의
실제적 지속 기간을 규정할 수 있는 기술이 완성된 시기 이후
'절대적'이 되었다(1930년대 이후). 이러한 기술은 일반적으로
방사능 핵 분해의 속도 상수와 열광熱光 법칙에 근거한다 ― 후
자는 방사능에 의한 연대 추적의 기술을 행성들이 발하는 빛에
적용할 수 있도록 허락한다.[11]
　　그러므로 오늘날의 과학은 ― 수정 가능한 가설의 자격일지

라도— 최초의 영장류의 출현에 선행하는 생명체 화석의 형성 시기, **지구**의 형성 시기, 혹은 천체의 형성 시기, 더 나아가 **우주** 자체의 '나이$^{anciennet\'e}$'를 정확하게 규정할 수 있다.

그러할 때 우리가 관심을 갖는 질문은 이렇다. 천체물리학자들, 지질학자들, 혹은 고생물학자들이 **우주**의 나이, **지구**의 형성 시기, 인간에 선행하는 어떤 종의 출현 시기, 인간 자체의 출현 시기를 문제 삼을 때, 그들은 무엇을 이야기를 하는가? 사유의 출현에 선행하는 것으로, 심지어 생명에 선행하는 것으로 제시된— 즉 인간이 세계와 관계하는 모든 형식에 선행하는 것으로 제시된— 세계의 소여와 명백히 연관된 과학적 진술의 의미를 어떻게 이해해야 하는가? 혹은 보다 정확하게 말해서— 살아 있는 그리고/혹은 사유하는— 세계와의 관계를 어떤 시간성 속에 기입된 하나의 사실로 만드는 진술의 의미를 어떻게 사유해야 할 것인가? 그러한 시간성 가운데 저 관계가 다른 관계들

• • • •

11. 도미니크 르쿠르는 1980년대 미국의 신창조론자의 논쟁적 맥락에서, 이러한 절대적인 연대추적들(datations absolues)의 역사가 지니는 본질적인 요소들을 상기시킨다. *L'Amérique entre la Bibile et Darwin*, PUF, 1992, chap, IV, p. 100과 그 이후. 이 점과 관련해서 또한 *Scientific American: Pour la science, Le temps des datations*, janvier-mars 2004의 프랑스어본을 참조할 수 있다. 보다 기술적인 개요를 위해서는 *Méthodes de datation par les phénomènes nucléaires naturels, Applications*, sous la dir. de E. Roth et B. Pouty, coll. CEA, Masson, 1985, chap. I. A("Principes; généralités", E. Roth)와 chap. IX("La thermoluminescence", C. Lalou 와 G. Valados)를 참조할 것.

가운데 하나에 불과할 때, 저 관계가 하나의 기원이 아니라 표식에 불과한 그런 어떤 연속 속에 기입될 때 말이다. 어떻게 과학은 간단히 그런 진술들을 사유할 수 있으며, 어떤 의미에서 우리는 저 진술들에 궁극적 진리의 성격을 부여할 수 있는가?

용어를 정하자.

— 우리는 인간 종의 출현에 선행하는—심지어 집계된 지구 상의 전 생명 형태에 선행하는—실재 전부를 선조적인 것$^{ances-tral}$이라고 명명한다.

— 우리는 지나간 생명 흔적들을 가리키는 물질들(고유한 의미에서 화석들)이 아니라 지구의 생명체에 선행하는 실재의 존재나 선조적 사건의 존재를 가리키는 물질들을 원화석$^{archi-fossile}$ 혹은 물질-화석$^{matière-fossile}$이라고 명명한다. 그러므로 원 화석은 선조적 현상에 대한 측정을 가능하게 하는 물질적 지탱물을 가리킨다. 가령 방사능에 의해 그 분해 속도가 알려지는 동위원소나 자신의 형성 시기에 대한 정보를 제공할 수 있는 행성의 광선이 그런 것이다.

그러니까 간단한 확증적 사실로부터 다시 출발해야 한다: 오늘날의 과학은 우주의 나이, 행성들 혹은 지구의 형성과 관련된 일정 수의 선조적 진술들을 정식화한다. 그러한 진술들의 정식화를 위해 사용된 기술들의 신뢰도를 판단하는 건 우리의 문제가 분명히 아니다. 반면에 우리가 관심을 갖는 건 그 진술들이 어떤 의미 조건들에 부합하는지를 아는 것이다. 그리고 보다 정확히, 우리는 상관관계가 선조적 진술들에 어떤 해석을 제공할 수 있을지를 묻는다.

여기에 어떤 정확성이 필수적이다. 관념론의 주된 두 가지 형식이 존재하듯이 상관관계의 사유에도 주된 두 가지 형식이 확실히 존재한다(우리는 이 지점으로 다시 돌아올 것이다). 상관관계는 사실상 선험적(그리고/혹은 현상학적) 관점에서 극복될 수 없는 것이거나 사변적 관점에서 극복될 수 없는 것처럼 제시될 수 있다. 두 가지 명제를 주장하는 것이 가능한데, 하나는 우리가 상관관계들이 아닌 다른 어떤 것도 이해할 수 없다는 것이고, 다른 하나는 상관관계 그 자체가 영원하다는 것이다. 후자의 경우, 즉 상관관계를 실체화하는 경우 우리는 더 이상 엄밀한 의미에서의 상관주의가 아니라 **에고**나 **정신**을 존재자의 소여됨의 영원한 상대자로 만들기 위해 그것들을 영속시키게 될 형이상학과 관계한다. 이러한 관점에서 선조적 진술은 곤란을 야기하지 않는다. **영원한 상관물**의 형이상학자는 '선조적 **증인**Témoin ancestral'의 실존을, **지구**의 형성이나 심지어 **우주**의 형성이라는 사건까지 포함하는 사건 전체를 현상으로, 즉 누군가에게 소여된 것으로 만드는 주의 깊은 **신**의 존재를 주장할 것이다. 그러나 상관주의는 형이상학이 아니다. 상관주의는 상관관계를 실체화하지 않는다. 오히려 그것은 상관관계를 통해 모든 실체를, 모든 실체화를— 인식의 대상이 자체적으로 실존하는 **존재자**로 되는 실체화를— 제한한다. 우리가 우리 자신을 상관관계적 지평으로부터 추출해 낼 수 없다고 말하는 것, 이것은 개체들 안에서의 상관관계의 구현과 무관하게 상관관계가 자체적으로 실존할 수 있을 것이라고 단언하는 게 아니다. 우리는 인간에게서가 아닌 다른 데서 주어지는 상관관계를 알지 못하고, 상관물의 그러한 탈脫구현이 진실로 가능한지를 발견하기 위해 우리 자신으로부터 벗어날 수 없다. 그러므로 선조적 **증인**은 엄밀한 상관주의의 관점에서 보았을 때 비합법적인 가설이다. 그래서 우리가 제기했던 질문은 이렇게 재정식화될 수 있다. 우리가 상관물의 실체성을 거부하면서 상관물의 중심에 자신을 놓을 때, 어떻게 선조적 진술을 해석할 수 있다는 말인가?

우선 선조적 진술들의 의미는 데카르트주의와 같은 독단주의적 철학에 문제를 일으키지 않는다는 사실에 주목하자. 사실상 『성찰』을 신봉하는 물리학자에게 그러한 사건들이 무엇을 의미하겠는가? 그는 우선 이렇게 지적할 것이다. 지구의 생명체의 출현에 선행하는 사건— 가령 지구의 집적集積 기간(우리의 행성의 형성에 원인이 되는 물질의 축적 기간)— 과 관련해서, 그때는 '무척 더웠다'든지 빛이 '눈부셨다'라고 말하는 것, 혹은 그런 유형의 다른 주관적 판단들을 말하는 건 중요한 의미를 갖지 않는다고 말이다. 지구의 집적을 직접적으로 경험했던 관찰자를 알지 못하는 한— 심지어 생존한 관찰자가 어떻게 그러한 경험에도 살아남을 수 있었는지를, 그가 그러한 열기를 견뎌낼 수 있었는지 아니었는지를 파악하지 못하는 한— 우리는 그 사건과 관련해서 '측량들'이, 다시 말해 수학적 소여들이 우리에게 규정하도록 허락하는 것을 정식화하는 데 만족할 것이다. 가령 그것은 45억 6천만 년 전쯤 시작되었고, 한순간에 일어나지 않았으며, 수백만 년을 두고, 심지어 수천만 년을 두고 진행되었다고, 그것은 공간 내에서 일정한 부피를 점유했는데 그 부피가 시간을 거치면서 다양해졌다는 등등의. 그러므로 한 생명체의 현전에 내재하는 성질들— (파장의 길이가 아닌) 색깔, (온도가 아닌) 열기, (화학적 반응이 아닌) 냄새 등—, 다시 말해 그런 제2성질들이 지구의 집적 순간에 실존했다고 주장하는 건 무의미하다고 말해야 할 것이다. 왜냐하면 그런 성질들은 생명체가 자신의 환경과 맺는 관계의 양태들을 표상하기 때문이며, 집계된 모든 생명 형태에 선행하는 사건, 심지어 생명체의 실존과 양립 불가능한 사건을 기술하기에 적절하지 않기 때문이다. 그에 반해 수학적 용어들로 정식화될 수 있는 집적에 관련된 진술들은, 그것을 직접적으로 경험하기 위해 거기에 현전하는 그 어떤 관찰자가 없을지라도 문제가 되는 사건의 실제적 속성들(사건의 시기, 지속 기간, 외연)을 지시한다고 사람들은 주장할 것이다. 그 결과, 사람들은 물질에 대한 데카르트의 테제를 지지할 것이나— 실로 이 점에 주목해야 하는데— 피타고라스의 테제를 지지하지 않을 것이다. 사람들은 집적의 존재가 내생적으로 수학적이라고, 선조적 진술 안에 개입된 수나 방정식들이 즉자적으로 실존한다고 말하지 않을 것이다. 왜냐하면 그랬을 때 수나 방정식이 관념적 실재인 정도로 집적도 관념적 실재라고 말해야 할 것이기 때문이다. 일반적으로 진술들은 어떤 의미 작용적 실재인 한에서 관념적이다. 그러나 그것들의 결과적 지시물들이 필연적으로 관념적이지는 않다(진술이 어떠하든지 깔개 위의 고양이는 실재적이다. '고양이가 깔개 위에 있다'는 관념적이다). 그러므로 이런 경우 사람들은 이렇게 말할 것이다. 시기, 부피 등과 관련된 진술들의 **지시물들**은 그 진술들이 기술하는바 45억 6천만 년 전에 실존했다고, 하지만 우리와 동시대적인 그 진술들 자체가 실존하는 건 아니라고 말이다.

그러나 더 정확해져야 한다. 과학자는 자신이 기술하는바 선조적 사건이 확실히 일어났다고 단호한 방식으로— 이는 신중함을 결여하는 게 될 터이다— 말하지는 않을 것이다. 적어도 칼 포퍼 이래 우리는 실험과학을 통해 발전된 모든 이론이 원리상 수정될 수 있다는 것을 잘 알고 있다. 다시 말해 우리는 더 다듬어지거나 경험에 더 일치하는 이론을 위해 선행하는 이론이 거부될 수 있다는 것을 잘 알고 있다. 그렇지만 그렇다고 해서 자신의 진술이 참이라고 가정할 이유가 있다고 과학자가 생각하는 것을 막지는 못할 것이다. 사건은 결과적으로 그가 기술하는 바대로 일어났을 수 있고, 또 다른 이론이 그의 기술을 밀어내기 전까지 그가 재구성한 기술로 사건의 실존을 인정한다는 건 합법적이다. 그리고 어찌 되었든 그의 이론이 거부된다면, 이는 여전히 선조적 영역에 대한 또 다른 이론을 위해서, 그 또한 참이라고 가정된 또 다른 이론을 위해서일 뿐이다. 그러므로 데카르트적 관점에서, 선조적 진술들은 실험과학이 발전하는 가운데 주어진 어느 순간에 바로 그 과학에 의해 유효성을 인정받는 한 그 지시물들이(과거의 것이라고 할지라도) 실재로서 제시될 수 있는 진술이다.

이 모든 것은 과학자가 자신의 분야에서 형성해 내는 이해들을 데카르트주의가 아주 만족스러운 방식으로 해명하고 있다고 말할 수 있게 한다. 더 멀리 나아가지 않는다 해도, 우리는 성질 이론의 관점에서 과학자들이 칸트주의보다는 데카르트주의와 한층 더 친화성을 가진다고 장담할 수 있다. 과학자들은 제2성질들이 생명체가 자신의 세계와 맺고 있는 관계의 자격으로서만 실존한다는 것을 어렵지 않게 인정할 테지만, ― 수학화될 수 있는 ― 제1성질들이 사물 그 자체의 속성으로서가 아니라 우리 자신이 실존한다는 조건에서만 실존할 수 있다는 것을 인정하는 데는 틀림없이 훨씬 더 망설일 것이다. 그리고 사실을 말하자면, 어떻게 상관주의자들이 선조성을 설명할 수 있는 방법을 결정할 것인지에 대해 우리가 진지하게 관심을 갖는 순간부터 우리는 과학자들을 너무나 잘 이해할 수 있다.

앞선 해석[선조적 진술들에 대한 해석]이 상관관계적 관점에서는 인정되기가 ― 최소한 문자 그대로 인정되기가 ― 불가능하다는 것을 제대로 이해해야 한다. 확실히 철학자들은 과학적 소재들에 관한 한 겸손하거나, 신중해지기까지 했다. 그러므로 일반적으로 철학자는 우선 그들의 견해가 과학자의 작업을 방해하는 게 전혀 아니라는 것을, 그리고 연구와 관련된 과학자의 표현 방식이 전적으로 합법적이라는 것을 보증할 것이다. 그러나 철학자는 덧붙일 것이다(혹은 자신을 위해 이렇게 생각할 것이다). 그것의 영역 내에서 합법적이라고. 생각해 보자. 과학자가 자발적으로 어떤 실재적 태도, '보통의 인간homme du commun'과 공유하는 태도를 가진다는 건 정상적이고 당연하다. 그러나 철학자는 과학의 이런저런 진술들에 어떤 정확성을 가하는 특정한 유형의 지식을 소유한다. 이 정확성은 겉보기에 미미하지만 사유의 존재에 대한 관계 속에서 사유의 또 다른 차원으로 우리를 열어 놓기에 충분하다.

다음과 같은 선조적 진술이 있다고 해보자. '사건 x는 인간의 출현이 있기 훨씬 전에 일어났다.' 상관주의 철학자는 진술의 내용에 전혀 개입하지 않을 것이다. 그는 일어났던 게 실제로 사건 x라는 것에, 그 사건이 일어난 시기에 반대하지 않을 것이다. 그렇지만 아니다. 그는— 아마도 속으로만 생각할 테지만 — 간단한 유언 추가서처럼, 늘 같은 방식으로 문장의 끄트머리에 살며시 놓을 수 있는 어떤 것을 추가하며 만족할 것이다: 사건 x는 인간의 출현이 있기 훨씬 전에 일어났다 — 인간에 대해서(그리고 심지어는 과학자에 대해서). 이러한 유언 추가서는 근대성의 유언 추가서이다. 현대 철학자는 그런 유언 추가서에 의해서 과학의 의미 외부의 의미 체제, 과학보다 더 본원적인 의미의 체제를 보존하면서도 과학의 내용에는 전혀 개입하지 않으려고 조심한다 — 적어도 현대 철학자는 그렇게 믿는다. 그러므로 선조적 진술과 대면하는 상관주의의 공준은 이렇다. 선조적 진술에는 적어도 두 **층위의 의미**가 있다: 직접적이고 실재적인 의미와 유언 추가서가 유도하는 더 본원적인 상관관계적 의미.

그렇다면 선조적 진술에 대한 문자 그대로의 해석은 무엇일까? 그것은 선조적 진술의 실재적 의미가 **그것의 궁극적 의미**라는 확신, 다시 말해서 선조적 진술의 이해를 심화시킬 수 있는 또 다른 의미 체제는 **존재하지 않는다**는 확신, 따라서 진술의 의미를 연구하는 데 있어 철학의 유언 추가서는 내용 바깥에 있다는 확신이다. 그런데 상관주의자는 그런 확신을 받아들일 수 없다. 실제로, 실재적이고 데카르트적인 해석이 선조적 진술의 궁극적 의미로의 접근을 제공한다고 잠시 가정해 보자. 그때 우리는 후비판철학에 그저 불합리의 연속처럼 나타날 수 있는 것을 지지하기에 이를 것이다. 게다가 그 목록은 끝이 없다.

— 존재는 현시에 대해 공외연적共外延的이지 않다. 왜냐하면 누구에게도 현시되지 않은 사건들이 과거에 일어났기 때문이다.

— 시간 안에서, 존재하는 그것은 존재하는 그것의 현시에 앞섰다.

— 현시 자체는 시간과 공간 안에서 나타났다. 그리고 그런 자격으로 현시는 세계의 소여됨이 아니다. 그것은 오히려 그 자체 세계 내적 사건이다.

— 게다가 그 사건의 연대가 추적될 수 있다.

— 따라서 사유는 존재 내에서 현시의 출현을 사유할 수 있고, 현시에 선행하는 존재와 시간을 생각할 수 있다.

— 물질-화석은 소여됨에 선행하는 어떤 존재의 현재적 소여됨이다. 다시 말해 원화석은 현시에 대한 존재자의 선행성을 나타낸다.

그렇지만 상관주의자에게는 분명한, 원화석의 앞서 말한 정의의 자기모순 — 소여됨에 선행하는 존재의 소여됨 — 이 드러나는 순간, 상관주의자에게 위의 진술들은 연기 속으로 사라진다. '존재의 소여됨Donation d'un être', 모든 문제가 거기에 있다. 존재는 소여됨에 앞선 것으로 있지 않다. 존재는 소여됨에 앞선 것으로서 자신을 소여한다. 이는 소여됨 자체보다 앞서 있는—더욱이 연대기적으로 앞서 있는—어떤 실존을 상상한다는 게 불합리하다는 것을 증명하기에 충분하다. 왜냐하면 소여됨이 첫 번째이고, 시간 자체는 인간과 세계의 관계 속에 언제나 이미 잡혀 있는 존재에 대해서만 의미를 가지기 때문이다. 따라서 상관주의자의 입장에서 선조성에 접근하는 두 층위가 있게 되는데, 이것은 문제가 되는 진술 안에서 중복된 '소여됨'이라는 용어를 다시 나눈다. 존재는 소여됨에 앞선 것처럼(경우 2) 자신을 소여한다(경우 1). 직접적인 층위에서 나는 소여됨의 본원의 특징을 망각하고, 대상 안에서 길을 잃는다. 그리고 나는 대상을 사물의 방식으로 나타나고 사라질 수 있는 물리적 세계의 어떤 하나의 속성으로 구성하면서 소여됨을 자연화한다 (존재는 소여됨보다 앞서는 것으로서 자신을 소여한다). 심오한 차원에서(존재는 소여됨보다 앞서는 것으로서 **자신을 소여한다**), 나는 존재-사유의 상관관계가 세계와 세계 내적 존재자들과 관련된 모든 경험적 진술에 논리적으로 선행한다고 이해한다. 그리하여 나는 나타나는 것에 대한 존재하는 것의—직접적이고, 실재적이며, 이차적인 의미의 층위에서의—연대기적 선행성이라는 테제를 손상시키지 않으면서도 그 테제를 소여됨의 한가운데서 자신을 소여하는 것에 대한— 보다 심오하고, 보다 본원적이며, 진리를 말하기에 적합한 유일한 것인— 소여됨의 논리적 선행성과 연결시킬 수 있다(이 선행성은 상기한 연대기적 선행성의 일부를 이룬다). 따라서 나는 지구의 집적이 정말로 시간 안에서 인간의 출현에 선행할 거라는 믿음을 그치는데, 이는 문제가 되는 진술의 위상이 보다 복잡하다고 파악하기 때문이다. 그 진술이 정확하게 이해된다면 이렇게 정식화될 것이다. '현재 과학자들의 공동체는 지구의 집적이 영장류의 출현보다 x년 앞서 일어났다고 고려할 수 있는 객관적인 근거들을 가진다.'

이제 이 문구를 자세히 관찰해 보자. 우리는 칸트 이래 객관성은 즉자적 대상에 대한 참조(진술과 진술이 지시하는 것과의 유사성과 합치) 안에서가 아니라, 객관적 진술의 가능적 보편성에 대한 참조 안에서 정의된다고 말했다. 선조적 진술에 객관성을 보증하는 것, 말하자면 그것의 '진리'를 보증하는 것은 선조적 진술에 대한 상호주관성— 선조적 진술이 과학적 공동체의 모든 구성원에 의해 권리상 검증될 수 있다는 것— 이다. 그것은 다른 무엇일 수 없다. 왜냐하면 선조적 진술의 문자 그대로 취해진 참조물은 사유될 수 없기 때문이다. 사실상 사람들은 상관관계의 실체화를 거부하기에, 물리적 우주가 실재적으로 인간 존재에 선행할 수 없다고, 적어도 생명체의 존재에 선행할 수는 없다고 말해야 한다. 세계는 살아 있는 존재나 사유하는 존재에 주어진 것으로서만 의미를 가진다. 그런데 '생명의 출현'을 말하는 것은 그것에 선존재했을 어떤 세계의 중심에서의 현시의 출현을 환기시킨다. 우리는 그런 종류의 진술을 실격시켰으므로 우리에게 주어진 것(존재 안에서의 현시의 사유 불가능한 출현이 아니라 현재적 물질-화석의 보편 가능한 소여: 방사능 분해 속도, 행성 광선의 본성 등)에 전적으로 만족해야만 한다. 상관주의자에 의하면, 선조적 진술은 현재적이고(주어진 물질-화석에 근거하여 만들어진다는 사실) 보편 가능한(원리상 각자에 의해 검증될 수 있다는 사실) 경험에 기초한다는 점에서 참이다. 그러므로 사람들은 [선조적] 진술이 권리상 모든 이에 의해 재생산될 수 있는 경험에 근거한다는 점에서 진리라고 말할 수 있다(진술의 보편성). 그 진술의 진리가 그것의 참조물의 결과적 현실과의 합치(세계의 소여됨이 없는 어떤 세계)에서 유래할 것이라는 소박한 믿음을 갖지 않으면서 말이다.

다른 식으로 말해보자. 상관주의자에 의하면, 화석 소여의 심오한 의미를 파악하기 위해서는 선조적 과거로부터 출발해서는 안 되며, 상관관계적 현재로부터 출발해야 한다. 즉 현재로부터 출발한 과거의 회귀적 투사를 실행해야 한다. 실제로 우리에게 소여된 것은 소여됨에 선행하는 무엇이 아니다. 그것은 다만 그처럼 자신을 소여하는 어떤 현재적 소여됨이다. 그리하여 소여된 것의 존재에 대한 소여됨의 논리적(구성적, 본래적) 선행성은 선조적 진술의 외양상의 의미를 선조적 진술의 의미작용을 전달할 수 있는 유일한 것인 보다 심오한 반反-의미에 종속시키도록 우리를 인도해야만 한다. 선조성이 소여됨에 선행하는 게 아니라, 현재적 소여됨이 선조적인 것처럼 보이는 과거를 회귀 투사하는 것이다. 그러므로 화석을 이해하기 위해서는 논리적인 질서에 따라 현재에서 과거로 가야 하는 것이지 연대기적인 질서에 따라 과거에서 현재로 와야 하는 것이 아니다.

따라서 우리가 보기에, 모든 독단주의의 거부는 선조성과 대립하는 철학에게 두 가지 결정을 부과한다: 의미의 이중화와 회귀적 투사. 선조성의 심오한 의미는 그것의 무매개적인 연대기적 의미에 부과된 논리적 회귀적 투사 안에 놓인다. 사태를 모든 방향에서 궁리해 본들, 우리는 상관관계의 필요조건들에 완전히 충실하게 남아 있으면서 동시에 원화석을 달리 어떻게 해석할 수 있을지를 알지 못한다.

이제 선조성에 대한 그런 해석이 어째서 확실하게 고수될 수 없는지를 알아보자. 이를 이해하기 위해서 상관주의자에게 이렇게 질문하기만 하면 된다. 하지만 대체 45억 6천만 년 전에는 무슨 일이 일어났습니까? 지구의 집적은 일어났습니까,

아닙니까?

　그는 대답할 것이다. 한편으로 일어났다고. 왜냐하면 그 사건을 설명하는 과학적 진술들이 객관적이기 때문에, 다시 말해 상호주관적 방식으로 검증되기 때문에. 그러나 다른 한편, 그는 덧붙일 것이다. 일어나지 않았다고. 왜냐하면 그러한 진술들의 참조물이 소박하게 — 다시 말해서 의식에 상관적이지 않은 것처럼 — 기술되는 방식으로라면 그 참조물은 존재하지 않았을 수도 있기 때문에. 그런데 그때 우리는 상당히 기이한 어떤 진술에 도달한다: 객관적인 한에서 선조적 진술은 참된 진술이지만 그것의 참조물이 그러한 진리가 기술하는바 실제로 존재했을 리 없다. 그것은 불가능한 사건을 실재처럼 기술함에도 불구하고 참된 진술이고, 사유 가능한 대상이 없는 '객관적' 진술이다. 더욱 단순하게 말하자면, 그것은 난센스다. 그것은 또한 이렇게 이해될 수 있다. 선조적 진술들이 그것들의 검증의 현재적 보편성으로부터만 자신의 가치를 추출해 낸다면 그 진술들을 확립하느라 고심했던 과학자들에게 선조적 진술들은 아무런 관심거리가 아닐 것이라고 말이다. 사람들이 척도를 확립하는 이유는 그것이 모든 과학자들에게 타당하다는 것을 증명하기 위해서가 아니다. 그들은 측정되는 무엇을 결정하려는 목적으로 척도를 확립한다. 일정한 방사능 동위원소는 과거의 사건에 대한 정보를 줄 수 있으므로 사람들은 방사능 동위원소로부터 연대年代의 척도를 끌어낸다. 그 연대로부터 사유될 수 없는 어떤 것이 만들어지며, 척도의 객관성은 척도 자체 이외의 다른 그 무엇도 지시하지 않게 되면서 의미와 관심이 빠져나가게 된다. 그렇지만 과학은 자신의 실험들을 통해, 그 실험들의 보편성을 확립하는 것을 목표로 삼지 않는다. 과학은 반복될 수 있는 어떤 실험을 통해, 실험들에 그 의미를 제공하는 외부적 참조물들을 목표로 삼는다.

그러므로 상관주의자들이 선조적 진술에 부과할 수밖에 없는 회귀적 투사는 그 진술과 관련해서 범하게 되는 진정한 반-의미다. 선조적 진술은 그것의 문자 그대로의 의미가 또한 궁극적 의미라는 조건에서만 의미를 가진다. 그들이 의미를 둘로 나눈다면, 그들이 실재적 의미와 역방향으로 나아가면서 상관관계와 일치하는 어떤 심오한 의미를 진술에서 생각해 낸다면, 이는 의미를 심화시키기는커녕 의미를 삭제하는 것이다. 바로 그것이 우리가 선조적 진술의 돌이킬 수 없는 실재론을 말하면서 표현하는 바다. 선조적 진술은 실재적 의미를 가지며, 오로지 실재적 의미만을 가진다. 그렇지 않다면 그것은 의미를 갖지 않는다. 실로 그렇기 때문에 일관성 있는 상관주의자는 과학과 '타협하기'를 멈춰야 할 것이고, 자신이 다루고 있다고 주장하는 과학적 진술의 내용에 조금도 영향을 미치지 않으면서도 의미의 두 층위를 분절할 수 있다고 믿는 것을 멈춰야 할 것이다. 상관물과 원화석 사이에 가능한 타협점은 존재하지 않는다. 두 존재 가운데 하나가 인정되고, 그로 인해 다른 하나는 기각된다. 다시 말해서 일관성 있는 상관주의자는 겸손하게 있기를 멈춰야 할 것이고, 과학자에게 그들의 선조적 진술들이 환영적 진술들이라는 것을 선험적으로 가르쳐줄 수 있다고 솔직하고 대담하게 주장해야만 할 것이다. 왜냐하면 상관주의자는 그와 같이 기술된 무엇이 결코 그것이 기술된 바대로 일어날 수 없었다는 것을 알기 때문이다.

그러나 그때, 마치 선험적 관념론 — 이를테면 도시적이며 치안적이고 합리적인 관념론 — 과 사변적이며 심지어 주관적인 관념론 — 야생적이고 거친, 무엇보다 터무니없는 관념론 — 사이의 경계, 따라서 사람들이 확립하라고 가르쳤던, 칸트와 버클리를 구분했던 그런 경계가 물질-화석의 조명 아래서 희미해지고 삭제되는 것처럼 보인다. 원화석 앞에서, 모든 관념론은 수렴되고 한결같이 터무니없게 된다. 모든 상관주의는 극단적인 관념론으로서 과학이 우리에게 말하는 인간이 부재하는 물질의 그런 사건들이 결과적으로 과학이 말하는 바대로 일어날 수 있었다는 것을 인정할 수 없는 관념론으로 드러난다. 그리고 그때 상관주의자는 위험하게도 당대의 신창조론자들과 유사해진다. 이 특이한 신자들은 성경의 '문자적' 독해를 따르면서 오늘날 지구는 6,000년 이상의 나이를 가질 수 없다고 주장한다.

그들은 그보다 오랜 것에 대한 과학의 연대 추적들에 반대할 수밖에 없으므로 신이 6,000년 전에 물리학자의 신앙을 시험하기 위해서 지구와 더불어, 훨씬 더 오래된 지구의 나이를 지시하는 방사능 합성물을 창조했다고 담대하게 대답한다. 그렇다면 원화석의 의미는 존재하는 것과 나타나는 것 사이의 심연의 간극을 지시하는 소여들의 현전에도 불구하고 상관물들을 믿는 철학자들의 신앙을 시험하기 위한 것일까?

* * *

선조성의 반박에 대한 상관주의적 두 대응책이 이제 우리로 하여금 선조성의 본성을 명시하고 그것의 독특성을 두드러지게 만들도록 할 것이다.

1) 첫 번째 대응책은 원화석의 문제를, 잘 알려진 반-관념론적 논쟁과 동일시함으로써 그것을 진부하게, 그리고 효력 없게 만드는 것으로 이루어진다. 한 모순자는 이렇게 표현할 것이다.
"우리는 당신의 반박을 진부한 논증으로 쉽게 환원할 수 있습니다. 첫째, 나는 당신이 말하는 내용이 아무런 이유 없이 시간적 선조성에 특권을 준다는 점에 주목합니다. 그런데 공간 안에서의 멀리 떨어져 있음은 엄밀히 말해서 상관주의에 동일한 어려움(또는 동일한 어려움의 외양)을 주었을 것입니다. 어마어마하게 먼 은하계 안에서, 모든 가능한 관찰 바깥에서 생겨나는 한 사건은 실제로 지구의 모든 생명에 선행하는 사건의 공간적인 등가물일 것입니다. 두 경우 모두 문제가 되는 것은 가능한 증인(적어도 지구의 증인)이 제거된 사건들이며, 이는 정확히 당신의 논증의 힘줄을 구성합니다. 왜냐하면 당신의 논증은 상관주의는 세계에 대한 관계와 연합할 수 없는 것을 사유할 수 없다고 주장하기 때문이지요. 그러므로 우리는 지금껏 시간에 국한되었던 논증을 권리상 공간에까지 확장해야 할 것이고 멂의 질문을 옛날의 질문에 덧붙여야 할 것입니다.

그런데 그때 — 추론의 두 번째 단계에서 — 우리는 또한 멂과 옛날의 개념들이 모호한 개념들이라는 것을 실로 알아차리게 될 것입니다. '가까움' 또는 '최근'이 어디서 멈추는지, '멂' 또는 '선조적인 것'이 어디서 시작되는지를, 이 논쟁의 틀 안에서 어떤 것도 확실하게 결정할 수 없다는 것입니다. 특히 우리는 그처럼 확장된 논증의 효력 안에서, 고려된 대상의 상대적 근접성에 대한 질문이 전혀 기능하지 않는다는 것을 곧바로 알아차릴 것입니다. 달 표면에서 관찰된 분화구들은 실제로 상관주의자들에게 아무런 문제를 일으키지 않습니다. 왜냐하면 그것들은 그것들을 포착하는 주체와 연합하기 때문입니다. 반면에 당신의 주장에 따르면 떨어지는 꽃병은 증인을 갖지 않기 때문에 문제를 일으킬 것입니다. 같은 식으로 당신의 논리 속에서, 최근의, 하지만 증인이 없는 한 사건은 어떤 의식의 상기된 경험 속에서 확인된 옛날의 사건보다 더 문제를 일으킵니다.

그러므로 논증은 관념론에 대한 사소한 반박의 축소된 변이형에 불과한 것으로 드러납니다. 우리는, 실재론이 아닌 이상, 증인이 부재하는 것은 사유 불가능하다는 테제에서 출발합니다. 그리고 다른 관점에서 지구의 모든 생명에 선행하는 선조적 사건은 증인이 부재할 수밖에 없다는 것이 정의상 정립되므로, 우리는 그것이 상관주의에 의해 사유 불가능하다는 결론을 쉽게 내립니다. 하지만 상관주의에 대한 그러한 반론은 독창성이 없으며 또한 매우 불충분합니다. 왜냐하면 소여의 결여가 있는 특징은 상관주의에 아무런 문제를 일으키지 않았기 때문입니다. 후설의 음영들을 통한 유명한 소여를 생각해 보기만 하면 됩니다. 입방체는 그것의 모든 면들과 함께 결코 한 번에 지각되지 않습니다. 입방체는 자신의 소여의 바로 그 중심에서 소여되지 않은 것을 늘 숨기고 있습니다. 일반적인 방식으로, 지각의 가장 기본적인 이론은, 공간성과 관련된 것이건 시간성과 관련된 것이건, 한 대상의 감각적 포착은 언제나 비-포착의 바탕 위에서 일어난다는 사실을 주장할 것입니다. 바다의 시각적 지각은 바다의 바탕의 비-지각을 전제합니다. 아침의 파도 소리의 청취는 앞선 밤의 파도 소리의 비-청취의 바탕 위에서 일어남니다.

그러므로 본질적으로 결여가 있는 것처럼 간주되어야 하는 소여의 틀 안에서 증인 없음의 위상을 사유하는 데에는 어떤 어려움도 없습니다. 왜냐하면 상관주의의 틀 안에서 그러한 종류의 사건을 재구성하기 위해서 다음과 같은 유형의 반사실성 contrefactuel을 도입하기만 하면 되기 때문입니다: '만일 증인이 있었다면, 그때 그 사건은 이런저런 방식으로 지각되었을 것이다.' 실제로 그러한 반사실성은, 아무리 물러나 있다고 할지라도, 우주적이거나 선조적인 사건에 대해서만이 아니라, 아무도 없는 집 안의 꽃병의 추락에 대해서도 기능합니다. 이 두 경우에 상관주의는 아주 단순하게 과학과 동일한 것을 이야기합니다. 만일 꽃병의 추락에 대한 증인이 있었다면, 그는 그것이 떨어지는 것을 중력의 법칙에 따라 보았을 것입니다. 만일 생명의 출현에 대한 증인이 있었다면, 그의 관찰은── 이 질문과 연관된 생물학의 가정들과 일치하면서 ── 그 점에 관해 형성된 이론들과 서로 일치할 것입니다.

따라서 선조적인 것은 상관주의에 대한 새로운 반박을 전혀 구성하지 않습니다. 그것은 늘 그랬듯이 위험하지 않은 논쟁을 새로운 색채들로 다시 칠하는 것일 뿐입니다."

이러한 대응책은 두 개념들— 선조적인 것의 개념과 (공간적) 멂이나 (시간적) 옛날의 개념 — 간의 거짓된 동일시에 전적으로 기반하고 있다.

멀리 떨어진 사건에 기반해서 세워진 관념론에 대한 반박은 옛날의 사건에 기반해서 세워진 관념론에 대한 반박과 동일하며, 그 둘은 우리가 "증인-없음의 반박" 또는 "감지되지 못한 것"의 반박이라고 부를 수 있는 것의 시간적 또는 공간적인 등가의 판본들이다. 상관주의자는 이 점에 관해서 옳은데, 감지되지 못한 것의 논증은 사실상 사소하며 상관주의에 반대되는 효력을 갖지 않는다. 하지만 원화석의 논증은 그러한 반박과 전혀 동일하지 않은데, 왜냐하면 선조적인 것은 옛날의 어떤 사건을 가리키는 게 아니기 때문이다. 선조적인 것은 지구의 생명에 선행하는 사건을 가리키며, 따라서 소여됨 자체에 선행하는 사건을 가리킨다. 만일 선조성이 정말 시간적 개념이라면, 정의되기 위해서 시간 안에서의 멀리 떨어짐에 호소하는 게 아니라 시간 안에서의 선행성에 호소한다. 그렇기 때문에 원화석은 단지 증인이 없었던 사건과 관계하는 게 아니라 소여됨이 없었던 사건과 관계한다. 선조적 실재는 결여가 있는 소여가 알아차리는 데 이르지 못한 사건들과 관계하는 게 아니라 결여가 있건 아니건 어떤 소여됨과도 동시간적이지 않은 사건들과 관계한다. 이런 점들에 선조적 실재의 독특성과 이것의 논박하는 효력이 놓인다.

이 점을 잘 이해해 보자. 만일 증인이 없는 사건의 전통적 반박이 — 이런 사건이 공간적이거나 시간적으로 무관하게 있을 수 있는 한에서 — 상관주의를 위험에 빠뜨리지 않는다면, 이는 그러한 반박이 소여됨이 이미 존재하는 때에 스스로 생산되는 사건과 관계하는 것이기 때문이다. 그렇기 때문에 이런 경우 반박은 시간적일 뿐만 아니라 공간적일 수 있다. 왜냐하면 내가 공간 안에서 멀리 떨어진 사건에 대해 말할 때, 그 사건은 이것을 대하는 의식과 동시간적일 수밖에 없기 때문이다. 그러므로 공간적으로 눈에 띄지 않은 것으로 향하는 반박은 동시간적인 것들로서 간주된 사건과 의식으로 향하는 것일 수밖에 없다. 그렇기 때문에 공간적으로 증인이 부재하는 사건은, 결여가 있는 다른 소여됨들 가운데 한 방식처럼 회수될 수 있다. 다시 말해 그것은 **상관물**의 논리를 위험에 빠뜨리지 않는, 나타나지 않은 소여처럼 회수될 수 있다.

그러나 선조적인 것에 관해 말하자면, 이것은 소여 내에서, 그리고 소여됨에 있어서 어떤 결여를 가리키지 않는다. 오히려 그것은 소여됨 그 자체의 결여를 가리킨다. 바로 그래서 공간적으로 감지되지 못한 것은 어떤 경우에도 포획될 수 없다. 오로지 시간적 실재성의 어떤 유형이 포획될 수 있는데, 이것은 모호한 의미에서의 옛것이 아니고 시간적 소여의 어떤 결여도 아니며,

오히려 총체적인 소여됨 이전과 동일시되어야 하는 어떤 것이다. 세계는 결여가 있는 현시를 소여가 배치하는 그런 것이 아니라, 충만하건 결여가 있건 그 어떤 소여도 없이 펼쳐지는 그런 세계이다. 이제 선조적인 것은 상관주의에, 알아차릴 수 없는 것과는 전적으로 다른 어떤 도전을 던진다. 소여 그 자체가 비-존재에서 존재로 이행하는 시간을 어떻게 사유할 것인가? 결여가 있는 방식으로 주어지는 시간이 아니라, 모든 소여됨의 결여에서 (우발적으로) 결여가 있는 소여됨이라는 결과로 우리가 이행하는 그러한 시간.

그러므로 반사실성contrefactuel을 상기시키면서 그 문제를 해결하는 것은 말이 되지 않는다. 왜냐하면 그것은 다음과 같이 작동하는 것을 전제할 것이기 때문이다: 만일 의식이 지구의 생명의 출현을 관찰했다면, 소여의 출현의 시간은 소여 안에서의 출현의 시간이었을 것이다. 그런데 여기서 사유해야 할 문제의 그 시간은 의식적 시간과 마찬가지로 의식이 자체적으로 시간 속에서 출현했던 것을 아우르는 시간이다. 실제로 원화석의 문제는 살아 있는 유기체들의 탄생에 대한 경험적 문제가 아니라, [존재의] 도래로부터 소여됨 자체의 존재로 향하는 존재론적 문제이다. 더 날카롭게 말해보자면, 문제는 어떻게 과학이 의식에 앞서 실존하는 공간과 시간의 한가운데에서, 의식의 도래 및 의식에서의 시공간의 소여됨의 형태들의 도래를 특별한 어려움 없이 사유할 수 있는지를 이해하는 데 있다. 특히 우리는 그로부터 과학이 어떤 시간을 사유하는바, 이 시간 안에서 소여됨의 비-존재에서 이것의 존재로의 이행이 실제로 있었다는 것을 파악한다. 이 시간은 그러므로 정의상 소여됨으로 환원될 수 없는데, 왜냐하면 시간이 바로 그러한 소여됨의 출현을 허용했고 그러한 소여됨에 앞서 있기 때문이다. 달리 말해서 문제가 되는 것은 과학의 **시간**이지 의식의 시간이 아니다. 의식의 시간은 파악되려면 물리적 사물들을 낳을 뿐만 아니라 또한 소여된 사물들과 사물들의 소여됨 간의 상관관계들도 낳을 수 있는 역량을 간직한 것으로서 이해되어야 하기 때문이다. 과학이 사유하는 것들이 정확히 그러한 것들이 아닌가? 소여됨에 앞서 있을 뿐만 아니라, 본질적으로 소여됨과 무관한 **시간**. 소여됨은 생명이 나타나지 않았다면 결코 출현할 수 없었을 테니까 말이다. 과학은 의식적 시간성이 없이도 가능한 **시간**, 또한 자신의 고유한 유출의 결정적인 한 지점에서 의식적 시간성을 출현시킬 수 있는 **시간**을 보여준다. 과학을 사유한다는 것, 이것은 상관관계적일 수 없는 생성의 위상을 사유한다는 것인데, 왜냐하면 **상관물**이 과학 안에 있는 것이지 과학이 **상관물** 안에 있는 게 아니기 때문이다. 그리하여 다음의 내용이 도전해야 할 것들이다: 모든 소여됨에 선행하면서, 시공간적 소여됨 그 자체가 시간 안에, 또한 당연히 공간 안에 도래했던 세계를

어떻게 과학이 사유하는 데 성공하는지를 이해하는 것이다.[12]

지금 우리가 이해하는바, 이 첫 번째 대응책의 궤변은 빈틈을 다른 빈틈으로 메우는 것으로, 마치 소여의 비-존재가 비-존재의 소여로 귀결되는 것처럼 전자를 후자에 의해 감추는 것으로 이루어져 있었다. 그러나 그러한 부재들의 거래, 결함들의 평계는 우리의 두 가지 무無 사이에 환원 불가능한 차이를 헛되이 감추고 있다. 그것은 결과적으로 두 논증의 차이인바, 하나는 감지되지 못한 것에 관한 진부한 논증이고, 다른 하나는 선조적인 것에 관한 효과적인 논증이다.[13]

* * * *

12. 선조성의 논증이 증인-없음의 반박과 본질적으로 구분된다면, 그 논증은 의식들의 독특한 탄생과 죽음이 의식적인 것일 수 없는 어떤 시간을 부과한다는 사실을 타당하게 만들게 될 반박과 오히려 가까워진다. 그러나 상관주의는 이번에는 우리가 상호주관성에 의해 짜인 시간 안에서 개별적으로 탄생하고 죽는다는 사실을 타당하게 만들면서 스스로를 방어할 수 있을 것이다. 즉 의식들의 공동체의 시간. 이 시간은 탄생하고 죽는 것을 다른 의식들에 대해서 탄생하고 죽는 것으로 만들며, 따라서 시간은 다시 한번 자아의 집단성에 대해서 소여된 것으로 환원된 어떤 생성 안에서 전개될 것이다. 우리는 이러한 대응책이 출현과 소멸을 타자가 지각하는 출현과 소멸로 환원시키는, 가망이 없는 궤변이라고 생각한다. 그러나 바로 그러한 평계를 피하기 위해서 우리는 논증을 선조적인 것으로 국한시키는 것이다. 선조적인 것은 모든 공동체를 쓸어버리고 어떤 상관관계도 포착할 수 없는 그런 시간에 우리를 접근시키는 과학을 자명하게 보여주는 이점을 가진다.

13. 우리는 이 책의 5장에서 후설과 하이데거가 그러한 차이를 의식하고 있었다는 것을 보게 될 것이다. 만일 눈에 띄지 않은 것이, 빈틈이 있는 소여의 동의어로

2) 우리는 여기서 우리의 논증에 대해 가장 결정적인 것으로서, 선험적 관점의 상관주의자의 두 번째 대응책을 공식화하려고 한다.

"'원화석'의 이름으로 행해진 당신의 반박은 다뤄진 문제의 경험적 층위와 선험적 층위 간의 기본적인 혼동에 대한 증거입니다.

경험적 질문은 유기적 신체들, 그리고 명백히 의식적인 신체들이 어떻게 물리적인 환경 안에서 나타났는지를 알고자 하는 질문입니다. 선험적 질문은 생명과 의식의 그러한 물리적 출현의 과학이 어떻게 가능한지를 결정하는 것으로 이루어집니다. 그런데 사유의 그 두 면 ─ 경험적인 면과 선험적 면 ─ 은 평평한 종이띠의 양면과 같습니다. 즉 그것들은 절대적으로 연대하고 있지만 결코 교차하지 않습니다. 당신의 오류는 정확히 그러한 교차에서 유래합니다. 당신은 평평하게 남아 있어야 했을 어떤 구조로 뫼비우스의 띠를 만들었습니다. 당신은 실제로 마치 ─ 근본적으로 과학의 주체와 같은 ─ 선험적 주체가 이 주체를 떠받치는 육체적 기관과 본성상 동일한 것처럼 행동하고 있습니다. 당신은 자연 안에서 나타났던 의식적 기관과 이것

• • • •

서, 그들에게 아무런 문제를 일으키지 않았다면, 모든 생명이 사라져 버린 세계를 사유하는 것은 그들에게 분명 위협적인 도전처럼 나타났을 것이다.

의 인식을 구축하는 과학의 주체 사이에 어떤 '혼합crase'을 작동시킵니다. 그러나 그 둘 간의 차이는 이렇습니다. 의식적 기관은 실존합니다. 그것은 모든 육체적 기관과 같은 자격에서 하나의 존재자입니다. 반면에 선험적 주체는 단적으로 실존하지 않습니다. 다시 말해서 주체는 존재자가 아닙니다. 주체는 존재자에 대한 객관적이고 과학적인 인식이 가능하기 위한 조건들의 종합입니다. 그런데 객관적 인식의 조건은 대상처럼 고찰될 수 없습니다. 오로지 대상들만이 실존한다고 말해질 수 있기 때문에, [객관적 인식의] 조건은 실존하지 않는다고 말해야 합니다. 정확히 말해서 조건은 조건 짓습니다.

따라서 신체들 및 신체들의 소여됨이 출현하는 '과학의 **시간**'에 대한 당신의 개념은 '두 가지 뜻으로 해석됩니다amphibologique' 그 개념은 시간 안에서 실제로 출현하고 소멸하는 신체들의 객관적 존재와 이런 존재에 대한, 그 어떤 시간으로부터도 유래하지 않는 인식의 조건들을 혼동하고 있습니다. 왜냐하면 그런 조건들을 시간 안에 기입하는 것은 그것들을 대상들로 만듦으로써 필연적으로 인간화하는 것이 되기 때문입니다. 우리는 그러한 조건들에 관해 대상들에 관해 추론하는 것처럼 단순히 추론할 수 없습니다. 당신의 역설은 교차될 수 없는 두 층위의 반성 사이에 만들어진 매듭에서 나옵니다. 당신이 그러한 교차를 작동시키지 않게 되자마자 역설은 사라집니다. 대상의 편에서 신체들은 탄생하고 소멸하며, 조건들의 편에서 조건들은 신체들에 대한 인식의 기준을 정합니다. 그러나 그런 조건들이 탄생하고 소멸한다고 말하는 것은 헛된 일인데, 그것들이 신적인 실체의 방식으로 영원할 것이기 때문이 아니라(이는 조건들을 다시금 대상으로, 나아가 초감각적인 것으로서 사유하는 것입니다), 단순히 그것들이 동일한 면의 반성에 속할 수 없기 때문입니다. 그렇게 하는 것은, 거짓말쟁이의 역설처럼 담론과 이 담론이 전하는 대상을 뒤섞는 데서 유래하는 역설에 스스로를 처하게 만들 것입니다. 결국 당신은 신체들, 즉 주체들의 객관적 지탱물들이 시간 안에서 탄생하고 소멸한다고 말할 수 있지만, 이러한 사실에 대한 인식을 허락하는 조건들에 대해서는 똑같이 말할 수 없습니다. 만일 당신이 이를 어긴다면, 당신은 선험적인 것의 토대의 요구를 저버리는 것입니다. 당신은 선험적인 것의 토대를 거부하지 못합니다. 당신은 그것을 적용하기를 거부하는 데 만족하는 것입니다.

따라서 당신의 문제가 '존재론적'인 것이지 '경험적'인 것이 아니라고 말하지 마십시오. 왜냐하면 당신의 문제 — 원화석의 문제 — 는 경험적이며, 오로지 경험적일 뿐이기 때문입니다. 즉 그것은 대상을 향하고 있습니다. 인식의 선험적 조건들에 관해 말하자면, 우리는 그것들이 나타났거나 사라졌다고 말할 수 없습니다. 그것들이 영원하기 때문이 아닙니다. 그것들이

'시간 바깥에' 그리고 '공간 바깥에' 있기 때문입니다. 인식의 선험적 조건들은 대상에 관한 과학적 담론들이 미치는 곳 바깥에 있는데, 왜냐하면 그러한 담론들의 형식들이기 때문입니다. 인식의 선험적 조건들을, 이 조건들이 실행을 가능하게 했던 과학에 종속시키려는 모든 시도는 내생적으로 선험적인 것의 의미 자체를 잃어버릴 운명에 처합니다."

여기서 문제가 되는 것은 칸트적인 관념론에 대한 고전적 방어 ─ 경험적인 것과 선험적인 것 간의 혼동에 대한 비난 ─ 이다. 하지만 이것은 아무 영향력을 갖지 못한다.

그러한 방어책의 힘줄은 선험적 조건은 대상이 아니며, 따라서 단적으로 실존하지 않는다고 논증함으로써, 인식의 조건들을 과학의 대상들로 향하는 모든 담론으로부터 면역시키는 것으로 이루어진다. 조건의 개념은 그처럼 선험적인 것을 존재로 향하는 모든 반성으로부터 막아줌으로써, 선험적인 것을 "탈존재론화"할 수 있게 허락한다. 하지만 만일 선험 철학자가 조건의 개념과 함께 그처럼 협력하고자 한다면, 이는 그를 아주 멀리까지 데려가지는 못할 것이 확실하다. 다음의 이유 때문이다.

그들은 우리에게 이렇게 말한다. 선험적인 것은 존재하지 않는데, 왜냐하면 그것은 대상의 방식으로 있지 않기 때문입니다. 물론이다. 하지만 선험적 주체가 대상의 방식으로 실존하지 않는다는 것을 인정함으로써 결국 있는 것$^{\text{il y a}}$은 주체가 아니라 실로 선험적 주체이다. 그런데 우리 입장에서, 그처럼 선험적 주체가 있기 위한 조건을 사유하지 못하게 하는 것은 아무것도 없다. 그러한 조건들 가운데에서 우리는 선험적 주체는 이 주체가 생겨났다$^{\text{ait lieu}}$는 조건에서만 있을 수 있다는 것을 발견한다.

우리가 여기서 "생겨났다$^{\text{aoivr lieu}}$"로 무엇을 의미하는 것일까? 선험적인 것은 모든 독단론적 형이상학을 거부한다는 점에서 시점$^{\text{point de vue}}$ 개념과 분리 불가능하다. 세계에 대해 아무런 시점을 갖지 않은 주체를 가정해 보자. 그것은 객관적 실재성에 대한 일시적인 시찰을 벗어나기 위해 아무것도 하지 않으면서, 총체성으로서 세계에 접근하는 주체일 것이다. 그러나 그러한 주체는 선험적 주체의 본질적인 유한성과 절연했을 것이다. 세계는 결과적이고 즉시 완성된 지식의 투명한 대상이 되기 위해, 선험적 주체에 대해서 인식의 규제적 이념이기를 멈출 것이다. 감각적 수용성과 이것의 시간-공간적 형식 — 칸트에게서 오성과 함께 인식의 두 가지 원천 중 하나인 형식 — 은 그러한 주체에게 허락될 수 없을 것인바, 이 주체는 그 두 형식들 안에 포함된 것의 실재적 무한성을 총체화할 수 있을 것이기 때문이다. 그들은 같은 식으로 이렇게 말할 것이다: 그러한 주체는 지각의 음영들에 의한 인식을 넘어서고 세계를 완전하게 인식된 대상으로 만들기 위해 세계 지평의 설정을 멈춤으로써,

후설적 유형의 초월론적[14] 주체처럼 사유될 수 있는 존재이기를 멈출 것이다.

그렇다면 유한성, 수용성, 지평, 지식의 규제적 **이념**은 어떻게 구성될 수 있을 것인가? 이미 말했듯이 선험적 주체는 세계에 대한 시점으로서, 따라서 세계의 가운데에서 **생겨난 것**ayant lieu[15]으로서 정립되는 것이 사실이니까 말이다. 주체는 세계 안에 위치 지어지면서만 선험적이며, 선험적 주체는 그런 세계의 유한한 국면만을 발견할 수 있고 결코 그 총체성을 재수집할 수 없다. 이것이 의미하는 것은 선험적 주체가 자신의 세계의 유한한 대상들 가운데에서 그처럼 국소화되기 위해 **신체를 통한 주체의 육화**와 분리 불가능하다는 것, 다시 말해 세계의 결정된 대상과 분리 불가능하다는 것이다. 선험적인 것은 당연히 신체들에 대한 인식의 조건이지만, 거꾸로 신체가 선험적인

• • • •

14. [역] 메이야수는 칸트와 후설 모두에게서 나타나는 transcendantal을 그 공통적 의미로 사용하고 있다. 아쉽게도 국내 철학계에서 저 용어를 칸트의 사상을 소개할 때 '선험적'이라고 번역하고 후설의 경우에는 '초월론적'이라고 다르게 번역한다. 메이야수는 상관주의의 출발점을 칸트에 두고 있으므로 역자는 transcendantal을 '선험적'으로 주로 번역하되 후설의 현상학적 의미가 반영될 때는 '초월론적'으로 번역할 것이다. 다만 이 두 번역어의 원어는 동일하다.

15. [역] 불어의 avoir lieu는 직역하면 '곳(lieu)'을 '갖다(avoir)'지만 함께 붙여서 '일어나다', '생겨나다'라는 뜻을 얻는다. 메이야수는 선험적 주체는 대상의 방식으로 있지 않기 때문에 '실존하지 않는다'는 반박에 대해서 그것은 '생겨난 것'이라고 응수한다.

것의 생겨남^{avoir-lieu}의 조건임을 덧붙여야 한다. 선험적 주체가 이런저런 신체를 가지고 있다는 사실은 경험적이지만, 선험적 주체가 신체를 가진다는 것은 선험적 주체의 생겨남의 비-경험적 조건이다. 사람들은 신체가 인식의 주체의 "회귀적-선험적" 조건이라고 말할 수 있을 것이다. 주체는 확립된 구분을 다시 가져왔을 때, 사유하는 신체에 의해 예시되는 것^{exemplifié}이 아니라 심급화되기^{instancié} 때문이다. 사람들은 어떤 실체는 실제로 자신의 개체화 바깥에 실존하지 않을 때 한 개체에 의해 심급화된다고 말한다. 그리고 실체는 또한 자신의 개체화 바깥에서도 실존한다고 전제한다면, 실체는 다만 한 개체에 의해 예시되는 것이라고 사람들은 말한다. 그리하여 플라톤에게서 인간-실체는 또한, 그리고 특히 **관념**으로서 실존하기 때문에 개별적이고 감각적인 하나의 인간에 의해 예시된다. 반대로 경험주의에게서 인간 유^類는 이것을 육화하는 개별자들 바깥에서 실존하지 않으므로 개별적 인간들에 의해 심급화된다.

그런데 명백한 것은, 만일 선험적인 것이 사변적 관념론이 아니라고 주장한다면, 신체들 안에서의 개체화 바깥에서 선험적 주체가 실존한다는 명제를 정립할 수 없다는 것이다. 그게 아니라면 선험적 주체는 **관념적이고 절대적인 주체**의 사변적 실체화를 실행할 것이다. 따라서 주체는 사유하는 신체들에 의해 심급화되는 것이지 예시되는 게 아니다. 그러나 이 경우 우리가 사유하는 신체들의 시간 속에서의 용출이라는 질문을 던질 때, 우리는 또한 선험적인 것 자체의 심급화들의 조건들의 시간성에 대해서, 그러니까 선험적인 것 자체의 생겨남에 대해서 질문을 던지는 것이다. 그러므로 우리는 과학의 시간은 살아 있는 신체들의 출현을 시간화하고 공간화한다는 것을, 다시 말해 선험적인 것의 생겨남의 조건들의 출현을 시간화하고 공간화한다는 것을 발견한다. 살아 있는 신체들과 함께 실제로 나타났던 것은 주체의 심급화들, 주체의 세계에-대한-시점이라는 특징이다. 여기, 이 **지구**상에 주체들이 나타났다는 것, 혹은 주체들이 또한 다른 곳에서도 실존했다는 것은 순수하게 경험적인 질문이다. 하지만 주체들이 시간과 공간 안에서, 신체들 안에서 심급화되어 나타났다는 것 — 단적으로 나타났다는 것 — 은 분리 불가분하게 객관적 신체들과 선험적 주체들을 연관시키는 하나의 질문이다. 그리고 우리는 이 문제가 선험적인 것에 의해 사유될 수 있을 것이라고 결코 생각하지 않는다. 왜냐하면 그 문제는 선험적 주체들이 생겨나지-않음에서 생겨남으로 이행할 수 있었던 시-공간과 연관되기 때문이다. 따라서 그것은 표상의 시공간적 형식들에 선행하는 시-공간이다. 이런 선조적 시-공간을 사유하는 것, 그것은 동시에 과학의 조건들을 사유하는 것이고, 이 과제를 수행하기에 선험적인 것이 본질적으로 부적합함을 상기시키는 것이다.

　　　　　　　　　　* * *

　　우리는 선조성이 어떤 철학적 문제를 구성한다는 것을 파악하기 시작했다. 그것은 칸트 이래 깨뜨려서는 안 될 것처럼 고려되었던 결정들을 종종 재검토하게 만드는 문제다. 그러나 우리는 곧바로 이렇게 말해야 한다. 여기서 우리의 야심은 그 문제를 해결하는 데 있지 않으며, 다만 그것을 엄밀한 형태로 정립하는 데 있다는 것이다. 그리하여 그것의 해결은 우리에게 완전히 사유 불가능한 것처럼 나타나기를 그치게 된다.

　　이를 위해 우선 우리가 지금부터 '선조성의 문제'라고 명명하게 될 그것의 진정한 쟁점을 강조해야만 한다. 우리의 질문은 다음과 같았다. 선조적 진술은 어떤 조건에서 의미를 보존하는가? 그런데 우리는 실제로 이 질문이 더욱 본원적인 또 다른 질문을, 앞선 질문의 진정한 중요성을 인도하는 또 다른 질문을 감추고 있음을 알아차린다: 선조적인 것에 대한 인식을 산출할 수 있는 실험 과학의 능력을 어떻게 사유해야 하는가? 왜냐하면 여기서 문제가 되는 것은 선조성을 경유하는 과학의 담화이며, 보다 특수하게는 그러한 담화를 특징짓는 것, 즉 그것의 수학적 형식이기 때문이다. 따라서 우리의 질문은 다음과 같다. 수학적 담화가 인간적인 것을 비워낸 세계를 기술할 수 있게 허락하는 것, 사물들로 가득 차고 나타남에 상관적이지 않은 사건들로 가득 찬 세계를 기술할 수 있게 허락하는 것은 무엇인가? 바로 거기에 우리가 과감히 맞서야 할 수수께끼가 있다. 거대한 외부를 이야기할 수 있는 수학의 능력, 생명과 인간을 비워낸 어떤 과거를 이야기할 수 있는 수학의 능력. 다시금 역설의 형식(우리는 이것을 '원화석의 역설'이라고 명명할 것이다)으로 그것을 말해본다면, 어떻게 존재는 나타남에 대한 존재의 선행성을 나타낼 수 있을까? 수학화된 담화로 하여금 그 소재들이 경험에 앞선 어떤 세계에 대한 정보를 주는 그런 경험들[실험들]을 내놓을 수 있도록 허락하는 것은 무엇인가? 이러한 역설이 순수한 모순이라는 모양을 가진다는 것에 대해 우리는 반대하지 않는다. 원화석이 우리에게 제기하는 위험한 문제는 최종적으로 모순의 환영적 특징을 드러내기 위해서 바로 그 모순의 중심에 단단하게 자리를 지키고 있다는 데 있다. 실제로 우리는 과학의 선조적 범위를 사유하기 위해서 어째서 저 모순이 외양에 불과한지를 밝혀야 한다.

그러므로 우리는 질문을 이렇게 재정식화할 수 있다. 어떤 조건에서 우리는 현대 과학의 선조적 진술들을 합법화할 수 있는가? 이것은 특수성을 지닌 선험적 방식의 질문이다. 그리고 그 특수성이란 선험적인 것의 포기를 제1조건으로 삼는다는 것이다. 이 질문은 우리가 선조성을 문제처럼 여기지 않는 두 가지 방식인 소박한 실재론과 상관주의적 능란함, 모두에 대해 동등하게 거리를 유지할 것을 요청한다. 우리는 (소박한 실재론 자와는 반대로) 상관관계적 원환의 외관상 피할 수 없는 힘을, 그리고 (상관주의자와는 반대로) 그러한 상관관계적 원환과 선조성의 돌이킬 수 없는 양립 불가능성을 머릿속에 새기고 있어야 한다. 요컨대 이와 관련해서 우리는 비-철학에 비해 철학이 갖는 이점은, 강력한 의미에서, 철학자만이 선조적 진술의 오로지 문자 그대로의 의미에 대해 놀라워할 수 있다는 것임을 이해해야 한다. 선험적인 것의 덕은 실재론을 환영적인 것으로 만드는 데 있는 것이 아니라 몹시 놀라운 것으로— 사유 불가능한 것처럼 보이지만 참된, 그런 자격에서 근본적으로 문제적인 것으로— 만드는 데 있다.

원화석이 우리에게 권유하는 건 사실상 사유의 뒤를 밟는 것이다. 원화석은 우리에게 자신이 밟았던 '숨겨진 통로passage dérobé'를 발견하도록 권유하면서, 지난 2세기 동안 현대 철학이 불가능 자체인 것처럼 우리에게 가르쳤던 것— 자기 자신으로 부터 벗어나기, 즉자를 붙잡기, 우리가 존재하건 아니건 존재하는 그것을 인식하기— 을 수행해 내는 데 성공한다.

2. 형이상학, 신앙절대론fidéisme, 사변spéculation

선조성을 사유하는 건 결국 사유 없는 세계 — 세계의 소여됨 없는 세계 — 를 사유하는 것이 된다. 그러므로 우리는 존재한다 는 것은 상관물로 존재한다는 것을 이끌어 낸 현대 철학자들의 존재론적 요청과 단절하지 않으면 안 된다. 오히려 우리는 사유 가 어떻게 비-상관적인 것에, 즉 소여되지 않으면서도 존속할 수 있는 세계에 접근할 수 있는지를 이해하려고 노력해야만 한다. 그런데 이는 또한 실제로 사유가 어떻게 절대적인 것에 접근할 수 있는지를 파악해야 한다는 것을 의미한다. 그것은 매우 잘 풀려 있고(absolutus의 첫 번째 의미[16]), 매우 잘 분리되어 있어서 우리에 대해 비-상대적인 것으로서 — 우리가 실존하든

• • • •

16. [역] absolutus는 라틴어 '해방하다' 혹은 '분리시키다'라는 뜻을 가진 absolvere 의 격변화 형태이다.

아니든 실존할 수 있는— 제공되는 존재다. 그러나 바로 여기에 주목할 만한 결과가 있다. 선조성을 사유한다는 것은 절대적인 것에 대한 사유와 다시금 관계 맺을 것을 요구한다. 그런데 선조성을 통해 우리가 이해하고 합법화하려는 것은 바로 실험 과학의 담화 자체다. 따라서 우리는 이렇게 말해야 한다. 과학은 자신의 고유한 수단에 의해 어떤 절대적 진리를 발견한다고 주장하는 철학을 포기하도록 우리에게 권유하는 것과는 거리가 멀며, 따라서 다양한 형태의 실증주의가 원하는 것처럼 우리가 절대적인 것을 추구하기를 포기하게 만드는 것과는 거리가 멀다고 말이다. 과학은 우리에게 과학의 고유한 절대성의 원천을 발견할 것을 명령한다고 말해야 한다. 왜냐하면 절대적인 그 무엇도 사유할 수 없다면 나는 선조적인 것에 의미를 부여할 수 없을 것이고, 그 결과 그것의 인식을 가능하게 하는 과학에 의미를 부여할 수 없을 것이기 때문이다.

그러므로 우리는 절대적인 것의 인식에 대한 요구를 회복해야 하며, 그러한 인식의 가능성을 가로막는 선험적인 것과 단절해야 한다. 이는 우리가 다시금 선비판적 철학자가 되어야 한다는 말일까? 우리가 다시금 독단주의자가 되어야 한다는 말일까? 이런 회귀가 분명히 불가능한 것처럼 보인다는 데 모든 어려움이 놓인다. 우리는 더 이상 형이상학자일 수도, 독단주의자일 수도 없다. 이와 관련해서, 우리는 칸트주의의 계승자로 있을 수밖에 없다. 그럼에도 우리는 데카르트의 명제, 그러니까 독단주의적 명제 — 제1성질과 제2성질의 차이 — 를, 그 명제를 실격시키려는 비판으로부터 보호하는 것처럼 보였을 것이다. 그러나 그러한 방어가 더 이상 데카르트적 논증에 의해 지탱될 수 없다는 것, 바로 거기에 문제가 있다. 그 논증은 부정할 수 없을 만큼 낡은 것처럼 보인다. 우리는 우선 그런 시효 소멸의 심오한 이유를 알아내야 한다. 왜냐하면 앞으로 보게 되겠지만 우리는 데카르트 주의가 충분치 않은 까닭을 이해하면서, 동일한 과정을 통해 절대적인 것과의 또 다른 관계의 가능성을 생각할 수 있기 때문이다.

* * *

데카르트는 연장 실체의 절대적 실존이라는 테제를 — 그러니까 물체들과 관계하는 수학적 담화들의 비-상관관계적 영향력이라는 테제를 — 어떻게 정당화하는가? 그의 추론은 다음의 방식으로 간단하게 재현될 수 있다.

1. 나는 더할 나위 없이 완전한 신의 절대적 실존을 증명할 수 있다.

우리는 『형이상학적 성찰』에서 신의 실존에 대해 제시된 세 가지 증명 가운데 하나가, 칸트 이래 존재론적 증명(혹은 논증)의 이름으로 알려진 증명이라는 것을 안다. 그 원리는 무한하게 완전한 존재라는 신의 정의로부터 신의 실존을 추론하는 데 있다. 신은 완전한 것으로 정립되고, 실존은 완전함이기 때문에 신은 실존할 수밖에 없다. 신을 사유하기 위한 내가 존재하든 아니든 상관없이, 데카르트는 신을 전적인 필연성에 의해 실존하는 것으로서 사유하기 때문에 절대적 실재— 나의 사유에 비상관적인 **거대한 외부**— 로의 가능한 접근을 내게 보증해 준다.

2. 신은 완전하므로 내가 나의 오성을 올바르게 사용할 때— 내가 명석 판명한 관념들을 통해 추론할 때— 나를 속일 수 없다.

3. 내가 삼차원적 연장이라는 속성만을 부여할 때 판명한 관념을 갖게 되는 그런 물체들이 나의 외부에 실존하는 것처럼 나타난다. 따라서 그 물체들은 결과적으로 나의 외부에 실존해야 한다. 그렇지 않다면 신은 진실되지 않을 텐데, 이는 그의 본성과 모순되기 때문이다.[17]

우리가 그 내용과는 무관하게, 데카르트에 의해 수행된 절차의 본성을 고려한다면 다음과 같이 증명이 이루어져 있다는 것을 보게 된다. 1. 절대적인 것의 실존을 확립하기: 완전한

• • • •

17. 이 증명과 관련해서는 다시 *Méditations métaphysiques*, sixième Méditation과 *Les principes de la philosophie*, Seconde Partie, article 1을 보라.

신(이것을 '첫 번째 절대적인 것'이라고 부르자). 2. 완전한 신은 기만하는 자일 수 없다는 것을 강조하면서 그로부터 수학적인 것의 절대적 범위를 도출하기(이것을 '도출된 절대적인 것'이라고 부르자). '절대적 범위'는, 물체들에서 수학적으로(산술이나 기하학에 의해) 사유 가능한 무엇이 나의 외부에 절대적으로 실존할 수 있다는 것을 의미한다. 그런데 증명 형식만을 염두에 둔다면 우리는 수학적 담화를 어떻게 다른 방식으로 절대화하는 것이 가능할 수 있을지를 알지 못한다. 즉 우리는 절대적인 것에 접근해야 하는데, 절대적인 것 그 자체가 직접적으로 수학적 본성에 속하지 않는다면(완전한 신) 그것은 우리가 거기서 절대성을 끌어내도록 허락할 수 있는 무엇이어야 한다(연장체들의 실존을 보증하는 진실된 신). 따라서 우리는 우리 자신이 그런 형태에 복종하는 증명을 만들어 낼 수 있어야 할 것이다. 그러나 우리가 그로부터 내용을 끌어내기 위해서는 데카르트의 증명의 내용이 어째서 상관주의의 비판에 저항할 수 없는지에 대한 설명으로 시작해야 한다.

앞의 증명을 상관주의자들은 어떻게 논박하는가? 사실상 사람들이 채택한 상관주의의 모델을 따르는 (적어도) 두 가지 가능한 논박이 존재한다. 실제로 우리는 상관주의를 두 가지 유형으로 구분할 수 있다. '약한' 모델이라고 말할 수 있는 칸트의 모델과 명확한 방식으로 항상 주제화되지 않는다고 할지라도 오늘날 우세한 것처럼 보이는 '강한' 모델이 그것이다. 우리는 우선 존재론적 증명에 대한 약한 모델의 논박— 칸트의 논박 — 을 소개할 것이다. 그런 다음에 우리는 어떻게 이 모델 자체가 더욱 엄밀한 상관주의의 비판에 실마리를 제공하는지를 보일 것이다. 그리하여 우리는 어떤 점에서 이 '강한' 모델이 절대적인 것을 사유한다고 주장하는 시도 전부에 대해 가장 근본적인 논박을 제출하는지를 보게 될 것이다.

우리가 이미 말했던바 데카르트에 대한 비판은 쉬워 보일 수도 있다. 실제로 '상관관계적 원환'의 논증을 존재론적 증명에 적용하는 것만으로도 충분하다. 따라서 사람들은 이렇게 말할 것이다. '데카르트의 논증은 절대적 실존에 접근한다는 그의 계획 자체 때문에 허위입니다. 왜냐하면, 그의 증명 — 신은 완전하기 때문에 존재해야만 합니다— 은 필연성을 요구하기 때문입니다. 그런데 우리가 그러한 필연성이 어떤 궤변에 근거하지 않는다는 사실을 인정할지라도 그것은 절대적인 것의 실존을 조금도 증명하지 않습니다. 왜냐하면 절대적인 것의 실존은 오로지 우리에 대해서 필연적일 수 있기 때문입니다. 그때 그 어떤 것도 우리에 대한 필연성이 즉자적인 필연성이라고 주장하는 것을 허락하지 않습니다. 과장된 회의에 의한 논증을 재개한다고 해도, 나의 정신은 영향력 없는 논증 그 자체에 의한 진리를 내가 믿게 하기 때문에, 나는 그런 나의 정신이 본래부터 우회하는 것은 아닌지를 전혀 알 수 없습니다. 혹은 더 직접적으로 말해보자면, 절대적 필연성이 언제나 우리에 대해서 절대적 필연성이라는 사실만으로도 필연성은 결코 절대적이지 않으며, 다만 우리에 대해서 필연적입니다.'

그러므로 상관관계적 원환은 모든 절대화 과정에 내재하는 악순환을 폭로하는 데 있으며, 이는 제출된 논증들의 본성과 무관하게 진행된다. 여기서 우리는 데카르트의 증명을 검토할 필요가 전혀 없다. 왜냐하면 논박의 핵심은 절대적인 것을 사유한다는 주장에 실리는 것이지, 그러한 목적을 위해 사용된 양상들에 실리지 않기 때문이다.

그런데 우리가 알고 있듯이, 칸트가 『순수이성비판』의 변증론에서 존재론적 증명을 반박하는 것은 그런 식이 아니다. 칸트는 실제로 데카르트의 논증 자체의 규칙 안에서 논박을 제시한다. 즉 그는 데카르트의 논증의 고유한 궤변적 특징을 보여준다. 칸트는 어째서 저 논증 방식에 만족하지 않는가?

데카르트의 논증의 핵심은 실존하지 않는 신은 모순적 개념이라는 생각에 근거한다. 비-실존자로서 신을 사유한다는 건 데카르트에게 결국 주체와 모순 관계에 있는 술어를 사유한다는 것이다. 세 각을 갖지 않을 수도 있는 삼각형을 사유하는 것처럼 말이다. 삼항의 각이 삼각형의 정의에 속하는 것처럼 실존은 신의 정의 자체에 속한다. 그런데 그러한 논증을 실격시키기 위해서 칸트는 신은 실존하지 않는다는 것을 주장하는 데 있어 실제로 그 어떤 모순도 존재하지 않는다는 것을 반드시 증명해야만 한다. 실제로 모순이 하나라도 존재한다면 칸트는 데카르트가 결과적으로 절대적인 것에 접근했다고 인정해야 할 것이다. 왜 그런 것일까? 비판서의 저자는 사물 그 자체가 인식 불가능하다는 것을 주장하면서 동시에 사물 그 자체가 사유 가능하다고 주장하고 있기 때문이다. 실제로 칸트는 논리적 모순이 절대적으로 불가능하다는 선험적^{a priori} 앎의 가능성을 우리에게 허락한다. 만일 우리가 범주적 인식을 사물 그 자체에 적용시킬 수 없다면, 반대로 우리는 사물 그 자체를 모든 사유의 논리적 선행 조건으로 회부할 수 있다. 그러므로 칸트에게서 두 명제들이 절대적인 존재론적 범위를 획득한다.

1. 사물 그 자체는 무-모순적이다.

2. 사물 그 자체는 사실상 실존한다. 그렇지 않다면 아무런 근거 없이 스스로 현상하는 현상들이 실존할 것이기 때문인데, 그것은 칸트에게 있어 모순이다.[18]

• • • •

18. 사물 그 자체의 사유 가능성에 대해서는 *Critique de la raison pure*, Préface de la deuxième édition, trad. Alain Renault(이하 AR로 줄임), Flammarion, 2001, pp. 82-83과 édition de l'Académie de Berlin, Walter de Gruyter & Co, Berlin, 1968(이하 AK로 줄임), vol. Ⅲ, p. 17을 볼 것.

그렇기 때문에 데카르트의 테제를 논박하는 것은 본질적이다. 왜냐하면 신이 있지 않다는 것이 모순이었다면, 칸트의 시점 자체에서는 신이 실존했다는 것이 절대적으로 필연적일 것이기 때문이다(그리고 이것은 우리에 대해서만 필연적인 것이 아니다). 따라서 논리적 원리의 사용만으로도 사물 그 자체에 대해서 실정적으로 인식하는 것이 가능해질 것이다. 그렇다면 칸트 비판의 원리는 무엇인가? 우리가 알고 있듯이, 그것은 실존한다고 이미 전제된 사물과 이 사물의 술어들 가운데 어떤 것 사이에서가 아닌 다른 식으로 모순이 실존할 수 있다는 것을 부정하는 것이다. 내가 삼각형이 실존한다고 전제한다면 모순 없이는 세 개 이상이나 이하의 각을 삼각형에 부여할 수 없다. 그러나 내가 그 삼각형을 삭제한다면, 즉 '내가 술어와 함께 주어도 제거한다면, 아무런 모순도 생기지 않는다. 왜냐하면, 그것에 모순될 수 있는 것이 더 이상 아무것도 없기 때문이다.'[19] 그러므로 주어는 자신의 개념에 근거해서 자신의 실존을 결코 사유에 강요할 수 없다. 왜냐하면 존재는 주어의 개념의 일부가 전혀 아니며, 주어의 술어가 전혀 아니기 때문이다.

• • • •

19. *Critique de la raison pure*, *op. cit.*, p. 531; AK, III, p. 398.
   [역] (『순수이성비판 1』, 백종현 역, 아카넷, 2006, p. 772. 앞으로 한국어 번역의 쪽수는 괄호 안에 명기할 것임.) 강조는 필자에 의한 것이며, 괄호 안의 문장은 필자가 덧붙인 것임.

존재는 순수한 위치position로서 주어의 개념에 부과된다. 사람들은 한 존재는 완전해지기 위해서 실존을 소유해야 한다고 당연히 말할 수 있다. 이 말은 완전한 것으로서 사유되는 한에서 그것이 실존한다는 것이 아니다. 우리는 이렇게 말할 것이다. 실존을 그 수용자에게 선험적으로 수여할 수 있는 '경이로운 술어'는 존재하지 않는다고 말이다. 다시 말해서— 흄 이후에 — 칸트는 결정된 존재자가 실존하는지 아닌지를 우리가 언제나 모순 없이 생각할 수 있다는 사실에 의해 존재론적 증명을 실격시킨다. 존재자에 대한 그 어떤 결정도 그것이 실존하는지 아닌지를 우리에게 선험적으로 말할 수 없다. 우리가 '무한정하게 완전한'이라는 술어로 어떤 것을 말한다고 해도 그로부터 그러한 술어의 주어가 실존하는지를 추론할 수는 없다. 우리가 그로부터 주어가 실존한다고 추론한다면 이는 우리가 그런 술어를 통해 적합한 것을 말하는 것이 전혀 아니기 때문이다.

우리는 존재론적 증명에 대한 칸트의 이러한 논박이 실로 데카르트의 논증에 대한 비판 너머로 나아간다는 것을 안다. 왜냐하면 문제가 되는 게 단지 신의 실존에 대한 증명을 거부하는 데 있는 것이 아니라, 결정된 존재자의 절대적 필연성을 입증한다고 주장하는 모든 증명을 거부하는 데 있기 때문이다. 우리는 이런저런 존재자 — 결정된 것res — 가 필연적으로 실존한다고 진술하는, 그런 필연성의 존재론적 체제를 '실재적 필연성'이라고 부를 것이다. 이러한 유형의 필연성은 참으로 모든 독단주의적 형이상학 안에 현전하는 것처럼 보인다. 사실상 독단주의적이라 함은 이것 혹은 저것, 즉 결정된 모든 것이 — 이념, 순수 행위, 원자, 분할될 수 없는 영혼, 조화로운 우주, 완전한 신, 무한 실체, 세계정신, 세계 역사 등 — 절대적으로 존재해야만 한다는 것, 그것인바 존재해야 한다는 것을 언제나 주장하게 된다. 그런데 우리가 형이상학을 '이런저런 존재자는 절대적으로 존재해야만 한다'는 유형의 진술에 의해 최소한으로 특징짓는다면, 그때 우리는 형이상학이 존재론적 증명과 함께 — '존재자가 이러저러하기 때문에 그것이 절대적으로 존재해야 한다'는 진술과 함께 — 정점에 이른다고 생각한다. 존재론적 증명은, 그 자신의 본질만으로 자신의 실존의 이유를 제공하는, '더할 나위 없는' 필연적인 존재자를 정립한다. 신이 필연적으로 실존해야만 하는 건 신이 본질상 완전하기 때문이다.

그러나 사람들은 저 증거가 라이프니츠에 의해 최초로 공식화된 원리의 정점과 내생적으로 연결되어 있지만 이미 데카르트에게서 작동하고 있다는 것을 또한 알고 있다.[20] 더 나아가 그것은 모든 사물, 모든 사실, 모든 사건이 다른 식이 아니라 그렇게

• • • •

20. *Les Principes de la philosophie*, 혹은 *Monadologie*, André Robinet(éd.), PUF, 1954, article 32, p. 89.

존재해야 하는 필연적인 이유를 가져야 한다고 주장하는 이성
원리[이유율]다. 왜냐하면 그러한 원리는 모든 세속적 사실에
대한 가능한 설명을 요구할 뿐만 아니라 사유가 존재자와 존재자
의 그렇게 있음의 무조건적인 총체성의 이유를 밝힐 것을 요구하
기 때문이다. 사실상 그때부터 사유는 세계의 사실들의 이유를
세계의 이런저런 법칙에 의해 해명할 수 있다. 또한 사유는
이성 원리에 따라 그런 법칙들이 그렇게 존재하는 이유와, 결과
적으로 세계 자체가 그렇게 존재하는 이유를 해명해야 한다.
그리고 그런 '세계의 이유'가 제공된다고 할지라도 다시 그
이유의 이유를 밝혀야 할 것이고, 이는 무한히 계속될 것이다.
그러므로 사유가 이성 원리에 복종하면서도 무한정한 회귀를
피하려면, 사유 자신의 이유까지도 포함한 모든 것의 이유일
수 있는 어떤 하나의 이유에 도달해야 한다. 그것은 다른 그
어떤 이유를 조건 짓지 않는 이유, 존재론적 증명만이 끌어낼
수 있는 이유이며, 이는 그러한 이유가 'x'의 실존을 — 'x'가
아닌 어떤 다른 존재자의 결정에 의해서가 아니라 — 오로지
그것의 결정에 의해서 확인하기 때문이다. x는 완전하기 때문에
존재해야 하며, 따라서 causa sui의 자격으로, 자기 자신의 유일한
원인의 자격으로 존재해야 한다.

적어도 하나의 존재자가 절대적으로 필연적이라는 테제(실
재적 필연성의 테제)로 모든 독단주의적 형이상학이 특징지어

진다면, 형이상학은 모든 존재자는 절대적으로 필연적이라는 테제(이성 원리) 안에서 정점에 이른다는 사실을 사람들은 이해한다. 역으로, 독단주의적 형이상학의 거부는 모든 실재적 필연성의 거부를 의미한다. 하물며 그것은 이성 원리의 거부와, 실재적인 필연성의 체계가 자기 안으로 닫히게 할 수 있는 열쇠인 존재론적 증거의 거부를 의미한다. 이러한 거부는 결정된 존재자는 무조건적으로 실존해야만 할 것이라는 사실을 증명하는 그 어떤 합법적인 방식도 존재하지 않는다는 것을 지지하도록 강요한다. 덧붙이자면 독단주의에 대한 그런 거부가 이데올로기들에 대한 모든 비판의 최소한의 조건이라고 말할 수 있는데, 이는 이데올로기가 착각을 일으키는 모든 표상과 동일시되기 때문이 아니라 실존하는 것이 실제로 전적인 필연성과 함께 실존해야 한다는 것을 확립하려는 목표를 가진 온갖 형태의 의사擬似 합리성과 동일시되기 때문이다. 근본적으로 불가피한 것처럼 나타나는 사회적 상황이 사실은 우연적이라는 것을 보여주는 것으로 이루어지는 이데올로기 비판은 근본적으로 필연적 실체들의 환영적 생산으로 이해되는 형이상학에 대한 비판과 결합한다. 그런 의미에서 우리는 지금 시대에 형이상학의 유통 기한이 끝났음을 문제 삼으려는 게 아니다. 왜냐하면 이 **신**, 이 **세계**, 이 **역사**, 마지막으로 현실적으로 실행되고 있는 이 정치 체제가 필연적으로 존재해야 하며, 그것인바 존재해야 한다고 주장하는 그런 독단주의, 그런 절대주의는 사실상 되돌아가는 게 가능하지도 바람직하지도 않은 사유의 어느 한 시대에 속하는 것처럼 보이기 때문이다.

이제 선조성에 대한 문제를 해결하기 위한 조건들은 명확해지는 동시에 상당히 간추려진다. 사실상 독단주의로 회귀하지 않으면서도 선조적 진술들의 의미를 보존하기를 원한다면 우리는 절대적으로 필연적인 그 어떤 존재자에게로도 재인도되지 않는 절대적 필연성을 발견해야만 한다. 다시 말해서 우리는 절대적 필연성에 의해 존재하는 그 어떤 것을 사유하지 않으면서 절대적 필연성을 사유해야 한다. 이 진술의 역설적 외양을 당분간 그대로 놓아두자. 당장 우리가 의심하지 말아야 할 유일한 사실은 선택의 여지가 거의 없다는 것이다. 만일 우리가 존재론적 증거의 타당성과 마찬가지로 이성 원리의 무조건적 타당성을 믿지 않는다면, 그리고 만일 우리가 선조적인 것에 대한 상관관계적 해석들도 믿지 않는다면, 우리가 실로 해결의 원리를 찾아야 하는 곳은 절대적 존재자가 없는 절대적인 것이라는 언표 안에서다.

우리는 동시에 그것을 또한 다음과 같이 정식화할 수 있다: 절대자 일반에 접근한다고 주장하는 모든 사유를 **사변적**이라고 명명하자. 절대적 존재자에 접근한다고 주장하는— 혹은 이성 원리를 경유해서 절대적인 것에 접근한다고 주장하는— 모든 사유를 형이상학적이라고 명명하자. 모든 형이상학이 정의상 사변적이라면 우리의 문제는 결국 역으로 모든 사변이 형이상학적이지는 않다는 것을 확립하는 것이 된다. 모든 절대적인 것이 독단주의적이지는 않다는 것, 절대주의적absolutiste이 아닐 수 있는 절대화하는absolutoire[21] 사유에 대한 검토가 가능하다는 것을 확립하는 것이다. 따라서 선조성에 대한 질문은 본질적으로 우리가 '탈절대화적 함축'이라고 명명할 수 있는 무엇, '형이상학이 효력을 상실했다면, 절대적인 것 역시 효력을 상실했다'라고 일컬어지는 것에 대한 비판과 관련되어 다시금 나타난다. 독단주의적 형이상학의 종언으로부터 절대적인 것들의 종언이라는 결론을 이끌어 내는 추론에 대한 반박만이 우리로 하여금 원화석의 역설의 엉킨 매듭을 풀 수 있게 허락할 것이다.

* * *

하지만 우리는 그전에 상관주의의 가장 엄밀한 형태, 그리고

• • • •

21. [역] absolutoire의 사전적 의미는 '사면(赦免)하는'이다. absolutoire는 absolution을 행한다는 것을 의미하는데, absolution은 가톨릭에서 신이 죄인의 죄를 사하는 것, 법률적으로는 피고인의 형벌을 면제하는 것을 가리킨다. 여기서 저자는 절대적인 것에서 절대적 존재자로서의 낙인을 면제한다는 맥락에서 이 형용사를 선택한 것 같다. 우리는 '사면하는'이라는 번역어 대신에, 영문판 번역자의 선택을 따르면서 '절대화하는'이라는 번역어를 취할 것이다.

상관주의의 가장 현대적인 형태처럼 보이는 것을 설명해야 한다. 왜냐하면 상관관계의 가장 근본적인 모델과 대결함으로써만 우리는 탈절대화가 모든 철학의 실제적으로 극복 불가능한 지평인지 아닌지를 알 수 있을 것이기 때문이다.

우리는 칸트의 선험철학이 '약한' 상관주의와 일치할 수 있다고 말했다. 어째서 그런가? 사유가 절대적인 것과 맺는 모든 관계를 비판철학이 금지하는 것은 아니기 때문이다. 비판은 사물 그 자체에 대한 완전한 인식(초감성적인 것에 대한 범주들의 완전한 적용)을 금지하지만 즉자적인 것에 대한 사유 가능성을 유지한다. 따라서 우리는 칸트를 따르면서 선험성ᵃ ᵖʳⁱᵒʳⁱ을 알며, 사물 그 자체가 무모순적이라는 것을, 그것이 실제적으로 실존한다는 것을 안다. 그와 반대로 상관주의의 강한 모델은 우리가 즉자적인 것을 인식할 수 있다고 주장하는 것만이 비합법적이 아니라 어쨌든 그것을 사유할 수 있다고 주장하는 것 역시 마찬가지로 비합법적이라고 간주하는 것으로 이루어진다. 그러한 탈합법화의 논증은 매우 간단하며 잘 알려져 있다. 문제가 되는 건 여전히 그리고 늘 상관관계적 원환이다. 결국 칸트적 사유는 우리에 대해 사유 불가능한 것이 즉자적으로 불가능하다는 것을 보장받기 위해서 대체 어떤 경이로운 실행에 의해 자신의 사유 그 자체로부터 벗어나는 데 성공하는가? 모순은 사유 불가능하다. 이에 동의해 보자. 그러나 칸트가 모순을 진리로 만들 수 있는 전능한 힘을 가진— 예컨대 데카르트가 단언할 수 있었던 바와 같이[22]— 그 어떤 신도 실존할 수 없다는 것을 알 수 있게 허락한 것은 무엇인가? 칸트는, 자신이 그렇게 했듯이, 무-모순의 비어 있다고 가정된 원리에 즉자적 사물을 종속시킬 때 우리는 그런 즉자적 사물에 대해 아무것도 알지 못한다고 주장한다. 하지만 그와 반대로, 신의 역량이 논리적 비일관성까지 나아갈 수 없으리라는 것을 알 수 있을 만큼 우리가 즉자적인 것 안으로 깊숙하게 침투할 수 있다고 스스로 믿는 것은 오만해 보인다. 강한 상관주의가 그런 전능한 힘의 신의 실존을 확증한다고 말하려는 게 아니다. 강한 상관주의는 전능한 힘의 신의 실존 가능성에 대한 모든 논박을 실격시키는 데 만족한다.

게다가 전능한 힘의 신이라는 저 가설과 '쌍을 이루는 허무주의' 역시 옹호될 수 있을 것이다. 이제 문제가 되는 건 칸트의 두 번째 절대 명제— '우리의 표상 너머에 사물 그 자체가 있다'— 를 거부하는 테제다. 사실상 현상들 너머에는 아무것도 존재하지 않는다는 것을, 우리의 세계가 모든 것들이 종국에는 집어삼켜질 수 있는 어떤 무에 의해 둘러싸여 있다는 것을, 사람들은 무엇을 걸고 선험적으로 논박할 수 있겠는가? 사람[강

. . . .

22. Cf. *lettre au P. Mesland du 2 mai 1644*, AT, IV, p. 118.

한 상관주의자들은 현상이 그 어떤 즉자적 사물에 의해서도 지탱되지 않는다고 주장할 것이다. 그들은 '현상적 영역들'만이 실존한다고, 다시 말해 현상적 영역들 사이에서 합의된 초월론적transcendantal 주체들만이 실존한다고 주장할 것이다. 이 주체들은 인간 종이 사라진다면 다시금 모든 것이 그 안으로 사라지게 될 어떤 절대적 무 가운데에서 진화하고 '떠돈다'. 그러한 관점에서 그러한 무가 무의미하다고 사람들은 말할까? 그처럼 사용된 '무'라는 단어를 통해 사람들은 아무것도 사유하지 않지만 의미작용이 비워진 한 단어를 발화하고 있다고 말하지 않을까? 그러나 정확히 거기에 강한 상관주의에 있어서 합법적인 무엇이 있다. 왜냐하면 사유는 우리에게 있어 이치에 맞지 않는 것이 즉자적으로 진리일 수 있을 가능성을 거부할 그 어떤 수단도 갖지 않기 때문이다. 어째서 의미를 비워낸 것이 불가능한 것일까? 우리가 아는 한, 의미의 그런 절대성을 우리에게 보증할 수 있는 즉자에 대한 탐험을 마치고 돌아온 자는 아무도 없었다. 게다가 다음의 진술들, '모순은 가능하다', '무는 가능하다'는 완전히 의미를 비워내지는 않았는데, 왜냐하면 그것들은 구별될 수 있기 때문이다. 모순처럼 보이는 삼위일체를 믿는 것은 무의 위협을 믿는 것과 같지 않다. 왜냐하면 이 두 테제에서 결과하는 삶의 태도들은 서로 충분히 다를 수 있기 때문이다. 사유 불가능한 것은 신앙들과 신비들처럼 변형된다.

우리가 과감히 맞서야 하는 건 바로 탈절대화의 그런 강한 모델이다. 왜냐하면 그것은 사유가 존재하지 않을 때 존재하는 무엇을 사유할 가능성을 가장 확고하게 금지하는 모델이기 때문이다. 그 모델은 사유의 두 가지 결정에 근거하는 것처럼 보인다. 첫 번째는 충분히 연구되었지만 두 번째는 아직 검토되지 않았다.

첫 번째 결정은 모든 상관주의의 결정이다. 그것은 사유 내용과 사유 행위의 본질적인 분리 불가능성이라는 테제다. 우리는 스스로 존속하는 존재를 다루는 게 아니라 오직 사유하도록 소여된 것만을 다룬다.

이러한 결정은 그것 하나만으로도 **실재적이거나 유물론적인** 유형의 절대적인 것들 모두를 충분히 실격시킬 수 있다. 사변적이기를 원할 수도 있는 모든 유물론은 — 다시 말해서 어떤 유형의 **사유 없는** 실체를 절대적 현실로 만들게 될 유물론은 — 실제로 사유가 필연적이지 않다는 것(어떤 것은 사유 없이 존재할 수 있다는 것)과 사유는 사유가 존재하지 않을 때 존재해야만 하는 무엇을 사유할 수 있다는 것을 주장해야만 한다. 따라서 유물론이 사변적 경로를 채택한다면, 우리가 그것을 사유한다는 사실을 추상하면서 어떤 주어진 실재를 사유하는 게 가능하다고 믿을 수밖에 없게 된다. 모든 유물론의 패러다임인 에피쿠로스주의가 그런 경우다. 에피쿠로스주의는 사유가 공백과 원자의 개념들을 경유해서 모든 사물의 절대적 자연에 접근할 수 있다고 주장하며, 그러한 자연이 사유 행위와 필연적으로 상관적인 것은 아니라고 주장한다. 왜냐하면 사유는 불확실한 방식으로만, 심지어 우연한 원자적 합성물들의 방식으로 (신들조차도 분할될 수 있다) 실존하기 때문이다. 다시 말해 사유는 요소적인 자연들의 실존에 비해 비-본질적으로 실존한다.[23] 그런데 그와 반대로 상관관계적 관점은 실재가 언제나 이미 어떤 존재자에게 자신을 소여한다는 사실을 실재로부터 추상하는 일은 있을 수 없다고 고집한다. 언제나 이미 ~에 소여되지 않은 그 어떤 것도 사유 가능하지 않다면, 우리는 그러한 소여됨을 수용할 수 있는 어떤 존재자 없이, 다시 말해 일반적인 의미에서 이 세계를 '사유'할 수 있는— 세계를 직관하고, 세계에 대해 논할 수 있는— 존재자 없이 세계를 사유할 수 없다. 우리는 강한 모델의 이러한 첫 번째 결정을 '비非분리된 것의 우선성' 혹은 '상관물의 우선성'이라고 명명할 것이다.

강한 모델의 두 번째 결정은 우리를 한층 더 몰두하게 만들

• • • •

23. 에피쿠로스에 의해 신들 자체가(그러니까 사유하는 존재들 일반이) 불멸한다고 말해질지라도 그것들은 권리상 요소적 자연들과는 반대로 파괴될 수 있는 것으로 사유되어야 한다. cf. Marcel Conche, *Epicure, Lettres et maximes*, Introduction, PUF, 1987, p. 44 sq.

것이다. 실제로 강한 모델은 앞선 유형의 절대적인 것보다 일관적이기 때문에 더 강력한 두 번째 유형의 절대적인 것에 맞서야 한다. 우리가 1장에서 간략하게 묘사했던 저 두 번째 형이상학적 전략은 상관관계 자체를 절대화하는 데 있다. 논증 일반은 이렇게 요약될 수 있다. 사람들은 사물 그 자체에 대한 칸트적 개념이 인식 불가능할 뿐만 아니라 사유 불가능하다고 말했다. 하지만 이 경우에 가장 현명한 결정은 그런 즉자적인 것의 관념 모두를 폐지하는 것인 듯 보인다. 그러니까 사람들은 즉자적인 것이 사유될 수 없기 때문에 진리를 결여하고 있으며, 오로지 주체-대상 관계를 위해, 혹은 보다 본질적이라고 판단되는 또 다른 상관관계를 위해 그것을 폐지해야 한다고 주장할 것이다. 이런 유형의 형이상학은 주체성의 다양한 심급들을 선택할 수 있지만, 그런 주체성은 어떤 지성적 항, 의식적 항, 또는 생명적 항이 실체화될 것이라는 사실로 특징지어질 것이다. 라이프니츠의 모나드 내에서의 표상, 셸링의 자연(객관적 주체-대상), 헤겔의 절대정신, 쇼펜하우어의 의지, 니체의 힘에의 의지(혹은 힘에의 의지들), 베르그손의 기억의 짐을 실은 지각, 들뢰즈의 생명 등. 상관물의 생기론적 실체들(니체, 들뢰즈)이 '주체'에 대한 비판들, 나아가 '형이상학'에 대한 비판들과 기꺼이 동일시된다고 할지라도 그것들은 사변적 관념론과 동일한 이중의 결정들, 즉 그것들이 소박한 실재론 혹은 선험적 관념론의 어떤 변종과 합류되지 않도록 보호하는 그런 이중의 결정들을 공유한다. 이중의 결정들은 이렇다.

1. 세계에 대한 관계의 유형이 아닌 것은 그 무엇도 존재할 수 없다(따라서 지성도, 의지도, 생명도 없는 에피쿠로스의 원자는 불가능하다).

2. 위의 명제는 우리의 인식에 대해 상대적으로서가 아니라 절대적 의미에서 이해되어야 한다.

비非분리된 것의 우선성은 매우 강력해져서, 근대에는 사변적 유물론마저도 생명과 의지의 그런 반합리주의적 학설들의 지배를 받았던 것처럼 보인다. 이는 비유기체들 안에는 살아 있거나 의지적인 것이 전혀 있을 수 없다는 가능성을 진지하게 채택했던 '물질의 유물론matérialisme de la matière'을 희생시킨다. 따라서 **생명**의 형이상학과 **정신**의 형이상학의 대결은 선험적인 것으로부터 물려받은 뿌리 깊은 합의 — 완전히 비주관적인 것은 있을 수 없다 — 를 감춘다.

우리의 [강한 상관주의] 모델에 대한 분석을 계속하자. 강한 상관주의가 실재론자라는 '외부의' 적으로부터 쉽게 자유로워질 수 있다면, '주관주의적' 형이상학자라는 '내부의' 적으로부터 벗어나는 건 훨씬 힘든 일이다. 사실상 그러한 바깥에 대해 사유가 근본적으로 접근 불가능하다고 분명히 주장했을 때,

무엇의 이름을 걸고 우리의 표상 너머에 무언가 존속한다고 확언할 수 있겠는가? 여기에 강한 모델의 두 번째 결정이 개입해야만 한다. 그 결정은 더 이상 상관물과 관계하지 않으며 상관물의 **사실성**과 관계한다. 칸트로 돌아가 보자. 칸트의 계획 — 선험적 관념론 — 과 헤겔의 계획 — 사변적 관념론 — 을 뿌리깊게 구별하는 건 무언가? 가장 결정적인 차이는 이러할 것처럼 보인다. 칸트는 우리가 인식의 선험적 형식들(그에게 그것은 공간-시간의 감성적 형식과 오성의 12가지 범주들이다)을 단지 기술할 수 있을 뿐이라고 주장하는 반면, 헤겔은 그 형식들을 연역하는 게 가능하다고 주장한다. 그러므로 칸트는 헤겔과는 반대로 사유의 형식들에 절대적 필연성을 부여할 수 있는 어떤 원리나 체계로서 사유의 형식들을 끌어내는 게 불가능하다고 생각한다. 그러한 형식들은 (발생적 의미에서) 연역의 대상이 아니라 다만 기술의 대상일 수 있는 '최초의 사실'이다. 그리고 즉자적인 것의 영역이 현상과 구분될 수 있다면, 이는 정확히 형식들의 사실성과 그 형식들이 단지 기술될 수 있다는 점 때문이다. 실제로 만일 형식들이 헤겔의 경우처럼 연역될 수 있는 것이라면, 그런 형식들은 무조건적인 필연성에 속하는 것으로 나타날 것이며, 그와 다른 것일 수 있는 즉자적인 것이 실존할 수 있는 가능성 자체를 제거할 것이다.

그러므로 절대적 관념론과 강한 상관주의는 동일한 테제,

다시 말해 즉자의 사유 불가능성에서 출발하며, 그로부터 상반된 두 가지 결론을 끌어낸다: 절대적인 것의 사유 가능성 혹은 사유 불가능성. 두 번째 결론에 유리하게 두 주장을 분리시키는 것은 바로 상관관계적 형식들의 어쩔 수 없는 사실성이다. 그래서, 실제로 우리가 그런 형식들의 절대적 필연성을 증명할 수 있는 모든 가능성을 거부하는 그때, 우리에게 주어진 것과 본질적으로 다른 어떤 즉자가 존재할 가능성을 금하는 것이 불가능하다. 강한 상관주의는 칸트주의처럼 형식들의 사실성을 주장하지만, 이러한 사실성을 논리적 형식에, 다시 말해 무–모순non-contradiction에 일치시킨다는 점에서 칸트주의와 다르다. 왜냐하면 우리는 감성과 오성의 선험적 형식들을 단지 기술할 수 있는 것과 마찬가지로 사유 가능한 모든 명제에 내재하는 논리적 원리들을 단지 기술할 수 있을 뿐이지 그것들의 절대적 진리를 연역할 수 있는 게 아니기 때문이다. 그리하여 모순이 절대적으로 불가능하다는 것을 안다고 주장하는 것은 말이 되지 않는다. 우리에게 주어진 유일한 것, 그것은 우리가 모순적인 그 어떤 것도 사유할 수 없다는 사실이다.

사실성의 본성을 보다 잘 파악하도록 노력하자. 왜냐하면 탈절대화의 과정에서 사실성의 역할은 상관물의 역할만큼 중요해 보이기 때문이다. 우선 우리의 모델, 다시 말해 강한 모델의 관점에서 저 사실성을 세계의 사물들의 단순한 소멸 가능성과 구분하는 게 중요하다. 실제로, 형식들의 사실성은 물질적 대상의 파괴 가능성, 혹은 생명력의 퇴화와 아무런 관련이 없다. 이런저런 존재자, 혹은 이런저런 사건이 우연적임을 주장할 때 나는 실증적 앎을 소유한다: 나는 이 집이 파괴될 수 있다는 것을 안다, 나는 저 사람이 달리 행동하는 게 물리적으로 불가능하지 않았을 것임을 안다 등등. 우연성contingence은 어떤 사건이 일어나거나 일어나지 않도록 물리적 법칙들이 무차별적으로 허락한다는 사실 — 한 존재자가 출현하고 존속하고 또는 소멸하도록 허락한다는 사실 — 을 알린다. 그러나 사실성에 관해 말하자면, 그것은 세계의 전제된 구조적 상수들 — 상관주의마다 달라질 수 있지만 표상에 있어서 최소한의 배열 방식의 기능을 매번 수행하게 될 상수들(인과성의 원리, 지각 형식들, 논리적 법칙 등) — 과 연관된다. 이러한 구조들은 고정되어 있다. 나는 그것들의 변이를 결코 경험하지 못하며, 논리적 법칙들의 경우 그 법칙들의 변형을 표상할 수조차 없다(예컨대 모순적인 존재 혹은 존재 자체에 비-동일적인 존재를 표상하기). 그렇지만 그러한 형식들은 아무리 고정되어 있다고 해도 절대적인 것을 구성하는 게 아니라 어떤 사실을 구성한다. 왜냐하면 나는 형식들의 필연성을 정초할 수 없기 때문이다. 형식들이 정초의 담화가 아닌 오직 기술적 담화의 대상이 될 수 있을 뿐이라는 점에서 형식들의 사실성이 계시된다. 하지만 문제가 되는 것은 내가 다른 존재를 경험할 수 있는 단순히 경험적인 사실들과 상반되는 사실, 그에 대한 어떤 실증적 앎도 얻을 수 없는 사실이다. 왜냐하면 우연성이 세계의 사물이 다르게-존재할 수 있음에 대한 앎이라면, 사실성은 오로지 상관관계적 구조가 그처럼-존재해야 하는 이유에 대한 무지로 이루어지기 때문이다. 이후를 위해 이 점을 염두에 두는 것이 좋을 것이다: 상관주의자는 상관관계적 형식들의 사실성을 지지하면서, 그 형식들이 실제적으로 변할 수 있다는 것을 주장하지 않는다. 상관주의자는 다만 저 형식들이 변하는 게 어째서 불가능한지를 사유할 수 없다는 것, 어째서 우리에게 소여된 현실과 전혀 다른 현실이 선험적으로 배제될 수 있는지를 사유할 수 없다는 것을 주장할 뿐이다. 따라서 이 두 가지를 구분해야 한다.

1. 세계에 존재할 수 있거나 혹은 존재하지 않을 수 있는 모든 것, 세계에서 일어나거나 혹은 일어나지 않을 수 있는 모든 것에 대해 말해지는 세계 내적 우연성 — 언어와 표상의 상수들에 의해 세계가 내게 소여되었던바, 이러한 우연성은 그런 언어와 표상의 상수들을 위반하지 않는다.

2. 그런 상수들 자체의 사실성, 이것은 저 상수들의 필연성이나 우연성을 확립할 수 있는 위치에 있지 않은 우리의 본질적 무능력과 관계한다.

그러므로 나는 사실성과 함께 객관적 현실을 경험하는 게 아니라, 세계가 있다는 사실, 규정된 상수들에 의해 구조화되고 말해질 수 있고 지각될 수 있는 세계가 있다는 사실에 직면한, 극복될 수 없는 객관성의 한계들을 경험한다. 그것은 세계의 논리성이라는 사실 자체이거나 표상 안으로의 세계의 소여됨이라는 사실 자체인데, 이러한 사실들은 논리적이거나 표상적인 이성의 구조들을 벗어난다. 즉자적인 것은 우리가 그것이 존재한다는 사실을 주장할 수조차 없을 정도로 불투명해진다. 또한 이제 즉자적인 것이라는 용어는 오로지 사실성만을 위해 사라지는 경향을 갖는다.

따라서 사실성은 세계의 **전적인-타자**Tout-Autre의 가능성을, 우리로 하여금 바로 그 세계의 한 중심에서 파악하게 한다. 그렇지만 '가능성'이라는 단어에 괄호를 치는 게 좋은데, 왜냐하면 사실성에서 문제가 되는 건 **전적인-타자**의 실제적 가능성에 대한 앎이 아니라 그것의 불가능성을 확립할 수 없는 우리의 무능력이기 때문이다. 이는 우리에 대해 즉자적인 것과 관련된 모든 가설들 — 그것이 있다는 것, 그것이 필연적이라는 것, 그것이 있지 않다는 것, 그것이 우연적이라는 것 등등 — 이 동등하게 합법적으로 남아 있을 수 있음을 의미하는 가설적 가능성 자체이다. 그런 '가능성'은 **전적인-타자**에 대한 실증적 앎이 전혀 아니며, 그것이 있을 것이라거나 있을 수도 있다는 식의 어떤 실증적 앎도 아니다. '가능성'은 다만 우리의 본질적 유한성, 그리고 세계 자체의 유한성(세계가 물리적으로 무한하다 할지라도)의 표식이다. 왜냐하면 사실성은 앎과 세계의 가장자리에 토대의 부재라는 장식을 다는데, 그 이면은 절대적으로 불가능한 그 어떤 것도 말해질 수 없으며, 심지어 사유될 수도 없다는 것이기 때문이다. 달리 말해서 사실성은 존재론적 증명이 비합법적이라는 것만이 아니라 무-모순 자체에 이유가 부재한다는 것을, 그리고 그런 자격에서 무-모순은 우리에 의해 사유 가능한 무엇의 규범일 뿐이지 절대적 의미에서 가능한 무엇의 규범일 수 없다는 점을 강조하면서 이성 원리[이유율]에 대한 비판을 극단에까지 밀어붙인다. 사실성은 소여의 상수들과 마찬가지로, 소여들의 '비이성irraison'[이유의 부재]이다.

그러므로 강한 모델은 다음의 명제로 요약된다. 사유 불가능한 무엇이 불가능하다는 것은 사유될 수 없다. 나는 모순적 현실이나 모든 사물들의 무라는 단어들을 통해서 결정된 그 어떤 것도 이해할 수 없다고 할지라도, 그것들의 절대적 불가능성을 이성 안에서 정초할 수는 없다. 그리하여 사실성은 명확하고 주목할 만한 어떤 결과를 갖는다. 절대적인 것에 대한 **비합리적 담화**를 그것의 비합리성을 핑계로 실격시킨다는 건 합리적으로 비합법적이라는 사실이다. 실제로 강한 모델의 관점에서, 종교적 신앙은 세계가 어떤 사랑 행위에 의해 무로부터 창조되었다고, 혹은 **신**이 신 자신과 자신의 **아들** 간의 완전한 일치와 차이라는 외관상의 모순을 진리로 만들 수 있는 무한한 힘을 가졌다고 당연히 주장할 수 있다. 그런 담화들은 비록 논리적이거나 과학적인 것에서 유래하지 않았지만 신화적이거나 신비적이라는 점에서 어떤 의미를 보존한다. 그래서 강한 모델의 가장 일반적인 테제는 합리적 의미에서는 측정할 수 없는 의미 체제의 실존으로 향하는데, 왜냐하면 그 테제는 세계의 사실들로 향하는 게 아니라 세계가 있다는 사실로 향하기 때문이다. 그러나 상관주의 그 자체는 종교적이든 시적이든 그 어떤 무-합리적 a-rationnelle 입장도 지지하지 않는다. 그것은 절대적인 것에 대한 그 어떤 실증적 담화도 만들지 않으며, 사유의 한계들을 사유하는 데 만족한다. 이 한계들은 경계선을 이루는데 우리는 언어에 있어서 그것의 테두리만을 포착할 수 있을 뿐이다. 상관주의는 결정된 종교적 신앙을 실증적으로 정초하지는 않으나, 그 내용을 사유할 수 없다는 이유로 신앙을 탈합법화하려는 이성의 모든 주장을 실제적으로 토대에서부터 무너뜨린다.

그처럼 이해된 강한 모델은 하이데거만이 아니라 비트겐슈타인에 의해서도 — 말하자면 20세기 철학의 주요한 두 흐름(현상학과 분석철학)의 저명한 대표자들에 의해 — 재현되는 것처럼 우리에게 나타난다. 그리하여 『트락타투스』는, 세계의 논리적 형식은 세계의 어떤 사실을 말하는 식으로 말해질 수 없으며 다만 '보여질 수' 있을 뿐이라고, 다시 말해 그것은 논리학의 범주를 벗어나듯 과학의 범주도 벗어나는 어떤 담화의 체제에 따라 지시될 수 있을 뿐이라고 주장한다. 따라서 세계가 말해질 수 있다는(논리적 구문으로 표현될 수 있다는) 사실 자체가 논리학의 담화로부터 벗어나는 것이다. 그로부터 명제 6.522가 나온다. '확실히, 말해질 수 없는 것이 있다. 그것은 보인다, 그것이 **신비로운 것**이다.'[24] 그러나 저 신비로운 것은 세계-너머에 대한 앎이 아니다. 그것은 과학에 있어, 세계가 **있다**는 것을 사유할 수 없는 불가능성의 표시이다. 명제 6.44를 보자. '세계가 어떻게 있느냐가 신비로운 것이 아니라, 세계가 있다는 것이 신비로운 것이다.'[25] 동일한 방식으로, 우리는 하이데거가 표상의 내밀한 균열로서, 존재자가 있다는 사실 자체와 존재자의 소여에 초점을 맞추었다는 것을 보았다. '모든 존재자 가운데

. . . .

24. *Tractatus logico-philosophicus*, Gallimard, 1993, trad. Gilles-Gaston Granger, p. 112(『논리-철학 논고』, 이영철 옮김, 책세상, p. 116).

25. *Ibid.*, p. 111(115). 이 점과 관련해서 또한 "Conférence sur l'éthique"(1929), in *Leçons et Conversations*, Gallimard, 1971, pp. 149-155와 *Carnets, 1914-1916*, Gallimard, 1971, p. 179를 볼 것. "(20.10.16) (…) 미학적으로 말해서, 기적적인 것은 세계가 있다는 것이다. 존재하는 무엇이 존재하게 되었다는 것이다."(번역은 Gilles-Gaston Granger에 의한 것이며 학회에서 Elie During과 David Rabouin에 의해 수정되었다. ""Pourquoi y a-t-il quelque chose plutôt que rien?" Les modes de disqualification de la question", Jounée du MENS(Métaphysique à l'ENS), Paris, 11. juin. 2005).

유일하게 인간만이 **존재**의 목소리에 의해 부름을 받아 기적들의 기적 — 존재자가 **있다는 것** — 을 체험한다.'[26] 이 두 경우 모두에서 존재자가 있다는 것 혹은 논리적 세계가 있다는 것은 논리학의 지배와 형이상학적 이성으로부터 벗어난다. 그리고 이는 저 '~있다il y a'의 사실성, 확실히 사유 가능한 사실성 덕분이다. 왜냐하면 문제가 되는 건 어떤 초월적 계시가 아니라 다만 여기 이 세계의 '내부적 테두리'의 파악이기 때문이다 — 그러나 존재하는 무엇의 절대적 토대에 접근할 수 없는 우리의 본질적인 무능력에 의해서만 사유 가능한 한에서. 나는 사유 불가능한 무엇을 사유할 수는 없으나 사유 불가능한 무엇이 있다는 것이 불가능하지 않다는 것을 사유할 수 있다.

요약해 보자. 상관주의의 약한 모델은 무조건적 필연성에 대한 모든 증명을 실격시키면서 이성 원리의 탈절대화를 주장했다. 상관주의의 강한 모델은 이성 원리의 실격을 더욱 강화한다. 그것은 모든 표상을 상관관계적 원환의 한계 안에 종속시키면서 무-모순의 원리의 탈절대화를 주장한다.[27] 그리하여 우리는

• • • •

26. "Qu'est-ce que la métaphysique?", *Question I*, Gallimard, 1968, trad. Roger Munier, p. 78.

27. 이성 원리와 모순 원리의 이중적 탈절대화와 관련해서 Wittgenstein, *Tractatus*, *op. cit.*, 3.031; Heidegger, *Le Principe de raison*, Gallimard, 1962와 "Principe de la pensée": *Martin Heidegger*, Cahier de l'Herne, Livre de poche, 1983, pp.

절대적인 것을 포기하는 데 대한 현대적 정당화에 내재하는 두 가지 작용들을 끌어냈다: 모든 '소박한 실재론'과 대립하는 상관물의 우선성만이 아닌, 모든 '사변적 관념론'과 대립하는 상관물의 사실성.[28]

그리하여 강한 상관주의의 두 가지 주요한 유형이 고려될 수 있는데, 이 두 유형은 다음의 질문을 위주로 구성되고 서로 대립한다: 사유의 탈절대화는 동시에 사유의 **탈보편화**를 함축하는가? 이 질문에 부정적으로 대답하는 철학자는 비판주의의 유산 아래 놓일 것이며, 칸트를 따르면서 우리와 세계의 관계의 보편적 조건들을 확립하려 할 것이다. 그 조건들을 경험 과학의 조건들로, 개인들 간의 언어적 소통의 조건들로, 존재자의 지각 가능성의 조건들 등으로 설정하면서 말이다. 그러나 '강한' 상관주의자들은 비판주의 정신에 충실하기를 원할지라도 전제된 절대성에 의해 무-모순의 보편성을 정당화하는 것을 스스로에게 허락하지 않을 것이다. 그들은 [무-모순의 보편성으로부

....

97-112를 볼 것.

28. 나는 다음의 사실을 지적하기 위해서 '소박한' 실재론과 '사변적' 관념론을 이야기한다. 다시 말해 상관주의 내에서, 위치상으로 절대적인 것의 실재론적 양상은 절대적인 것의 관념론적 양상보다 하위에 있다는 사실이다. 왜냐하면 첫 번째가 상관주의의 모든 형식과 단절하는 반면 두 번째는 상관주의를 절대화시키기 위해서 그것을 충분히 인정했기 때문이다.

터] 사물 그 자체의 속성을 구성하는 대신, 예를 들면 소여가 말로 표현될 수 있는 가능성의 보편적 조건, 혹은 상호주관적 소통의 보편적 조건 — 가능성의 규범이 아니라 사유 가능성의 규범 — 을 구성할 것이다.[29] 그와 반대로 모든 보편적인 것이 과거 형이상학의 신비화의 잔여처럼 남아 있다고 주장하는 철학자들은— '근본적인 유한성'이나 '포스트모더니티'의 신봉자들이 그렇다 — 우리와 세계의 관계의 사실성을 유한한 상황 자체의 양태 안에서 사유해야 한다고 주장할 것이다. 왜냐하면 상황은 권리상 변형될 수 있으며, 우리가 그런 상황으로부터 빠져나와 모든 인간에게 그리고 모든 시대와 모든 장소에서 동일한 타당성을 지닌 그런 진술들에 접근한다고 믿는 건 환상일 것이기 때문이다. 따라서 우리의 '세계'를 결정하는 상관관계들은 존재의 역사의 결정된 한 시대에 내속하는 상황, 자신의 고유한 언어 놀이를 갖춘 삶의 형식에 내속하는 상황, 어떤 결정된 문화적인 해석 공동체에 내속하는 상황에 일치하게 될 것이다.

두 입장에 대한 합법적인 유일한 질문은 이렇다. 우리가 세계와 맺는 관계에 대한 우리의 앎의 그런 제한은 그런 관계의

• • • •

29. 비판적 관점의 한가운데서 무-모순의 위상의 저 위치 변동의 예를 살펴보기 위해서는 Francis Wolff의 유난히 치밀한 분석을 참조할 것. Francis Wolff, *Dire le monde*: I. De la contradiction. Les trois langage-monde, *op. cit.*, pp. 21-69.

본성 자체와 관련된 보편적 담론을 유지하는 가능성을 실격시키는 정도까지 나아가야 하지 않을까? 그때부터 유일한 질문이 상관관계의 조건적인 필연성의 위상, 다시 말해 소여와 언어의 가능성의 조건들의 위상과 연관되는 한에서, 모든 이는 무조건적인 필연성의 유통 기한이 끝났다는 것을 이해할 것이다. 형이상학적 진술 ─ 존재자가 이러저러하다면, 그것은 절대적으로 존재해야만 한다 ─ 은 후-형이상학적 진술 ─ 존재자가 **직접적으로** 이러저러하게 주어진다면(지각될 수 있게, 표현될 수 있게 등등), 그것은 더욱 일반적인(더욱 심오한, 더욱 본원적인) 조건에 의해(음영들에 의해, 비-모순적으로 소여된다는 등등의 조건) 그렇게 존재해야 한다 ─ 에 자리를 내어준다. 더 이상 'x는 이러저러하다. 그러므로 그것은 존재해야 한다'가 중요한 것이 아니라, '사실로서의 x가 그처럼 주어진다면, 그것은 그렇게 존재해야 하는 조건을 가진다'가 중요해진다. 논쟁은 그러한 조건들의 결정으로 향하거나, 나아가 소여와 언어의 보편적 조건들이 실존하는지 아닌지의 여부로 향할 것이다.

강한 상관주의는 이것을 주장하는 사람들에 의해 늘 그처럼 주제화된 것은 아니다. 그럼에도 불구하고 현대의 강한 상관주의의 포용력은 개념의 제약과 관계해서 종교적 믿음들이 혜택받는 것처럼 보이는 면책 특권에서조차 뚜렷이 드러나는 것처럼 보인다. 지금 어느 철학자가 기독교의 삼위일체에서 모순을 끌어낼 수 있다는 구실로 그것의 가능성을 반박했다고 주장할 수 있을까? 논리학이 접근할 수 없기 때문에 전적인-타자에 대한 레비나스의 사유가 불합리하다고 고집하는 철학자는 레비나스의 담화의 적절한 수준에까지 오를 수 없는, 먼지투성이의 자유사상가처럼 우리에게 나타나지 않을까? 그러한 태도의 의미를 잘 이해해 보자. 많은 현대 철학자들에 의해 종교적 믿음은 반박이 불가능한 것처럼 간주된다. 이는 단지 신앙이 정의상 그런 종류의 비판과 무관하기 때문이 아니라, 그러한 반박의 시도가 철학자들에게 **개념적으로** 비합법적인 것처럼 나타나기 때문이다. 삼위일체를 믿었을 수도 있는 칸트주의자는 삼위일체가 전혀 모순적이지 않다는 것을 증명해야 했을 것이다. 강한 상관주의자는 이성이 자신의 수단들을 가지고 저 도그마의 진위를 논의할 권리를 갖지 않는다는 것을 증명할 수밖에 없다. 그런데 칸트적 입장과 현대인들 사이의 이러한 '간극'은 — [칸트의] 비판적 유산에 충실하려는 현대인들 스스로가 인정할 수도 있는 간극은 — 하찮은 것이 아니다. 사실상 이는 두 시대 사이에 우리가 사유를 가지고 만들어 낼 수 있는 개념화에 있어서 어떤 중대한 미끄러짐이 생겼다는 것을 전제한다. 그러한 간극 — 즉자적 사물의 인식 불가능성에서 즉자적 사물의 사유 불가능성으로의 간극 — 은 실로 사유가 그 자신의 고유한 운동으로부터 다음의 사실을 합법화하기에 이르렀음을 가리킨다. 존재가 너무나 불투명해져서 이제 존재는 로고스의 가장 근본적인 원리들마저 위반할 수 있다고 사유가 전제하게 되었다는 사실 말이다. '존재와 사유는 동일하다'라는 파르메니데스의 공준이, 칸트까지 포함한 모든 철학의 명령으로 남아 있었던 반면에, 강한 상관주의의 근본적 공준은 이렇게 표현되는 것 같다: '존재와 사유는 전적으로 다른 것일 수 있는 것처럼 사유되어야 한다.' 다시 한번 말하거니와, 상관주의는 존재와 사유의 실제적인 통약 불가능성 — 예를 들어 어떤 개념화로도 통분될 수 없는 신의 실제적 실존 — 을 진술할 수 있는 위치에 자신을 놓고 있는 게 아니다. 왜냐하면 그것은 상관주의가 분명히 자신에게 전적으로 금지하는 즉자적인 것에 대한 앎을 전제할 것이기 때문이다. 그러나 상관주의는 적어도 존재-사유의 상관관계의 매우 근본적인 사실성을 끌어낼 수 있기를 원하므로, 사유가 구상할 수 있는 것과 공통의 척도를 갖지 않은 존재의 가능성을 즉자적인 것에서 금지할 수 있는 권리를 박탈당했다고 생각한다. 이와 같이 상관관계의 극단화와 함께 존재와 사유의 가능한 전적인-타자화tot-altérisation possible라고 명명할 수 있는 것이 생겨난다. 사유 불가능한 것은 다르게 사유할 수 없는 우리의 무능력으로만 우리를 인도할 뿐이며, 사유 불가능한 것이 전적으로 다르게 존재할 수 있다는 것에 대한 절대적 불가능성으로 우리를 인도하지 않는다.

그리하여 우리는 그러한 운동의 결론이 절대적인 것들을 사유한다는 주장의 실종이며, 절대적인 것들의 실종이 아니라는 것을 이해한다. 실제로 상관관계적 이성은 치유할 수 없는 한계에 의해 표시된 자신을 발견하면서, 절대적인 것에 접근한다고 주장하는 모든 담화들을, 이 담화들 안에서 그 무엇도 담화들의 타당성에 대한 합리적 정당화와 유사하지 않다는 유일한 조건 아래에서, 합법화했다. 오늘날 우리가 기꺼이 '절대적인 것들의 종언'이라고 명명하는 것은 절대적인 것들의 타당성을 폐지하기는커녕 오히려 절대적인 것들을 인정하는 놀라운 허가로 이루어진다. 철학자들은 절대적인 것들로부터 한 가지만을 요구하는데, 그것은 절대적인 것들에는 합리성을 주장하는 그 어떤 것도 남아 있지 않아야 한다는 것이다. 따라서 절대적인 것에 대한 종교적 신앙이 이러한 신앙 자체만을 주장하면서, '사유의 탈절대화'처럼 이해된 형이상학의 종언은 절대적인 것에 대한 모든 종교적(혹은 '시학적-종교적') 믿음을 이성에 의해 합법화하는 것으로 이루어지는 것처럼 보인다. 다시 말해서 형이상학의 종언은 절대적인 것에 대한 모든 주장들에서 이성을 몰아냄으로써 종교적인 것들의 과격한 회귀의 형태를 얻게 되었다. 또는 더 나아가, 이데올로기들의 종언은 종교심의 무제한적 승리의 형태를 얻게 되었다. 물론 종교성의 현대적 회복은 역사적 원인들을 갖기 때문에 그것을 오직 철학의 변화로 환원시키는 것은 순진할 수 있다. 그러나 상관주의의 압력 아래, 비합리적인 것이 절대자에 실릴 때 그런 비합리적인 것을 비판할 수 있는 권리를 사유로부터 제거했다는 사실은 그러한 현상이 미치는 범위 안에서 과소평가될 수 없을 것이다.

그런데 오늘날에도 여전히 그러한 '종교적인 것들의 회귀'는, 우리가 단호하게 **빠져나와야만** 하는 강력한 역사적 굴성屈性 때문에 종종 이해되지 않은 채 남아 있다. 저 굴성, 저 개념적 맹목성은 이렇다. 아직도 많은 사람들이 형이상학에 대한 모든 비판과 종교에 대한 비판이 '자연스럽게' 나란히 진행될 것이라고 믿는 듯하다. 그러나 그런 '비판들의 결합'은 진정 형이상학과 종교 간에 강하게 결정된 연결의 형세와 연결된다. 사람들은 실제로 절대적인 것들에 대한 '형이상학적-종교적' 비판을 행할 때 존재신학에 대한 비판을 생각한다. 존재신학에 대한 비판이 동시에 유대-기독교적 신학의 주장에 대한 비판으로 인도되기 때문이다. 유대-기독교적 신학은 모든 사물의 최초의 원인, 지고의 한 **존재자**라는 관념 위에 모든 것을 놓으면서, 유일무이한 **신**에 대한 믿음을 합리적이라고 가정된 전제들에 근거 짓는다. 그러나 이 경우 한 가지 지적을 해야 하는데, 그런 비판이 당연하지 않으며, 더 이상 당연할 수 없다는 아주 기이한 사실이다. 실제로 우리는 절대적인 것을 사유한다는 형이상학의 주장을 비판할 때, 결정된 하나의 종교가 다른 신앙들에 대한 자신의 신앙 내용의 우위를 확언하기 위해서 "자연적 이성"에 근거시키는 주장을 하자마자 바로 그 종교를 약화시킬 수 있다— 또 실제로 그런 일이 벌어졌다. 예를 들어 당신은 지고의 **존재자**의 실존을 주장하는 모든 형식의 증명을 파괴함으로써, 일신론적 종교가 모든 다신론적 종교에 비해 우세해질 수 있게 되는 합리적 지탱물을 제거하게 될 것이다. 그러므로 당신은 사실상 형이상학을 파괴하면서 결정된 한 종교가 다른 모든 종교에 반대하면서 의사擬似-합리적 논증을 사용할 수 있는 가능성을 파괴하게 될 것이다. 그런데 동일한 움직임에 의해— 바로 이 점이 결정적이다—, 당신은 신앙 일반의 주장, 자신만이 절대적인 것으로의 접근이 가능한 유일한 경로라는 주장을 정당화하게 될 것이다. 절대적인 것에 대한 사유가 불가능해지면서, 절대적인 것의 방식으로 신의 비실존을 겨냥하는 무신론조차 신앙의 단순한 한 형식으로, 그러니까 아무리 허무주의적이라고 할지라도 종교의 형식으로 환원될 것이다. 우리의 근본적인 선택들을 결정하는 것과 관련하여 더 이상 아무것도 증명할 수 없기 때문에 각자는 각자에 대해 자신의 신앙을 대립시킨다. 달리 말해서, 사유를 탈절대화하는 건 **신앙절대론적**^{fidéiste} 논의를 산출하는 것과 같다. 하지만 이 논의는 단순히 '역사적'인 것이 아닌 '본질적'인 **신앙절대론**^{fidéisme}이다. 신앙절대론은 말하자면 결정된 어떤 종교를 사유가 지탱하는 것(16세기 가톨릭의 신앙절대론의 경우처럼, 혹은 적어도 그러기를 원했던 자들의 경우처럼)이 아니라 종교들 일반을 사유가 지탱하는 것이 된다.

신앙절대론은 실제로 신앙의 타당성을 떠받칠 수 있는(하물며 부인할 수 있는) 절대적 진리에 접근한다는 형이상학의 주장에 반대하는, 보다 일반적으로 이성의 주장에 반대하는 **회의주의적 논의**로 이루어진다. 그런데 우리는 형이상학의 근대적 종언은 형이상학에 대한 신앙절대론의 승리에 다름 아니라고 확신한다. 신앙절대론은 실제로 오래전에, 반종교개혁Contre-Réforme에 의해 개시되었으며, 그 '정초자의 이름'은 몽테뉴이다. 우리가 신앙절대론 안에서 알아보는 것은, 여전히 종종 그렇게 행해지듯이, 반형이상학적 회의주의가 본질상 비종교적인 것으로 자신을 드러내기 전에 자신의 기원에서 가졌을 단순한 외양상의 형태가 아니다. 오히려 우리는 진정한 신앙절대론을, 즉 "본질적"이 되어버린 형태 아래에서, 다시 말해 **결정된 한 종교**cute에 대한 특별한 완전한 복종으로부터 해방된 형태 아래에서, 오늘날 우세를 점하고 있는 신앙절대론을 바로 그 회의주의 안에서 알아본다. 역사적 신앙절대론은 비종교성이 처음에 취하게 되었을 '가면'이 아니다. 그것은 오히려 종교성 그 자체이며, 사유에 대한 신앙심의 우위라는 일반적 논의로서 계시되기 전에 (다른 무엇이 아닌 어떤 종교나 예배를 위한) 결정된 호교론의 '가면'을 취했을 그런 종교성이다.[30] 형이상학의 근대적 종언은, 회의주의적인 한에서 형이상학에 대한 종교적 종언일 수밖에 없었던 종언이다.

그리하여 형이상학적 절대자에 맞서는 회의주의는 절대적인 것에 대한 온갖 신앙 형태— 최악의 형태이든 최상의 형태이든 상관없이 — 안에서 신앙을 합법적으로 정당화한다. 기독교 신학의 형이상학적 합리화에 대한 파괴는 일반적이 되어버린 사유의 종교 되기를, 온갖 종류의 믿음에 대한 신앙절대론을 낳았다. 역설적이게도 극단적인 회의주의적 논증에 의해 지탱되는바 사유의 종교 되기를 우리는 이성의 종교화라고 명명할 것이다. 합리화라는 용어와 대칭적이기를 바라는 저 용어는 그리스 철학의 영향 아래에서 [이루어진] 유대-기독교주의의 점진적 합리화에 정반대되는 것으로서의 사유 운동을 가리킨다. 오늘날의 철학은 신학의 노예처럼 외부적인 신앙의 압력 아래 놓이지 않으며, 철학 자체로부터 사유되는 것처럼 진행된다. 지금의 철학이 이제는 여하한 형태의 — 무신론일지라도 상관

• • • •

30. 우리가 보기에 한결같은, 근대의 회의주의와 신앙절대론 간의 본원적 연관들에 대해서는, Richard H. Popkin, *Histoire du scepticisme d'Érasme à Spinoza*, PUF, 1995의 고전적 연구와, 또한 마찬가지로 Frédéric Brahami; *Le travail du scepticisme, Montaigne, Bayle, Hume*, PUF, 2001의 귀중한 저서를 볼 것.

없이 — 신학의 자유주의적 예속자이기를 바란다는 점을 제외한다면 말이다. 형이상학의 영역을 떠나면서 절대적인 것은, 똑같이 합법적인 무차별적인 다양한 믿음들로 쪼개져 버린 것처럼 나타나는데, 이는 앎의 관점에서 그러하며, 절대적인 것이 오직 믿음들이기를 자처한다는 사실에 의해서 그렇다. 그 결과 불신앙에, 다시 말해 불신앙 논의의 본성에 중대한 변형이 일어난다. 회의주의와 형이상학의 주장들에 대한 비판에서 경쟁이 지나치게 고조된 나머지 우리는 신앙 선언들 모두에 대해 진리의 합법성을 인정했다. 그리고 이는 그런 신앙 선언들의 내용이 한눈에 보기에 기상천외해도 마찬가지였다. 그리하여 **계몽의 시대**가 광신이라고 명명했던 것에 반대하는 투쟁은 모조리 도덕화의 기획이 되었다. 광신에게 내리는 유죄 선고는 결코 그 내용의 궁극적 허위성에 의해서가 아니라, 그것의 실천적(윤리-정치적) 결과들을 고려하면서 행해졌다. 이 점과 관련해서 현대 철학자들은 그와 반대로 믿음의 인간에게 철저하게 양보했다. 믿음의 인간이 사유를 대체하게 되었는데, 이는 사유가 자신의 최초의 결정과 관련해서 믿음에 기대기 때문이다. 최후의 진리가 존재한다면, 그것을 기대할 수 있는 건 사유로부터가 아니라 오로지 신앙심으로부터이다. 그렇기 때문에 현대의 몽매주의에 대한 단순히 도덕적인 비판들이 무력해진다. 왜냐하면 절대적인 그 어떤 것도 사유될 수 없다면, 우리는 최악의 폭력들이 몇몇 선택받은 자들만이 접근할 수 있는 초월성을 주창하지 못할 이유가 없을 것이기 때문이다.

종교화가 신앙 행위 자체를 가리키지 않는다는 것을 잘 이해해야 한다. 신앙 행위는 당연히 그 자체가 고귀한 가치에 속할 수 있다. 종교화는 사유에서 신앙으로의 분절의 현대적 형태를 가리킨다. 그러므로 그것은 신앙을 대하는 사유 자체의 변화를, 다시 말해 신앙에 대한 사유의 비-형이상학적 종속을 가리킨다. 더 나은 방식으로 말해보자면, 형이상학의 파괴라는 특수한 방식을 경유한 사유의 신앙에의 종속을 가리킨다. 탈절대화의 의미는 이렇다. 사유는 결정된 신앙심의 내용의 진리를 선험적으로 보여주지 않지만, 최후의 진리를 겨냥하는 모든 종류의 신앙심의 배타적인 동등한 권리를 확립한다. 우리는 사유의 거대한 세속화 운동을 서구의 현대성 안에서 발견하는 습관적인 판단과 거리를 두면서, 현대성의 두드러진 특징이 차라리 다음과 같은 점에 있다고 생각한다. 현대인은 탈기독교화됨에 따라 종교화되었다. 현대인은 다른 모든 종교들에 대한 기독교 종교의 우월성이라는 이데올로기적(형이상학적) 주장을 기독교주의로부터 제거하는 한에서, 진실에 대한 모든 종교들의 동등한 합법성을 위해 심신을 바쳤다.

그리하여 형이상학의 현대적 종결은— 우리가 **전적인-타자**라고 명명할 수 있었던 무엇에 의해 지배된— 형이상학의 '회의주의적-신앙절대론적' 종결처럼 우리에게 나타났다. **전적인-타자**의 사유들의 주인들 이름은 비트겐슈타인과 하이데거다. 왜냐하면 이 두 철학자의 사유 내용은 과거와의 근본적 단절을 구성하기는커녕 사실인즉 확증된 과거의 신앙절대론적 전통의 직접적 유산 아래 있기 때문이다 — 이 유산은 저 두 철학자에 의해 그 잠재성의 최고점에까지 이르게 되었다. 이미 말했듯이 몽테뉴에 의해 개시되고 가상디와 바일에 의해 확실하게 연장된 신앙절대론적 전통, 그 반형이상학적 성격에 의해 합리적인 것의 온갖 침입으로부터 신앙심을 보호하려는 경향을 늘 지니고 있었던 저 전통 말이다. 『논리-철학 논고』에서 환기된 '신비로운 것', 혹은 하이데거가 — 하지만 여기에 '존재'라는 단어마저 포함시키면서 철학적인 그 어떤 것도 도입하지 않는다는 조건에서[31] — 오랫동안 서술하기를 꿈꾸었다고 고백한 신학은 절대성을 향한 열망의 표현이며, 그 절대성은 형이상학적인 그 어떤 것도 그 속에 지니지 않게 될, 그리하여 일반적으로 사람들이 그것을 또 다른 용어로 명명하려고 심혈을 기울이게 될 그런 절대성이다. 그것은 내용을 비워낸 신앙심, 그것을 채우기 위해

• • • •

31. *Séminaire de Zürich*, in *Po&sie 13*, Paris, 1980, trad. F. Fédier et D. Saatdjinan, pp. 60-61. 신 문제 앞에 선 현대적 사유에 강요된 침묵을 주제로 한, 비트겐슈타인과 하이데거 사이의 평행성에 대해서는 Jean-Luc Marion, *Dieu sans l'être*, PUF, 1991, "La croisée de l'Être", pp. 80-81을 볼 것. *Séminaire de Zürich*의 독일어 원본이 상기한 책의 p. 93, 각주 15에서 소개되고 논의되었다.

서 자신을 섞지 않는 사유 때문에, 그 자체로서 찬양되는 신앙심
이다. 실제로 신앙절대론의 궁극적 계기는 신앙심의 그 어떤
내용도 특권화되지 않으면서, 사유에 대한 신앙심의 우위에
의해 신앙절대론이 사유되게 만들어지는 계기인데, 왜냐하면
사유에 의해 확립해야 하는 중요한 것은 자신의 내용들을 정립하
는 신앙심으로— 오직 이러한 신앙심으로— 회귀하는 것이기
때문이다. 따라서 **전적인-타자**(그 자체가 신앙 선언을 비워낸
대상)에의 현대적 귀속은 절대자를 발견하는 데 있어 이성 원리
의 근본적인 무능의 발견으로서, 이성 원리의 시효 소멸에 대한
해석의 불가피하고 엄밀한 이면이다: 신앙절대론은 강한 상관
주의의 또 다른 이름이다.[32]

* * *

우리는 다음과 같은 역설적 의미를 구분해 내려고 한다:
사유는 독단주의에 대항하여 무장하면 할수록 광신에 대항할
힘을 잃어버리는 듯하다. 회의주의적-신앙절대론은 형이상학

• • • •

32. 우리는 여기서 현대적 사유의 구성에 있어서 신앙절대론의 주도적 역할에
   대한 암시만을 할 수 있다. 앞으로 출간될 저서에서 우리는 보다 심층적인
   방식으로 그 문제를 다룰 것이다. 이 책에서 스케치 된 이론적 입장들 전체와
   동시에 그것들의 윤리적 귀결들이 앞으로 출간될 저서에서 전개되어야 할
   것이다: *L'inexistence divine. Essai sur le dieu virtuel.*

적 독단주의를 격퇴시키는 바로 그 순간 종교적 몽매주의를 강화시키기를 멈추지 않는다. 모든 상관주의자들을 종교적 광신으로 비난하는 건 불합리할 것이다. 모든 형이상학자들을 이데올로기적 독단주의로 비난하는 게 불합리한 것처럼 말이다. 그러나 우리는 어째서 형이상학의 근본적 결정들이 — 설사 왜곡된 형태를 지닐지라도 — 언제나 어떤 이데올로기 안에서 (존재하는 것은 존재해야만 한다) 재발견되는지, 어째서 몽매주의적 믿음의 근본적인 결정들이 강한 상관주의의 결정들에(**전적인-타자**가 존재하는 것은 가능하다) 근거하는지를 알게 되었다. 그러므로 현대적 광신은 단순히 서구의 비판적 이성의 획득에 격렬하게 반대하는 의고주의의 재부상처럼 간주될 수 없다. 왜냐하면 오히려 현대적 광신이 비판적 합리성의 결과이기 때문이다. 그리고 이는 — 이 점을 강조해야 한다 — 비판적 합리성이 결과적으로 어떤 해방 원리인 한에서, 결과적으로, 다행스럽게도 독단주의의 파괴자인 한에서 그렇다. 독단주의가 철학 내에서 효과적으로 진압될 수 있었던 건 바로 상관주의의 비판적 힘 덕분이다. 그리고 그것 때문에 철학은 본질적으로 광신과 구분될 수 없는 것처럼 나타난다. 이데올로기에 대해 승리를 거둔 비판은 맹목적 신앙이라는 개정된 논의로 변질되었다.

그렇게 해서, 우리는 탈절대화적 함축(형이상학의 시효가 소멸되었다면 모든 형태의 절대적인 것의 시효도 마찬가지로 소멸되었다)에 대한 비판의 문제가 선조적 진술들의 정당화라는 문제를 넘어서고 있다는 것을 간파한다. 실제로 '비판적 의미의 전제들'이라고 명명할 수 있는 무엇을 다시금 사유하는 게 시급해 보인다. 말하자면, 비판적 힘이 절대적 진리들의 타당성을 아래로부터 무너뜨리는 자들 쪽에 늘 필연적으로 있는 게 아니라, 오히려 이데올로기적 독단주의와 회의주의적 광신을 동시에 비판하는 데 성공할 수 있는 자들 쪽에 있다는 것이다. 독단주의에 반대하면서 모든 형이상학적 절대자를 계속해서 거부하는 게 중요하다. 그러나 다양한 광신주의들이 늘어놓는 폭력에 반대하면서 사유에서 약간의 절대자를 되찾는 게 중요하다. 아무튼 단지 몇몇 계시의 결과에 의해 자신들이 배타적인 수탁인들이기를 바라는 자들의 주장에 반대하기 충분한 어떤 절대자를 되찾는 게 중요하다.

3. 본사실성의 원리Le principe de factualité

우리의 절차는 원리상 데카르트적이 아니라고 할지라도, 데카르트가 『성찰』의 제2성찰에서 코기토의 진리를 한 번 확립한 후 따랐던 절차와 유사하다. 사실상 우리는 그를 모델로 삼아 과학의 (선조적) 담화를 정초할 수 있는 절대적인 것에 접근함으로써, 어떤 '코기토'를 추출하려고 한다. 하지만 이 코기토는 데카르트적 코기토가 아니다. 그것은 사유를 존재와의 대면 속에 가두는 코기토, 사유의 자기 자신과의 마주봄의 위장일 뿐인 '상관관계적 코기토'이다. 그러한 코기토는 적어도 두 가지 측면에서 데카르트적 코기토와 다르다.

1. 상관관계적 코기토는 표상의 형이상학과 필연적으로 동일시되지는 않는다. 왜냐하면 그것은 주체와 대상의 상관관계

개념이 아닌 존재-사유의 상관관계 개념으로 보내질 수 있기 때문이다(존재와 인간의 하이데거적 공속$^{\text{co-appropriation}}$이 그렇다).

2. 그것은 엄밀한 의미에서 유아론적 코기토가 아니며, 오히려 '코기토들^{cogitamus}'이다. 왜냐하면 그것은 의식들의 상호주관적 합의에 의한 객관적인 과학적 진리를 정초하기 때문이다. 그렇지만 상관관계적 코기토는 그 자체가 또한 '종적$^{\text{de l'espèce}}$' 혹은 '공동체적$^{\text{de la communauté}}$'이라고 불릴 수 있는 유형의 유아론을 설립한다. 왜냐하면 그것은 사유 존재들에 있어서 공동체에 선행하는 현실이나 심지어 공동체 이후의 현실에 대한 사유의 불가능성을 승인하기 때문이다. 공동체는 오로지 공동체 그 자체, 그리고 그것과 동시대적인 세계와 관계할 뿐이다.

그런 '공동체적 유아론'으로부터, 혹은 '상호주관성의 유아론'으로부터 빠져나온다는 건 **거대한 외부**에 접근한다는 것을 전제하며, 이 거대한 외부는 선조적 진술들 속에 포함된 수학들에 대해서 진실된 신이 연장 실체에 대해서 하는 역할을 수행할 수 있다.

그러므로 문제의 여건들, 요컨대 선행된 논의의 결과들은 다음과 같다.

1. 선조적인 것은 그 자신이 사유될 수 있기 위해서 절대적인

것이 사유될 수 있기를 요청한다.

2. 우리는 존재자의 절대적 필연성의 확립을 겨냥하는 모든 증명의 비합법성이 확증되었음을 인정한다. 따라서 우리가 추구하는 절대적인 것은 독단주의적이어서는 안 될 것이다.

3. 우리는 상관관계적 원환이라는 장애물을 넘어서야 한다. 상관관계의 전 영역을 장악하는 강한 모델 안에서 상관관계적 원환이 독단주의적 절대자를 실격시킬 뿐만 아니라— 존재론적 증명에 대한 반박이 그렇게 했다— 절대적인 것의 모든 형태들 일반을 실격시킨다는 것을 알고 있는 한에서 말이다. 상관관계의 악순환이라는 장애물과 대면하면서 산산조각 나는 것처럼 나타나는 것은 바로 절대화^{absolutoire} 과정 자체이지, (이성 원리에 기초하는) 절대주의^{absolutiste}가 아니다.[33] 절대적인 어떤 것을 사유한다는 건 우리에 대해 절대적인 것을 사유한다는 것이며, 결국 절대적인 그 어떤 것도 사유하지 않는다는 것이다.

간단히 말해서, 우리는 강한 모델의 그물망들 사이를 빠져나갈 수 있는 비-형이상학적인 절대자가 필요하다. 이는 다음의

• • • •

33. [역] 메이야수는 '절대적'에 해당하는 두 가지 유형의 형용사를 구분하여 사용하면서 뉘앙스를 주고 있다. 이 문장 바로 다음에 이어지는 문장이 그 뉘앙스의 차이를 명확히 밝히는바, 절대화하는(absolutoie) 과정은 포괄적인 의미에서 절대적인 것으로 향하는 과정을 가리키며 절대적인 것(asolute)은 실체적 존재를 함축하는 절대자를 가리킨다. 다만 이성 원리에 의거한 절대적인 것은 늘 우리에 대한 절대자라는 치명적인 결함을 가진다.

것들을 알고 있는 한에서 그렇다.

— 실재론적 절대자(에피쿠로스적 절대의 예)는 (상관주의의 강한 모델의 첫 번째 원리인) 상관관계의 우선성의 그물망을 통과하지 못한다.

— 상관관계적 절대자(주관주의적: 관념론적이거나 생기론적인 절대자)는 (상관주의의 강한 모델의 두 번째 원리인) 사실성의 그물망을 통과하지 못한다.

그렇다면 사유는 어디서부터 다시금 **외부**로 향하는 경로를 개척할 수 있을까?

* * *

문제의 위치와 문제의 해결을 위한 철저한 조건들 그 자체가 아직 실행할 만한 유일한 경로 같은 것을 우리에게 지시한다. 강한 모델에 반대하기 위해서, 우리는 칸트의 선험성과 마주한 형이상학의 최초의 역공격을 모델로 삼아야 한다. 다시 말해 우리 또한 마찬가지로 상관주의가 절대화하는 사유들을 실격시킬 수 있게 하는 원리 자체를 절대적인 것으로 만들어야 한다. 실제로 이것이 주관주의적 형이상학들이 시도했던 바다. 주관주의적 형이상학들은 경험적이고-비판적인 탈절대화의 도구인 상관물 자체를 절대적인 것의 새로운 유형의 모델로 삼았다. 그렇게 함으로써 주관주의적 형이상학들은 상관주의를 '가지고 재치 있게 놀이 하지' 않았다. 주관주의적 형이상학들에서 문제는 자신의 고유한 논증 덕분에 비판적-회의주의에게 능숙하게 등 돌릴 수 있는 절대자를 '발굴하는' 게 아니었다. 오히려 문제가 되는 건 그러한 논증에 힘을 제공했던 진실된^{veritative} 원천을 근본적으로 사유하는 것이었다. 사람들은 상관주의가 본질적 필연성을 발견했다는 것을 인정했지만(우리는 즉자가 아니라 우리에 대한 것에 도달할 뿐이다), 그로부터 즉자가 인식될 수 없다고 결론 내리는 대신 상관관계만이 유일한 진정한 즉자라는 결론을 내렸다. 그리하여 사람들은 회의주의적 논의 속에 숨겨진 **존재론적** 진리를 도출해 냈다. 사람들은 근본적 무지를 존재에 대한 앎으로, 결국 참된 절대성으로 드러난 존재에 대한 앎으로 변질시켰다.

그렇지만 역공격의 이러한 첫 번째 물결은 상관주의의 두 번째 원리 앞에서 무너졌다. 이 두 번째 원리는 상관물의 본질적인 사실성인바, 이것은 — 실재론적 독단주의만이 아니라 관념론적 독단주의를 실격시키는 — 상관주의의 가장 심오한 결정으로 드러났다. 그러나 그때부터 우리가 쫓아야 하는 경로가 완전하게 그려진다. 상관관계적 원환이 가져오는 황폐화에서 벗어날 수 있을 절대적인 것이 여전히 사유 가능하다면, 그것은 오로지 강한 모델의 두 번째 결정의 절대화에서— 즉 사실성으로부터 — 유래하는 절대적인 것일 것이다. 다시 말해서 만일 우리가 사실성 아래 숨겨진 존재론적 진리를 발견한다면 — 만일 사실성에 의해서 탈절대화에 그 역량을 부여하는 원천 자체가 정반대로 절대적 존재로의 접근이라는 것을 파악하기에 이른다면 —, 그때 우리는 그 어떤 상관관계적 회의주의도 더 이상 건드릴 수 없는 어떤 하나의 진리에 접근할 수 있을 것이다. 왜냐하면 이번에는 그러한 절대화에 반대할 수 있을 세 번째 원리는 있을 수 없기 때문이다. 따라서 우리는 **어째서 상관물이 아니라 상관물의 사실성이 절대적인 것인지를 이해해야 한다.** 우리는 어째서 사실성이 사유가 자신의 본질적 한계들로부터 형성하는 경험이 전혀 아니며, 정반대로 사유가 절대적인 것에 대한 앎으로부터 형성하는 경험인지를 보여주어야 한다. 우리는 사실성에서 절대적인 것에의 접근 불가능성이 아니라 즉자의 계시를 포착해야 한다. 존재하는 것에 대해 사유가 함축하는 영원한 결함의 표식이 아니라 존재하는 것의 불변적 속성으로서 말이다.

그러한 명제들은 무엇을 의미할 수 있을까?

우선 사실성을 어떤 절대적인 것처럼 사유한다는 게 불합리해 보이는데, 왜냐하면 사실성은 존재하는 것의 존재 이유를 밝히는 데 있어서 사유의 본질적인 무능력을 표현하기 때문이다. 무능력을 절대적인 것으로 만드는 것, 그것은 결국 절대적 무능력에 귀착하는 게 아닌가? 적어도 우리가 상관관계와 관련해서 주관주의적 형이상학의 과정을 따른다면 대답은 '아니오'다. 이미 보았듯이 주관주의적 형이상학은 절대화에 맞서기 위해 세운 방벽 안에서 진정한 절대적 존재를 드러냈다. 지금 우리가 사실성과 함께 시도해야 하는 것이 바로 그런 종류의 경험이다. 당연히 그것은 '시선의 전환'을 요청하지만, 일단 그러한 전환이 수행되면 상관관계적 원환의 최고의 필연성은 예상할 수 있는 바의 정반대인 것으로서 우리에게 나타날 것이다. 다시 말해, 사실성은 절대적인 것에 대한 앎으로 나타날 텐데, 왜냐하면 결국 우리는 사유의 무능력 때문에 허망하게 붙잡고 있던 것을 사물 속으로 되돌릴 것이기 때문이다. 달리 말해서 우리는 모든 사물에 내재하는 이유의 부재를 사유가 궁극적 이유를 추구하는 가운데 맞닥뜨리는 한계로 삼는 대신에 그러한 이유의 부재가 존재자의 궁극적 속성이며, 또한 궁극적 속성일 수밖에 없다는 것을 이해해야 한다. 사실성을 이유 없이 존재하는 모든 세계와 모든 사물의 실재적 속성으로, 그런 점에서 실제적으로 이유 없이 다르게 존재할 수 있는 능력을 가진 실재적 속성으로 삼아야 한다. 우리는 (비이성이라고 부르는) 이유의 궁극적 부재가 우리의 앎의 유한성의 표식이 아니라 절대적인 존재론적 속성이라는 것을 파악해야 한다. 그런 관점에서 보았을 때 이성 원리의 실패는 아주 단순하게 이성 원리의 허위성 — 심지어 절대적인 허위성 — 에서 비롯된다. 왜냐하면 참으로 그 어떤 것도 존재 이유를 갖지 않으며, 다르게가 아니라 그렇게 존속할 이유를 갖지 않기 때문이다. 모든 것이(천체들처럼 나무들이, 법칙들처럼 천체들이, 논리적 법칙들처럼 물리적 법칙들이) 매우 실재적으로 붕괴될 수 있다. 이는 모든 사물을 그것의 상실로 예정 지을 수 있는 상위 법칙이 있어서가 아니라 무엇이 건 어떤 것이 상실되지 않도록 보존할 수 있는 상위 법칙이 부재하기 때문이다.

그처럼 이해된 절대적인 것의 의미를 명확히 해보자. 그리고 첫 번째로 그러한 사실성의 절대화가 어째서 상관관계적 원환이 라는 장애물을 뛰어넘을 수 있는지를 설명해 보자.

상관주의자들은 우리의 테제에 이렇게 반대할 수 있다. '사실 성이 모든 사물의 이유의 실제적 부재에 대한 앎으로서 이해되어 야 한다는 진술은 심각한 오류를 범하는 것입니다. 실로 그것은 사실성과 우연성을 혼동하는 것이지요. 우연성은 어떤 것에 대해 그것이 지속되거나 사라지는 것과는 무관한 가능성을 지시하며, 지속과 사라짐이라는 그 두 가지 선택 가운데 어느 하나도 세계의 상수들에 대해 역행하지 않습니다. 그러므로 우연성은 결정된 사물의 실제적 사멸성에 대해 내가 갖게 되는 앎을 가리킵니다. 가령 나는 언제, 어떻게 이 책이 파손될지를 알지 못해도 그것이 파손될 수 있다는 것을 압니다. 당장 나의 나이 어린 딸이 그것에 가위질을 할 수도 있고, 몇십 년에 걸쳐 곰팡이가 그것을 갉아먹을 수도 있습니다. 하지만 그렇기 때문에 나는 그 책의 무엇을 실증적으로 압니다. 그것의 실제적인 유약함, 비-존재의 가능성을 말입니다. 그런데 사실성에 관해 말하자면, 그것은 필연성과 마찬가지로 우연성과도 동일시될 수 없습니다. 왜냐하면 그것은 세계의 우연성 혹은 세계의 필연성과 그 상수들에 대한 우리의 본질적인 무지를 지시하기 때문입니다. 사실성을 사물들 자체의 한 속성으로, 즉 내가 인식한다고 가정된 속성으로 만들면서, 나는 사실성을 우연성의 한 형식으로 만들고 이것을 세계 안에 있는 것만이 아니라 세계의 상수들(물리적이고 논리적인 법칙들)에도 적용시킵니다. 그리하여 나는 이 책이 파괴될 수 있음을 알듯이 세계가 파괴될 수 있음을 안다고 주장합니다. 그러나 나는 사실성이 그러한 우연성이라는 것을, 다시 말해 즉자적 진리로 간주되는 우연성이라는 것을 증명할 수 없습니다. 내가 우리 세계의 기원에 필연적인 것으로 가정되는 형이상학적 원리의 존재를 증명할 수 없는 것과 마찬가지로 말입니다. 그렇기 때문에 상관주의적 원환은 최초의 **존재자**의 절대적 필연성이라는 테제를 강타하는 것과 똑같이 효과적으로 모든 사물의 절대적 우연성이라는 테제를 강타합니다. 세계의 명백한 비이성[이유의 부재]이 비이성 그 자체(이유가 부재한 채로 다르게-되기의 실제적 가능성)이며, 우리에 대한 비이성(현상들의 외양상의 장막 뒤에 숨겨진, 모든 사물의 진정한 필연적 이유를 발견하는 데 있어서의 무능력)이 아니라는 것을 어떻게 알 수 있습니까? 우리에 대한으로부터 그 자체로의 이러한 이행은 이제 필연성에 있어서나 우연성에 있어서 가능하지 않습니다.'

우리는 저 논증에 반대하기 위해 오로지 한 가지 방식으로 나아갈 수밖에 없다. 우리는 상관관계적 원환—그리고 그 힘줄을 구성하는 것인 즉자적인 것과 우리에 대한 것의 구분—이 그 자체, 사유될 수 있기 위해서, 그러한 원환이 사람들이 우연성의 절대성을 암묵적으로 인정했다는 사실을 전제한다는 것을 보여주어야 한다. 보다 정확히 우리는—독단주의적 실재론과 독단주의적 관념론을 실격시키기 위해 (상관관계적) 원환의 논증이 근거를 두는—상관관계의 사실성이 소여 일반의 우연성의 절대성을 인정하는 조건에서만 사유 가능하다는 것을 증명해야 한다. 왜냐하면 모든 사물의 다르게 존재할 수 있음pouvoir-être-autre이 원환 자체가 전제하는 절대적인 것임을 우리가 보여주는 데 성공한다면, 원환이 스스로 해체되지 않는 한 우연성은 탈절대화될 수 없다는 게 명백해질 것이기 때문이다. 이것이 진술하는 바는 우연성이 상관주의에 고유한 작용, 요컨대 즉자적인 것으로부터 우리에 대한-것으로의 상대화 작용에 면역된 채 나타나리라는 것이다.

문제를 보다 분명하게 하기 위해 다음의 예를 추론해 보자. 두 가지 독단주의가 우리의 사후적post mortem 미래의 본성에 관해서 대립한다고 가정해 보자. 기독교적 독단주의자는 — 자신이 그것을 증명할 수 있었을 것이기에 — 우리의 존재가 죽음 이후에도 영속한다는 것, 우리의 존재가 신의 영원한 비전 속에 있으며 이러한 신의 본성이 우리의 현재의 사유로서는 이해할 수 없는 것임을 확실하게 알고 있다고 주장한다. 그러므로 기독교적 독단주의자는 즉자적인 것은 — 데카르트적 신이 그러한 바, 우리의 유한한 이성이 이해할 수 없다는 바로 그 이유 때문에 이성에 의해 증명될 수 있는 — 신이라는 것을 증명했다고 주장한다. 그와 반대로 무신론적 독단주의자는 우리를 순수한 무로 만드는 죽음에 의해 우리의 실존이 완전하게 파괴된다는 것을 알고 있다고 주장한다.

그런데 상관주의자가 그러한 두 입장을 실격시키기 위해 개입한다. 상관주의자는 엄격한 이론적 불가지론자이기를 고수한다. 이론이 다른 선택지가 아닌 어느 하나의 선택지에 특권을 부여하는 데 있어 무능한 한 모든 믿음들은 하나같이 그에게 합법적으로 나타난다. 왜냐하면 즉자로 존재하는 것을 나에 대한 것으로 만들지 않는다면 내가 그것을 알 수 없는 것과 마찬가지로, 내가 더 이상 이 세계에 속하지 않을 때 나로부터 있을 수 있는 것을 알 수 없기 때문이다 ── 앎은 이 세계에 대한 것임을 전제한다. 그러므로 불가지론이 앞선 두 입장을 반박하는 건 쉬운 일이다. 불가지론자에게는 내가 더 이상 살아 있지 않으면서도 존재하는 것을 확실하게 안다고 주장하는 게 모순이라는 사실을 보여주는 것만으로 충분하다. 앎은 우리가 여전히 이 세계에 속한다는 것을 전제하기 때문이다. 그처럼 두 독단주의자는 즉자적인 것에 대한 두 가지 실재론적 테제를 설파하는데, 이 테제들은 모든 실재론의 비일관성을 가지고 있다. 즉 사람들이 존재하지 않을 때 존재하는 것을 사유한다고 주장한다.

그러나 여기에 새로운 개입자, 주관적 관념론자가 등장한다. 그는 불가지론자가 실재론자들의 입장들만큼이나 비일관적 입장을 고수한다고 선언한다. 왜냐하면 세 입장[두 실재론적 독단주의자와 엄격한 불가지론자] 모두 우리의 현재 상태와는 근본적으로 무관한 즉자가 존재할 수 있다고 생각하기 때문이다. 자연 이성이 도달할 수 없는 신, 혹은 순수한 무가 그것이다. 그런데 이는 정확히 사유 불가능하다. 왜냐하면 나는 모든 사물의 무만큼이나 초재적 신을 사유할 수 없기 때문이고, 특히 바로 그런 사실 때문에 나 자신에 대해 모순을 일으키지 않고서는 나를 더 이상 실존하지 않는 것으로 사유할 수 없기 때문이다. 나는 스스로를 실존자로서만, 내가 실존하는바 그런 실존자로서만 사유할 수 있다. 따라서 나는 실존할 수밖에 없으며 언제나 지금 실존하는 것처럼 실존할 수밖에 없다. 그러므로 나의 신체는 아니라 할지라도 나의 정신은 불멸적이다. 주체의 상관관계적 구조와 다른 즉자적 존재라는 관념이 무효가 되듯이, 근본적 초월성의 모든 형식처럼 죽음이 관념론자에 의해 그처럼 무효가 된다. 관념론자는 우리에 대한-것과 구분되는 즉자를 사유할 수 없기 때문에 그것을 불가능하다고 선포한다.

이제 질문은 어떤 조건에서 상관주의적 불가지론이 두 가지 실재론적 테제들뿐만 아니라 관념론적 테제를 반박할 수 있는지를 정확히 알아야 하는 데 놓인다. 후자의 테제에 반대하는 데 있어서 불가지론자는 선택의 여지가 없다. 그는 (신에 의해 눈이 먼, 무화된) 죽음 안에서 전적으로 다르게 존재할 수 있는 나의 능력이 동일자를 향한 나의 영속화와 마찬가지로 사유 가능하다는 것을 주장해야 한다. 그 '이유'는 내가 존재 이유와 나 자신으로 있는 이유를 박탈당한 자처럼 나 자신을 사유한다는 것이다. 그리고 바로 그러한 비이성[비이유]의 — 그러한 사실성의 — 사유 가능성은 세 가지 선택지, 즉 실재론적 선택지들과 관념론적 선택지가 모두 가능하다는 것을 함축한다. 왜냐하면 내가 예컨대 나를 무화된 것처럼 사유할 수는 없다고 할지라도 그런 궁극적 가능성을 금지하는 그 어떤 원인도 사유할 수 없기 때문이다. 따라서 존재하지 않는다는 사실이 '만들어 내는' 것을 내가 사유할 수 없다고 할지라도, 나의 존재하지-않을 수 있는-능력과 그 반대편에 있는 존재 이유의 부재는 똑같이 사유 가능하다. 실재론자들은 비록 그 자체로는 사유 불가능한 사후적 상태의 가능성(신의 비전, 순수 무)을 주장할지라도, 그들은 사유 가능한 하나의 테제를 주장한다. 왜냐하면 만일 내가 사유 불가능한 것을 사유할 수 없다면, 나는 실재의 비이성 [비이유]을 간접적으로 경유해서 사유 불가능한 것의 가능성을 생각할 수 있기 때문이다. 따라서 [상관주의적] 불가지론자는 이 세 입장들을 절대주의라는 이름하에 거부할 수 있다. 이 세 입장은 기술된 세 가지 상태 중 하나를 함축하는 필연적 이성을 도출한다고 주장하지만, 그 이성은 우리에게 결여되어 있다.

그런데 마지막으로 사변적 철학자가 개입한다. 이제 이 철학자는 위의 세 가지 선택지 가운데 어디에도 절대적인 것은 존재하지 않는다고 주장한다. 왜냐하면 절대적인 것은 불가지론자가 이론화하는 것처럼 다르게 존재할 수 있음 그 자체이기 때문이다. 절대적인 것은 이유[이성]가 배제된, 나의 상태로부터 그것이 무엇이든 아무튼 다른 상태로 향하는 게 가능한 이행이다. 그러나 그 가능성은 더 이상 '무지의 가능성'이 아니다. 무엇이 최선의 선택지인지를 알지 못하는 나의 무능력에 기인하는 그런 게 아니다. 그것은 현재의 선택지들과 많은 다른 선택지들의 실재적 가능성에 대한 앎이다. 그렇다면 어떻게 우리는 다르게 존재할 수 있음이 절대적인 것이라고, 무지의 기호가 아니라 앎의 기호라고 말할 수 있을까? 불가지론자 스스로가 우리에게 그것을 입증했기 때문이다. 실제로 불가지론자는 어떤 식으로 관념론자를 반박할 수 있을까? 더 이상 존재하지 않는 것처럼 우리 자신을 사유할 수 있다는 사실을 주장하면서이다. 예컨대 우리의 사멸성, 우리의 무화, 신 안에서 전적으로-다르게 되기, 이 모든 게 실제로 사유 가능하다는 사실을 주장하면서이다. 하지만 그런 상태들이 어떻게 가능성들처럼 이해될 수 있을까? 우리의 존재 이유의 부재를 간접적으로 경유해서 우리를 소멸시키거나 우리를 근본적으로 변형시키는 식의 다르게 존재할 수 있음을 사유할 수 있다는 사실에 의해서다. 그러나 이 경우 다르게 존재할 수 있음^{pouvoir-être-autre}은 우리의 사유의 상관물로서 생각될 수 없는데, 왜냐하면 정확하게 말해서 그것은 우리 자신의 비-존재의 가능성을 포함하기 때문이다. 무신론자의 방식으로 사멸하는 것으로서(따라서 더 이상 존재하지 않을 수 있는 것으로서) 나를 사유할 수 있기 위해서 실제로 나는 나의 존재하지 않을 수 있음pouvoir-être-autre을 하나의 절대적인 가능성처럼 사유해야 한다. 왜냐하면 만일 내가 그런 가능성 자체를 사유의 상관물처럼 사유한다면, 만일 나의 가능한 비-존재가 사유 행위에 상관적인 것으로서만 존재한다고 주장한다면, 나는 더 이상 나의 가능한 비-존재를 사유할 수 없기 때문이다(이것이 정확히 관념론자의 테제이다). 실제로 나는 나 자신을 사멸적인 것으로 사유하는 데 있어서, 실제적인 나의 죽음이 죽음에 대한 사유를 필요로 하지 않는다는 것을 사유하기만 하면 된다. 반대의 경우에, 나는 나를 더 이상 존재하지 않는 것으로서 사유하기 위해서 오직 아직 존재하는 조건에서만 더 이상 존재하지 않을 수 있다. 이는 내가 무한정하게 죽어갈 수 있지만, 실제적으로 절멸할 수는 없다고 말하는 것과 같다. 다시 말해서, 주관적 관념론을 반박하기 위해서 나는 나의 가능한 무화가 그것에 대한 나의 사유에 상관적이지 않은 것처럼 사유될 수 있다는 것을 인정해야 한다. 따라서 관념론자에 대한 상관주의자의 반박은 사실성의 사유에 등록된 다르게 존재할 수 있음의 절대화(탈상관주의)를 통과할 수밖에 없다. 이러한 가능성이 절대적인 것이며, 이러한 절대성의 실제성은 즉자적 존재 그 자체의 실제성 — 사유의 실존에 대한 무관성으로서의 실제성 — 처럼 사유 가능하다. 그리고 그러한 무관성이 나를 파괴할 수 있는 역량을 사유에게 수여한다.

그러나 상관주의자는 또 이렇게 반대할 것이다. '사변적 선택지는 실재론적 혹은 관념론적 선택지보다 확실하지 않습니다. 사실, 우리에게 불가능한 것은 독단주의적 가설들 가운데 한 가설에서 확인될 수 있는 특정한 상태의 필연성을 위해서 **이유를** 제공하는 것이라기보다는 오히려 예상할 수 있는 모든 사후적 선택지의 실제적 가능성의 가설을 위해서 **이유를 제공하는** 것입니다. 따라서 사변적 테제와 형이상학적 테제들은 동등하게 사유 가능하며, 우리는 그것들을 분리할 수 없습니다.' 그러나 이에 대해 오히려 사변적 테제의 우위성에는 정확한 이유가 있으며, 바로 불가지론 자체가 우리에게 그 이유를 제공한다고 대답해야 한다. 요컨대 불가지론이 다르게 존재할 수 있음을 탈절대화할 수 있는 것은 오직 그것을 다시 한번 절대화함으로써다. 실제로 불가지론자의 반박은 다르게 존재할 수 있음의 사유 가능성에 재차 기반하고 있으며, 그것은 절대적인 것처럼 사유되어야 한다. 그리고 그때 불가지론은 독단주의자들이 하는 것처럼 단 하나의 선택지를 위해 다른 것들을 폐쇄하는 게 아니라 모든 선택지를 개방한다. 상관주의자는 결과적으로 자신이 말하는 것의 정반대의 것을 행한다. 그는 우리가 가능성을 개방하는 사변적 선택지보다는 오히려 그것을 폐쇄하는 형이상학적 선택지를 참이라고 생각할 수 있을 것이라고 말한다. 하지만 그가 그렇게 말할 수 있는 건 그 자신이 개방된 가능성을, 그 안에서 그 어떤 선택지도 다른 선택지에 비해 도래할 이유를 더 갖지 않는 그런 개방된 가능성을 사유하기 때문이다. 이러한 개방된 가능성 — '모두가 동등하게 가능하다' — 은 다시금 그것을 절대적인 것처럼 사유하지 않고서는 탈절대화할 수 없는 그런 절대적인 것이다.

이 지점에서 더 머무를 가치가 있다. 현재의 모든 증명이 거기에 근거하기 때문이다. 상관주의자는 우리에게 이렇게 말한다. '즉자와 관계하는 형이상학적 선택지들 — 가령 M1과 M2라고 하자 — 이 동등하게 가능하다고 말할 때, "가능성"은 무지의 가능성을 가리킵니다. 이 표현을 통해 내가 말하고자 하는 건 저 가능성이 M1 혹은 M2 가운데 어느 것이 올바른 선택지인지를 모른다는 사실로 간단하게 되돌려진다는 겁니다. M1 혹은 M2가 필연적인 즉자가 아니라는 것을 말하려는 게 아닙니다. 아마도 이 선택지들 가운데 하나는, 탐지될 수 없다고 할지라도 실재적일 수 있습니다. 사변적 선택지는 제3의 선택지인데, M1과 M2는 모두 일어날 수 있고 심지어 하나의 선택지에 이어서 다른 하나의 선택지가 일어날 수도 있는 **실재적 가능성들**이라고 진술합니다. 그러나 나는 우리가 이 세 가지 선택지(1: M1의 필연성, 2: M2의 필연성, 3: M1과 M2의 실재적 가능성) 가운데 무엇이 참인지를 알지 못한다고 주장합니다. 따라서 나는 우리가 무지의 세 가지 가능성(1, 2, 3)과 관계하는 것이지,

실재적인 두 가능성(M1, M2)과 관계하는 게 아니라고 단언합니다.'

사변적 철학자의 대답은 이렇다. '당신은 세 가지 선택지가 "가능"하다고 생각할 때 어떻게 그 가능성에 도달합니까? 당신은 어떻게 세 가지 선택지를 개방된 것으로 놓는 그러한 "무지의 가능성"을 사유하기에 이릅니까? 진실을 말하자면, 당신이 그러한 무지의 가능성을 생각하기에 이르게 되는 건 오로지 당신이 실제로 그러한 가능성의 절대성을, 그것의 비-상관적 성질을 사유하는 데 이르기 때문입니다. 내 말을 잘 이해해 보세요. 이것은 당신의 근본적인 지점을 건드립니다. 절대적인 것의 모든 인식에 대한 당신의 회의주의가 논증에 근거하는 것이지 단순한 믿음 혹은 견해에 근거하는 게 아니라고 확신한다면, 그때 당신은 그러한 논증의 힘줄이 사유 가능한 것이라는 점을 인정해야만 합니다. 그런데 당신의 논증의 힘줄은 모든 것의-존재하지-않을 수-있음/모든 것의-다르게-존재할 수-있음에 우리가 접근할 수 있다는 것입니다. 그 모든 것에 우리 자신과 세계를 포함해서 말입니다. 그런데 그렇게 사유할 수 있다고 진술하는 건 모든 것의 가능성의 절대성을 사유할 수 있다고 진술하는 것과 같습니다. 그러한 대가를 치르고서만 당신은 즉자적인 것과 우리에 대한 것을 구별할 수 있습니다. 왜냐하면 그것들의 차이는 소여와 관련해서 절대적인 것의 다르게 존재할 수 있음이 사유 가능하다는 데 근거하기 때문입니다. 탈절대화라는 당신의 보편적 도구 그 자체는 다음의 것을 인정함으로써만 기능합니다. 사변적 철학자가 절대적인 것처럼 고려하는 무엇이 실제적으로 절대적인 것으로서 사유 가능하다는 사실 말입니다. 더 잘 말해봅시다. 그것은 실제적으로 절대적인 것처럼 — 당신에 의해 — 사유됩니다. 그렇지 않다면 당신 자신이 주관적 관념론자 혹은 사변적 관념론자가 아니라는 생각이 결코 당신에게 일어나지 않을 것이기 때문입니다. 당신이 — 자기 자신의 가능한 비-존재에 도달할 수 있는, 자기 자신이 사멸적이라는 것을 알 수 있는— 인간적 사유의 아마도 가장 놀라운 역량을 체험하지 않는다면, 즉자적인 것과 우리에 대한 것 사이의 차이라는 관념 자체가 당신 안에서 결코 발아하지 않았을 것입니다. 그리하여 당신의 사유 실험은 바로 거기에 함축되어 나타나는 심오한 진리로부터 막강한 힘을 끌어냅니다. 당신은 다름 아닌 절대적인 것과 "접촉"했으며, 그것 덕분에 형이상학의 모든 거짓된 절대자들을 파괴했습니다. 그것이 실재론의 절대자이든 관념론의 절대자이든 말입니다.

그러므로 사실상 당신은 무지의 가능성과 절대적 가능성을 구별할 수 있습니다. 그렇지만 그 구분은 항상 동일한 논증에 근거할 것입니다. 왜냐하면 즉자적인 것이 소여가 아닌 다른 것임이 절대적으로 가능하다는 것, 내가 가능하다고 실재적으로 믿는 것이 어쩌면 실재적으로 가능하지 않다는 것을 우리는 사유할 수 있기 때문입니다. 그때부터 당신은 무한 소급에 붙잡힙니다. 당신은 내가 실재적 가능성이라고 명명하는 게 다만 무지의 가능성에 불과하다고 주장할 때마다 어떤 추론의 도움을 받을 텐데(이 추론은 당신의 주요 반대자인 관념론을 계속해서 실격시킵니다), 그것은 당신이 탈절대화한다고 주장하는 그 가능성을 절대적인 것처럼 사유함으로써 기능합니다. 다시 말해서 나는 ─ 동등하며, 모든 사물의 무차별적 가능성인 ─ 비이성을 단지 사유에 상대적인 것처럼 사유할 수는 없습니다. 내가 모든 독단주의적 선택지를 탈절대화할 수 있는 건 오로지 비이성을 절대적인 것처럼 사유하기 때문입니다.'

그리하여 우리는 상관관계적 원환의 내밀한 균열이 무언지를 이해할 수 있으며, 그것에 타격을 입힐 수 있다. 즉 환원 불가능한 외양을 지닌 탈절대화의 논증은 암묵적으로 자신의 두 가지 결정 가운데 하나를 절대화할 수밖에 없는 기능을 갖는다. 실제로 나는 ─ 관념론에 반대하여 ─ 상관물의 탈절대화를 선택하거나(그러나 이것은 사실성의 절대화라는 대가를 치른다), 사변적 선택에 반대하여 사실성의 탈절대화를 선택한다. 이와 같이 사실성이 나에 대해서만 참이며 필연적으로 즉자적인 것은 아니라고 확언하면서 나는 상관물의 우선성(모든 사유는 사유 활동에 상관적이어야 한다)에 사실성을 종속시킨다. 그러나 그것은 상관관계의 관념론적 절대화라는 대가를 치름으로써 그렇게 된다. 왜냐하면 나의 존재하지 않을 수 있음은 오직 사유 활동의 상관물처럼 가정되는 순간부터 사유 불가능한 것이 되기 때문이다. 따라서 상관주의는 자신의 두 가지 원리를 동시에 탈절대화할 수 없다. 하나를 탈절대화하기 위해서 매 순간 다른 하나를 절대화시켜야 하기 때문이다. 그러므로 우리는 원환의 지배로부터 벗어날 수 있는 두 가지 경로를 가진다: 상관물의 절대화 혹은 사실성의 절대화. 그러나 우리는 존재론적 증명을 거부함으로써 형이상학적 선택지를 실격시켰다. 따라서 우리는 관념론적 경로를, 즉 결정된 존재자 혹은 결정된 존재자의 유형(**정신**, **의지**, **생명**)이 절대적으로 존재해야만 한다고 주장하는 실재적 필연성에 여전히 사로잡혀 있는 경로를 따를 수 없다. 우리에게 남는 건 사실성의 경로를 따르는 것이다. 다만 이 경로의 절대화가 독단주의적 테제로 재인도되지 않는다는 것을 검증함으로써 그 경로를 따르는 것이다.

* * *

우리는 목표에 다다른 것처럼 보인다. 그것은 우리로 하여금 절대적인 것까지 관통할 수 있게 허락하는 균열을 상관관계적 원환의 중심에서 끌어내는 것이다. 이제 우리는 사실성의 절대화가 의미하는 것을 분명히 해야 한다. 우리는 우리가 찾는 절대적인 것이 독단주의적 절대자여서는 안 된다고 말했다. 존재론적 증명의 비이성[비이유]적 성질은 모든 형이상학이 — 여기에는 영속적인 **상관물**이라는 주관주의적 형이상학이 포함된다 — 거부되어야 한다는 것을 우리에게 납득시킨다. 그와 함께 '이러이러한 존재자, 혹은 결정된 존재자의 이러이러한 유형이 절대적으로 존재해야 한다'는 유형의 모든 명제도 거부되어야 한다. 절대적인 것은 드러나야 하는데, 이것이 절대적 존재자는 아니다. 그런데 이것이 정확히 우리가 사실성을 절대화하면서 획득하는 것이다. 우리는 결정된 존재자가 실존하는 게 필연적이라고 주장하지 않으나, 모든 존재자가 실존하지 않을 수도 있다는 것은 절대적으로 필연적이라고 주장한다. 실로 이 테제는 형이상학적이지 않으면서도(우리는 절대적일 수 있는 그 어떤 것도 — 그 어떤 존재자도 — 사유하지 않는다) 사변적이다(우리는 절대적인 것을 사유한다). 절대적인 것은 필연적 존재자의 절대적 불가능성이다. 우리는 '모든 것은 다르게가 아니라 그렇게 존재해야 할 필연적 이유를 가진다'라는 이성 원리의 어떤 변형을 지지하는 게 아니라 오히려 비이성 원리의 절대적 진리를 주장한다. 그 어떤 것도 존재 이유를 갖지 않으며, 그렇게 존재하도록 남아 있을 이유를 갖지 않는다.

모든 것은 이유 없이 존재하지 않을 수 있어야 하고/거나 존재하는 그것과 다르게 존재할 수 있어야 한다.

그런데 거기서 문제가 되는 건 어떤 원리다. 심지어 그것은 비가설적anhypothétique 원리라고 말해질 수 있는데, 우리는 그것을 플라톤이 선의 이데아를 기술하기 위해 사용했던 의미에서가 아니라 아리스토텔레스적 의미에서 이해한다. 아리스토텔레스는 다른 명제로부터 연역되지는 않지만 그에 대한 증명이 존재하는 최초의 명제로서 비가설적 원리를 이해했다.[34] '간접적' 혹은 '논박적'이라고 말할 수 있는 그러한 증명은 '직접적' 증명에서처럼 다른 명제로부터 원리를 연역하는 데 있는 것이 아니라 — 이 경우에 그것은 더 이상 원리가 아닐 것이다 —, 원리의 진실성에 반대할 수 있는 자의 필연적 비일관성을 드러내는 데 있다. 사람들은 원리를 연역하지 않고서도, 원리에 반대하는 자는 이 원리를 진리로서 전제함으로써만 — 즉 자기 자신을 논박함으로써만 — 그것에 반대할 수 있음을 제시하면서, 원리를 증명한다. 바로 이러한 방식으로 아리스토텔레스는 반박의 방식으로 증명될 수 있는 그런 원리를 무-모순non-contradiction[35] 안에서 알아볼 수 있었는데, 왜냐하면 무-모순

• • • •

34. '비가설적(anhypothétique)'이라는 용어의 사용에 관해서는 *Métaphysique*, G, 3, 1005b-15를 참조할 것.

35. [역] 아리스토텔레스의 무-모순의 원리란 모순율을 말하며, 동일한 속성이

에 대한 반대는 이치에 맞는 어떤 것을 말하기 위한 무–모순에 대한 존중을 전제하기 때문이다.[36] 그렇지만 비이성의 원리와 무–모순의 원리 사이에는 본질적인 차이가 있다. 말하자면 아리스토텔레스는 단지 논박적 경로를 통해 그 누구도 모순을 사유할 수 없다는 것을 증명할 뿐이다. 그러나 그렇다고 해서 그가 모순이 절대적으로 불가능하다는 것을 증명하는 것은 아니다. 따라서 강한 모델의 상관주의자는 그러한 [무–모순의] 원리의 사실성과 이 사실성의 절대화를 대립시킬 수 있다. 그는 모순이 사유 불가능하다는 것을 인정할 테지만, 바로 이 점이 모순의 절대적 불가능성의 증거라고 인정하지는 않을 것이다. 왜냐하면 그는 즉자적으로 가능한 것 자체가 우리에 대해 사유 가능한 천상의 전 영역*toto caelo*과 다르지 않다는 것을 그 어떤 것도 증명할 수 없다는 것을 지지할 것이기 때문이다. 따라서 무–모순의 원리는 사유 가능한 것과 관련해서는 비가설적이지만, 가능한 것과 관련해서는 그렇지 않다.

그와 반대로 비이성의 원리는 비가설적일 뿐만 아니라 절대적으로 밝혀지는 원리이다. 이미 보았듯이, 우리는 비이성의 원리를 절대적 진리를 전제하지 않은 채로 비이성의 원리의 절대적

• • • •

동일한 관계 아래에서 동일한 사물에 속하면서 동시에 속하지 않는다는 것은 불가능하다는 내용을 담고 있다.

36. 논박적 증명에 관해서는 *Métaphysique*, G, 4를 참조할 것.

타당성을 확증할 수 없기 때문이다. 회의주의가 즉자적인 것과 우리에 대한 것 사이의 차이에 대한 관념 자체를 구성할 수 있는 건 오로지 우리에 대한 것을 존재 이유의 부재에 회부하면서인데, 이는 정확히 존재 이유의 절대성을 전제한다. 상관주의적 논증이 효력을 가질 수 있는 것은 우리에 대한 것과는 다른 식으로 존재하는 즉자적인 것의 절대적 가능성을 사유할 수 있게 하기 때문이다. 그러므로 비이성의 비가설성은 우리에 대한 것만이 아니라 즉자적인 것과 관련된다. 그 원리에 반대하는 것은 그것을 전제하는 것이다. 그것의 절대성에 반대하는 것, 실로 그것은 그것의 절대성을 전제하는 것이다.

이유 없이 다르게 존재할 수 있음을 모든 것이 생겨나게 하고 소멸시킬 수 있는 시간의 관념과 관계시킨다면 저 지점은 쉽게 이해될 수 있을 것이다. 실제로 그러한 시간은 ─ 시간 안에서, 다시 말해 시간 자체 안에서가 아니라면 ─ 그 자체가 출현하거나 소멸될 수 있는 것처럼 사유될 수 없다. 외양상 진부한 다음의 논의가 있다. 시간이 소멸되는 것으로서 사유될 수 있는 것은 오직 시간 안에서다. 따라서 시간은 오직 영원한 것으로서 사유될 수 있다. 그러나 사람들은 이 진부한 논증이 진부하지 않은 시간 자체를 전제함으로써만 기능한다는 사실에 충분히 주목하지 않는다. 법칙들을 따르면서 모든 것들을 파괴할 수 있을 뿐만 아니라 법칙 없이도 모든 물리적 법칙을 파괴할 수 있는 시간 말이다. 자신을 통제하는 고정된 법칙들에 의해 결정된 시간, 그러한 시간은 당연히 그 자체가 아닌 다른 무엇 안에서 소멸될 수 있는 것처럼, 다시 말해 또 다른 법칙들의 통제를 받는 시간 안에서 소멸될 수 있는 것처럼 사유될 수 있다. 어떤 결정된 법칙에 복종하지 않으면서 모든 결정된 현실을 파괴할 수 있는 시간만이 — 아무런 이유나 법칙 없이 사물들과 세계들을 파괴할 수 있는 시간만이 — 절대적인 것으로서 사유될 수 있다. 비이성만이 영원한 것으로서 사유될 수 있는데, 왜냐하면 그것만이 비가설적이고 절대적인 것으로서 사유될 수 있기 때문이다. 그러므로 사람들은 모든 사물의 비-필연성의 절대적 필연성을 증명하는 것이 가능하다고 말할 수 있다. 다시 말해, 사람들은 — 간접적인 증명을 경유하여 — 모든 사물의 우연성의 절대적 필연성을 확립할 수 있다.

그렇지만 저 우연성은 우리가 물질적 대상들의 경험적 우연성을 말할 때 지칭하는 용어와는 구별되어야 한다. 실제로 사실성은 모든 것의 다르게-존재할 수 있음/존재하지-않을 수 있음에 대한 실정적 앎처럼 사유되어야 한다는 의미에서 — 그리고 무지의 가능성처럼 사유되지 않는다는 의미에서 — 우연성과 동일시될 수 있다. 그러나 절대적 우연성은 다음과 같이 경험적 우연성과 구분된다. 경험적 우연성은 — 이제 우리는 그것을 일시적임précarité이라는 용어로만 명명할 것이다 — 일반적으로 빠르든 늦든 궁극적으로 완료되어야 하는 소멸 가능성을 가리킨다. 물리적이고 유기적인 법칙이 원래의 형태로 현재까지 남아 있다면 이 책, 이 과일, 이 사람, 이 천체는 빠르든 늦든 사라질 운명에 있다. 따라서 일시적임은 궁극적으로 실현되어야 하는 가능한 비-존재를 가리킨다. 그와 반대로 절대적 우연성은 순수 가능성을 가리킨다(따라서 우리는 이제부터 오로지 이것만을 '우연성'이라고 명명하게 될 것이다). 이러한 우연성은 아마 결코 완성될 수 없을 것이다. 실제로 우리는 우리의 세계가 아무리 우연적인 것이라 할지라도 언젠가 결국 붕괴되리라는 것을 안다고 주장할 수 없다. 비이성의 원리에 의하면 우리는 그것이 실제로 가능하다는 것을, 그리고 그것이 아무런 이유 없이 일어날 수도 있다는 것을 안다. 하지만 우리는 또한 아무것도 그것을 강요하지 않는다는 것을 안다. 이와 반대로 모든 것이 필연적으로 소멸되어야 한다고 단언하는 건 여전히 형이상학적 명제가 될 것이다. 물론 모든 것이 일시적임이라는 테제는 결정된 어떤 존재자의 필연성을 더 이상 주장하지 않을 테지만, 결정된 어떤 상황의 필연성(이것 혹은 저것의 파괴)을 계속해서 주장할 것이다. 그런데 그것은 이성 원리의 명령에 계속해서 복종하는 것이다. 이성 원리에 의하면 다르게(x의 끝없는 영속)라기보다는 그렇게(기한이 정해진 x의 파괴) 있기 위한 필연적 이유가 있다. 그러나 사람들은 어째서 그러한 이유가 주어질 수 있고, 보존의 선택지에 반대되는 선택지가 필연성처럼 강요될 수 있는지를 파악하지 못한다. 그리하여 이성 원리로부터 완전히 빠져나오려면, 결정된 존재자의 파괴와 영속적 보존, 두 가지 모두 이유 없이 일어날 수 있어야만 한다는 것을 주장해야 한다. 우연성은 모든 것이 일어날 수 있다는 것, 심지어 아무 일도 일어나지 않을 수 있다는 것, 있는 그것이 그처럼 남아 있다는 것 모두를 가리킨다.

그러므로 상관주의에 대한 **사변적** 비판을 검토하는 게 가능해진다. 상관주의가 **전적인-타자**에 대한 신앙절대론적 믿음의 공모자라는 것을 제시하는 게 가능해지는데, 실제로 전적인-타자가 이성 원리에 매달려 있는 진리에 대한 충실성을 따르기 때문이다. 사실상 상관관계의 강한 모델은 종교적 담화 일반을 합법화한다. 왜냐하면 그것은 탐지할 수 없는 어떤 숨겨진 이유, 어떤 구상이 우리 세계의 기원에 존재하리라는 가능성을 탈합법화하지 않기 때문이다. 이유는 사유 불가능하게 되었지만, [동시에] 사유 불가능한 것으로서 유지되어 왔다. 이유의 궁극적인 초월적 계시의 타당성을 합법화하기에 충분할 정도로 말이다. 궁극적 **이성**에 대한 신앙은 강한 상관주의의 진정한 본성을 폭로한다. 강한 상관주의는 이성 원리의 포기가 아니다. 오히려 그것은 바로 그 원리 내에서 비이성적이 되어버린 신앙을 위한 변론이다. 그와 반대로 사변은 이성 원리 바깥으로 사유를 분리해 낼 것을 **강조**하는 데 있다. 그렇게 분리해 낸 사유에 원리적 형식을 부여한다고 말해도 좋을 정도까지 말이다. 오로지 그러한 사유만이 ─ 사유할 수 있지도, 사유할 수 없지도 않은 ─ 궁극적 **이성**이 전혀 존재하지 않는다는 사실을 우리가 파악할 수 있게 만든다. 소여의 명백한 무상성의 이편 혹은 저편에는 아무것도 없다. 아무것도 없다. 단지 소여의 파괴와 출현과 보존이라는 한계 없고 법칙 없는 역량이 있을 뿐이다.

* * *

이제 우리는 상관관계적 원환을 관통했다고 간주할 수 있다. 적어도 **거대한 외부**로부터(사유되든 아니든 상관없이 존재하는 영원한 즉자로부터) 사유를 분리시켰을 성벽, 상관관계적 원환이 세운 성벽에 출구를 뚫었다고 생각할 수 있다. 이제 우리는 사유가 자기 자신으로부터 벗어나는 데 성공하는 작은 통로가 어디에 위치하는지를 안다. 우리는 오로지 사실성에 의해 절대적인 것으로 향하는 우리의 길을 낼 수 있다.

그러나 이처럼 우리가 원환에 균열을 내었다는 것을 인정할지라도 상관주의에 대한 승리는 상당한 손실을 대가로, 상당한 손실을 양보하면서 이루어진 것처럼 보일 것이다. 사실상 그것은 피루스의 승리[막대한 희생의 대가로 얻은 승리]처럼 보일 수 있다. 왜냐하면 사람들이 절대적인 것으로부터 어떤 정확한 인식을 정초하기를 기대하는 반면 우리가 [상관주의와의] 대결에서 구해내는 데 성공한 유일한 절대적인 것은 그 용어의 일상적 의미와 정반대되는 것처럼 보이기 때문이다. 그러한 절대적인 것은 카오스의 극단적인 형태, **초-카오스**hyper-Chaos에 다름 아니며, 거기에는 불가능한 그 어떤 것도, 심지어 사유 불가능한 그 어떤 것도 없거나 없는 것처럼 보인다. 그때부터 절대적인 것은 가장 멀리까지 나아간 절대화의 추구이며, 이러한 절대화는 수학화된 과학이 즉자적인 것을 기술하도록 허락한다. 우리는 수학의 절대화가 데카르트적 모델의 형식을 갖춰야 했을 것이라고 말했다. 즉 그것은 첫 번째 절대자(신의 유비)를 찾는 것이며, 이로부터 수학적 절대자(연장적 실체의 유비)인 이차적인 절대자가 파생될 것이다. 우리는 진정 첫 번째 절대자(**카오스**)를 갖는다. 하지만 이것은 **참된** 신과 반대로 과학 담화의 절대성을 보증할 수 없는 것으로 나타난다. 왜냐하면 이 절대자는 질서를 보증하기는커녕 모든 질서의 가능한 파괴만을 보증하기 때문이다.

이처럼 절대자 위에 열린 균열을 관통해서 주시한다면, 우리는 거기서 오히려 어떤 위협적인 역량을 발견할 것이다. 말이 없는 그것은 세계들과 마찬가지로 사물들도 파괴할 수 있다. 그것은 비논리의 괴물들을 생산할 수 있고, 또한 결코 실행되지 않을 수도 있다. 그것은 물론 모든 꿈을 생산할 수 있지만 모든 악몽도 생산할 수 있다. 그것은 광란적이고 무질서한 변화들을 일으킬 수 있고, 혹은 정반대로 사소한 작은 구역에서까지 부동적인 우주를 생산할 수 있다. 당장은 불안한 평온이나 가장 사나운 뇌우와 가장 낯선 섬광을 포함하는 구름처럼. **전능한 힘**은 데카르트의 **신**의 역량에 필적하며, 모든 것을, 심지어 생각할 수 없는 것에 대한 역량이다. 그러나 그것은 규범화되지 않았고 맹목적이며, 다른 신적 완벽성들로부터 추출되었고 자율적이 된 **전능한 힘**이다. 그것은 선과 지혜가 부재하는 역량이고 판명한 관념들의 진실성을 사유에게 보증하기에 적합하지 않은 역량이다. 실로 그것은 **시간**과 같은 어떤 것인데, 이 **시간**은 — 원인도 이유도 없이 모든 물리적 법칙을 파괴할 수 있기 때문에 — 물리학에 의해서는 사유 불가능하며, — 신 혹은 [절대적] **신**까지 포함하는 모든 결정된 존재자를 파괴할 수 있기 때문에 — 마찬가지로 형이상학에 의해서도 사유 불가능하다. 그것은 헤라클레이토스적 시간이 아닌데, 왜냐하면 생성의 영원한 법칙이 아니라 모든 법칙의 법칙 없는 영원히 가능한 생성이기 때문이다. 그것은 **고정**, **정지**, **죽음**이 아마도 영원토록 일어나게 함으로써 생성 그 자체까지도 파괴할 수 있는 **시간**이다.

그러한 재난 위에 어떻게 과학의 담화를 정초할 수 있을까?

어떻게 **카오스**는 선조적인 것의 인식을 합법화할 수 있을까?

    첫 번째 절대적인 것(카오스적인 것)에서 파생된 절대적인 것(수학적인 것)으로의 이행의 문제를 검토하기 위해, 우리는 사실성의 개념에 우리가 부과했던 변형, 사실성에서 원리의 무지가 아니라 어떤 원리를 발견하면서 부과했던 변형을 좀 더 면밀히 검토해야 한다. '모든 것이 가능하다. 심지어 사유 불가능한 것까지도'라는 명제가 상관관계적 명제로 남아 있는 동안 우리는 무지의 가능성과 관계하고 있었다. 그리하여 회의주의자는 즉자적인 것에 대한 모든 테제는 우리가 그런 테제가 어떤 것인지를 결코 알 수 없다고 해도 권리상 참일 수 있어야 한다고 진술하기를 원했다. **카오스**의 절대성을 주장함으로써 우리는 회의주의자의 입장과 관련된 즉자의 인식에서 아무것도 얻지 못했던 것처럼 보인다. 즉자가, 우리가 그것을 알지 못한 채 무엇으로건 있을 수 있는 것이라고 말하는 대신 우리는 즉자가 실제적으로 무엇으로건 있을 수 있으며, 우리는 그것을 알고 있다고 말한다. 알지-못함non-savoir으로 여겨졌던 것(모든 것이 가능하다)이 앎으로 여겨지지만, 그 내용은 가장 완벽한 무지만큼이나 미결정적인 것으로 나타난다.

    그렇지만 좀 더 자세히 들여다보면 우리는 그런 두 진술 사이에 분명하고 중요한 내용상의 차이를 간파할 수 있다. 상관관계적 진술이 무지의 순수한 고백이었다면, 이는 절대적인 것의 본성과 관련해서, 무지에 의해 그 어떤 것도 — 진정으로 그 어떤 것도 — 배제될 수 없었기 때문이다. 상관관계적 진술에 따르면 무엇이든지 절대적인 것이 될 수 있었다. 그런데 절대적인 것으로서 고려된 사실성의 경우는 사정이 다르다. 우리는 실제로 회의주의가 알지 못했던 두 가지를 안다. 첫째, 우연은 필연적이며, 따라서 영원하다는 것이다. 둘째, 우연만이 유일하게 필연적이어야 한다는 것이다. 그런데 이런 유일한 우연성의 절대적 필연성으로부터 우리는 마찬가지로 절대적인 불가능성을 추론할 수 있다. 실제로 우리의 원리적 앎이 절대적으로 불가능한 존재자처럼 보증하는 어떤 것이 있다. 그것은 **카오스의 전능한 힘**에 대해서조차 불가능한 존재자다. 카오스가 절대로 생산할 수 없는 무엇, 그것은 필연적인 존재자다. 필연적인 어떤 것을 제외한다면 모든 것이 생산될 수 있고 모든 것이 일어날 수 있다. 필연적인 것은 존재자의 우연성이지 존재자가 아니다. 그런데 바로 이것이 비이성의 원리와 상관관계적 사실성 간의 결정적인 차이다. 우리는 이제 형이상학적 진술이 **결코** 참일 수 없다는 것을 안다. 물론 사람들은 **카오스** 한가운데에서, **사실상** 필연적 존재자와 구분될 수 없는 존재자, 필연적 존재자의 방식으로 끝없이 지속할 수도 있을 영속적인 존재자의 출현을 생각해 볼 수 있다. 그러나 그런 존재자는 필연적이지 않을 것이다. 우리는 그런 존재자가 실제로 영원히 지속하리라고 말할 수 없다. 다만 그것이 지금까지는 지속하기를 결코 멈추지 않았다고 말할 수 있다. 그렇다면 우리는 그러한 명제들로부터 어떤 이론적 이득을 기대할 수 있을까? 유일하게 필연적인 것은 비-필연성이며, 단지 실존할 수 있을 뿐인 그 어떤 것도 실존할 수 없다는 것일까?

이러한 명제들은 결정적이다. 왜냐하면 그것들이 카오스의 전능한 역량의 자기한계autolimitation, 자기표준화autonormalisation의 원리 자체를 알리기 때문이다. 실제로 우리가 절대적 앎 — 모든 것이 가능하다는 것의 반복에 만족하지 않을 수 있는 카오스에 대한 앎 — 의 전개를 기대할 수 있는 것은 오직 카오스라는 주제와 관련해서 그것의 유일한 전능한 역량의 명제 외의 다른 필연적 명제들을 생산한다는 조건에서다. 하지만 이는 카오스 자체가 자신을 종속시켜야 할 규범들, 법칙들의 발견을 함축한다. 그런데 카오스를 어떤 규범에 굴복시키도록 제한할 수 있는 카오스의 역량 너머에는 아무것도 없다. 따라서 카오스가 어떤 구속에 종속된다면, 그 구속은 카오스의 본성 자체로부터 — 그것 고유의 전능한 역량으로부터 — 생겨나는 구속에 불과할 것이다. 그런데 카오스의 유일한 필연성은 그것이 카오스로 남아 있다는 것이다. 따라서 카오스에 저항할 수 있는 것은 아무것도 없다. 머무르는 것은 언제나 우연적이며, 존재하는 것은 결코 필연적이지 않다. 그러나 바로 여기서 우리는 문제의 중심에 놓이게 되는바, 우리는 그처럼 우연적 존재, 그처럼 비-필연적인 존재가 진정 존재자에게 무엇이건 상관없이 존재하지 않을 것을 요구한다고 확신한다. 다시 말해서 우연적으로 남아 있기 위해서, 필연적이 되지 않기 위해서 존재자는 무엇이건 상관없지는 않은 조건들에 복종해야 한다는 것이고, 그리하여 이런 조건들 자체가 또한 마찬가지로 존재하는 것의 절대적 속성들이 된다는 것이다. 그래서 우리는 — 탈이성déraison이 아닌 — 비이성irraison에 대한 합리적 담화가 어떻게 구성될 수 있는지를 파악한다. 그것은 존재하지 않을 수 있음을 위해서, 그리고 다르게 존재할 수 있음을 위해서 존재자가 복종해야 하는 구속들의 확립을 겨냥하는 담화일 것이다.

그러한 조건들은 무엇이며, 어떤 경로를 통해 그 조건들을 획득할 수 있을까?

우리는 상관주의의 두 가지 모델을 구분했다. 즉자의 사유 가능성을 지지했던 — 칸트적인 — 약한 모델과 그 사유 가능성마저도 반박했던 강한 모델이 그것이다. 우리가 지금까지 기술했던 **카오스**는 강한 모델의 가능성을 '객관화objective'한다. 왜냐하면 우리는 **카오스**는 사유 불가능한 것, 비논리적인 것, 모순적인 것을 생산할 수 있다고 전제했기 때문이다. 하지만 우리는 **카오스**의 그러한 역량을 이번에는 약한 모델(칸트적 모델)의 가능성의 객관화로 만들면서 **카오스**의 그런 역량을 '제한'할 수 있지 않을까? **카오스**가 **카오스**로서 남아 있기 위해서 우리는 **카오스**가 사유 불가능한 것을 생산할 수 없다고 말할 수 없는 것이 아닐까? 더 정확히 말해서 우리는 우연성의 필연성이, 사물 그 자체에 관해서 칸트가 공식화했던 다음의 두 가지 진술, 사물 그 자체의 사유 가능성을 보장하는 두 가지 진술의 절대적 진리를 부과할 수 있는지의 여부를 알기 위한 질문을 던지는 것이다.

1. 사물 그 자체는 무-모순적이다.
2. 사물 그 자체가 있다.

그런데 — 칸트가 더 이상 정당화하지 않은 채로 단순히 인정한 — 즉자에 대한 두 가지 진술이 실제로 비이성의 원리에 의해 절대적으로 참인 것처럼 나타날 수 있다는 사실을 보게 될 것이다. 어떻게 그런지 보자.

* * *

우리는 비이성과 관련된 두 개의 존재론적 진술들을 획득했다.

1. 필연적 존재자는 불가능하다.
2. 존재자의 우연성은 필연적이다.

이 두 진술은 틀림없이 등가적이지만 그로부터 우리가 사물 그 자체에 대한 칸트의 두 진술의 진리를 추론하는 것을 허락할 것이다.

1. 첫 번째 테제: 모순적 존재자는 절대적으로 불가능하다. 왜냐하면 존재자가 모순적이라면 그것은 필연적일 것이기 때문이다. 그런데 필연적 존재자는 절대적으로 불가능하고, 따라서 모순 역시 불가능하다.

독자가 이 논증을 부조리한 것으로 간주할 가능성이 매우 높기 때문에 가장 좋은 것은 우선 저 추론에 대한 독자의 가능한 거부의 주된 이유들을 검토하는 것이다. 특히 우리는 증거의 내부적 논리 속으로 들어가기 전에, 사람들이 무-모순에 대한 증명이라는 생각에 반대하면서 나올 수 있는 반박들을 제시하는 것으로 시작할 것이다.

a) 우선 사람들은 일반적으로 모순적 존재자에 대해 그 어떤 것도 말할 수 없다고 진술할 것인데, 왜냐하면 모순적 존재자는 아무것도 아닌 것rien이기 때문이다. 아무것도 아닌 것에 대해서

는 실제로 그 어떤 것도 주장될 수 없다.

그러나 이렇게 말하는 것은 확립해야 하는 게 문제인 것을 이미 획득된 것으로 삼는 것이다. 어떻게 우리는 모순적 존재자가 아무것도 아니라는 것을 알 수 있다는 것일까? 실재적 모순은 분명히 사유 불가능하다. 그러나 문제는 무엇이 우리로 하여금 그러한 사유 불가능성으로부터 절대적 불가능성을 추론하도록 허락하는지를 아는 것이다. 따라서 모순적인 것이 아무것도 아닌 것이므로 우리가 모순에 대해 아무것도 말할 수 없다는 논증에 반박하는 건 부질없는 짓이다. 왜냐하면 사람들은 실제로 그로부터, 그들이 비판하려고 했던 논증과는 정반대로, 모순적 존재자의 어떤 것을—정확히 말해서 모순적 존재자는 절대적으로 아무것도 아니라는 것을—지지하기 때문이다. 그들은 단지 그것을 합법화하지 않을 뿐이다.

b) 둘째로 사람들은 저 추론이 필연적으로 부당 전제의 오류를 저지른다고 말할 것이다. 사실상 무-모순은 모든 합리적 논증에 의해 미리 전제된다. 그러므로 무-모순의 진리를 증명한다고 주장하는 것 자체가 모순적이다. 왜냐하면 합리적 추론 자체에 의해 확립해야 하는 무엇을 인정하고 있기 때문이다.

그것은 사람들이 확립하려고 애쓰는 것을 또 한 번 오인하는 반박이다. 사람들은 실제로 모순이 모든 논증의 최소한이 규범이라는 사실에 반대하지 않는다. 그러나 [모순의] 원리는 자체적으로 자신의 절대적 불가능성을 우리에게 보증할 수 없다. 그것은 가능성의 규범이 아니라 사유 가능성의 규범을 표명한다. 우리는 그것을 무-모순이라는 내용과 관련해서 아리스토텔레스에게서 이미 보았다. 그는 [모순의] 원리의 필연성을 즉자에 대해서가 아니라 사유에 대해서 확립하는 데 성공했다. 따라서 우리는 추론을 하는 데 있어서 그 원리에 분명히 복종한다. 하지만 우리의 추론은 원환적이 아닌데, 왜냐하면 그것은 모순의 불가능성에 이르는 결론을 위해서 (사람들이 인정하는) 모순의 사유 불가능성으로부터 출발하기 때문이다. 즉 그 두 테제는 구분된다. 우리의 추론은 우리가 이 추론의 중심에서 모순의 **불가능성**을 인정할 때만 원환적일 것이다. 그러나 증거가 기능할 수 있게 만드는 것은 모순의 절대적 불가능성이 아니다. 그것은 다른 곳에서 비이성의 비가설적 원리 안에서 확립된, 필연성의 절대적 불가능성이다. 우리가 모순의 불가능성이라는 결론에 이르는 것은 존재자가 필연적일 수 없기 **때문이다** — 존재자가 논리적으로 일관적이어야 하기 때문이 아니다.

c) 그러나 그때 사람들은 이렇게 반박할 것이다. 저 추론은 실로 원환적인데, 왜냐하면 추론의 진행을 위해서, 증명해야 하는 것을, 말하자면 모순의 절대적 불가능성을(단지 모순의 사유 불가능성이 아니라) 전제하기 때문이다. 실제로 모순의 절대적 타당성을 인정하지 않는다면, 무엇 때문에 모순으로부

터 존재자의 우연성이 아닌 존재자의 필연성만을 추론하겠는가? 사실상 존재자가 동시에 필연적이면서 우연적일 수 있다는 것을 주장하는 게 역설적으로 보이기 때문에 우리는 모순적-존재로부터 어떤 결정된 명제, 즉 필연적-존재(이것의 모순인 우연적-존재가 아니라)를 추론하는 것이다. 하지만 **카오스**가 사유 불가능한 것을 산출할 수 있는 것처럼 정립되는데, '필연적으로 있는 것은 우연적이다'라는 명제를 참 명제로 만들지 못할 이유가 있을까? 그것을 거부한다는 것, 이는 사람들이 정초한다고 주장하는 것 — 무-모순의 절대적 타당성 — 을 이미 인정하는 것이다.

이 반박은 가장 중대하다. 이것에 대항하기 위해서 우리는 증거의 내부적 논리를 관통해야 한다.

일반적으로 사람들은 모순의 실재성을 주장하게 되었던 사상가들을 모든 것의 순수한 생성devenir을 주장하는 사상가들로 해석한다. 그리하여 사람들은 실재적 모순의 개념을, 그 안에서 모든 것이 그것과는 다른 것이 되기를 멈추지 않을, 존재가 끊임없이 비-존재로 이행할 수 있고 비-존재는 존재로 이행할 수 있는 유출의 이념으로 해석한다. 그러나 실재적 모순의 테제를 최고의 유출이라는 테제와 연합하는 건 매우 부정확해 보인다. 모든 것의 보편적 생성, 앞에서 우리는 그것에 대한 해석을,

지나치게 카오스적이어서 심지어 생성마저도 거기서 태어나고 명멸할 수 있는 카오스라고 제시했다. 그런데 그러한 카오스 안에서 태어날 수 없고 명멸할 수 없는 유일한 것, 모든 변형과 모든 생성에서 면제될 수 있는 유일한 것, 우연성의 전능한 힘마저도 그것에 대해서는 실패하게 될 순수한 **부동자**, 참으로 그것은 모순적 **존재자**일 것이다. 그리고 거기에는 분명한 어떤 이유가 있다: 모순적 존재는 타자가 될 수 없을 것인데, 이는 그 존재가 생성하는 가운데 그 어떤 타자성도 갖지 않을 것이기 때문이다.

　모순적 존재자가 실존한다고 가정해 보자. 실제로 그것에게 무슨 일이 일어날 수 있을까? 그것이 비-존재로 이행할 수 있을까? 하지만 그것은 모순적으로 있다. 그것이 존재하지 않게 된다면, 그것은 존재하지 않는 것인 한에서 계속해서 존재할 것이다. 왜냐하면 그것은 그런 식으로 자신의 역설적 '본질'에 일치할 것이기 때문이다. 그것은 '있는 것은 있지 않으며, 있지 않은 것은 있다'는 명제를 참으로 만들 것이다. 이 경우에 우리는 그것이 있다고 더 이상 말할 수 없으며, 그것이 있지 않다고 말하게 되는 건 아닐까? 물론 아니다. 우리는 그러한 모순적 존재자가 실존한다고 가정했다. 따라서 가설상으로 그러한 존재는 실존한다. 그러므로 우리는 모순적 존재자가 어떤 방식으로 실존할 수 있는지를 검토하는 데 만족한다. 우리는 그러한 존재자가 더 이상 존재하지 않게 될 때조차 존재하기를 계속한다는 고유한 특성을 가진다는 것을 안다. 따라서 그러한 존재자가 실존한다면 단번에 실존하기를 멈춘다는 건 불가능할 것이다. 대담하게 그것은 차라리 실존하지 않는다는 사실을 자신의 존재에 통합할 것이다. 따라서 그 **존재자**는— 실재적인 모순적 존재처럼— 더할 나위 없이 영원하게 될 것이다.

그러나 그러한 존재자는 또한 무엇이 되었든 실제적인 생성을 알 수 없을 것이다. 그것은 실제로 타자로 생성될 수 없을 것인데, 왜냐하면 그것은 다만 그러한 타자로 존재할 수 있을 것이기 때문이다. 실제로 그러한 존재는 모순적 존재자인 한에서 그것이지 않은 그것으로 이미 언제나 존재한다. 모순적 존재자를 존재 안으로 도입함으로써 내파되는 것은 결정의 관념 자체— 이런 혹은 저런 존재의 관념, 저것이기보다는 오히려 이것이라는 관념— 다. 그런 존재자는 모든 타자성이 헤어나지 못할 정도로 빨려 들어가 사라지는 '차이들의 블랙홀'이 될 것인데, 왜냐하면 그런 창조물créature의 타자–존재는 그것의 타자로 존재한다는 사실 때문에 그것의 타자가 아니어야 할 것이기 때문이다.[37] 그러므로 실재적 모순은 보편적 생성의 테제와 조금도

● ● ● ●

37. [역] 메이야수는 모순적 존재자의 존재론이 생성의 철학과 다르다는 것을 설명하고 있다. 실재적인 모순적 존재는 '그것'과 '타자'를, 또는 존재와 비존재를 모두 포함하고 있는 반면에, 어떤 창조물, 즉 생성을 함축하는

동일시되지 않는다. 왜냐하면 생성 안에서, 사물들은 이것, 그런 다음에 이것이 아닌 다른 것들로 있기 때문이다— 그리고 사물들은 있고, 그런 다음에 더 이상 있지 않기 때문이다. 그러므로 거기에 아무런 모순이 발견되지 않는다. 왜냐하면 존재자는 절대로 이것이면서 동시에 이것의 반대물로, 실존하는 것이면서 동시에 비실존적인 것으로 있지 않기 때문이다. 오히려 실재적으로 비논리적인 존재자는 모든 생성을 위한 최소한의 조건들을 체계적으로 파괴한다. 모든 생성은 모든 과정의 전개에 필수적인 타자성의 차원의 삭제, 언제나-이미, 있는 그것이 아닌 것일 수밖에 없는 무정형의 존재 안으로의 타자성의 차원의 흡수이기 때문이다. 그러므로 가장 위대한 모순의 사상가, 즉 헤겔이 최고의 생성의 사상가가 아니라, 정반대로 절대적 동일성의 사상가, 동일성과 차이의 동일성의 사상가라는 건 우연이 아니다. 실제로 헤겔이 강력히 인지했던 것은 바로 탁월하게 필연적 **존재자**는 존재자에 대해 외부적인 그 어떤 것도 갖지 않을— 그 어떤 타자성에 의해서도 제한될 수 없는— **존재자**일 수 있을 뿐이라는 것이었다. 그러므로 최고의 **존재자**는 자신의 타자로 이행할 때조차 그 자신 안에 머물러 있을 것이다. 모순을 자신의 전개의 계기처럼 자기 안에 포함하는 **존재자**,

· · · ·

존재는 '그것의 타자'로서 있을 수 없다는 것이다.

그것이 타자가 되었을 때조차 그것이 무가 되지 않는다는 최상의 모순을 참인 것으로 만들었던 **존재자**. 상위의 동일성 안으로 생성과 차이를 모두 흡수하기 때문에 자기 자신 안에 영원히 있을 수 있는 최고의 **존재**. 시간적일 뿐만 아니라 영원하기에, 과정적일 뿐만 아니라 부동적이기에 더 탁월하게 영원한 **존재**.

그리하여 우리는 어째서 앞서 행해진 반박이 유지될 수 없는지를 파악할 수 있다. 이 반박은 사람들이 모순적-존재로부터 필연적-존재라는 결론을 이끌어 내면서— 그렇지 않다면 우연성이라는 결론을 끌어낼 수밖에 없었을 것이기에— 무-모순을 미리 전제했다는 것을 주장함으로써 성립되었다. 그러나 우리는 모순적 존재자에 대해 말할 때 그것이 동시에 필연적이면서 비-필연적이라는 것을 확실하게 말할 수 있다고 대답할 것이다. 사람들은 그러한 방식으로 확실히 최고의 필연성을 가지고 계속해서 그것[모순적 존재자]을 말하는데, 왜냐하면 그들은 그것에 변화의 영향을 줄 수 있는 타자성의 모든 차원을 계속해서 무효화하기 때문이다. 사람들은 그러한 존재자에 대해 모든 것을 말할 수 있다. 하지만 사람들이 아무거나 행하는 것은 아니다. 왜냐하면 사람들이 모든 것을 **무차별화**하기 때문이고, 그러한 존재자의 타자-존재를 사유할 모든 가능성을 파괴하기 때문이다— 차이를 재도입할 수 있는 유일한 가능성, 그러니까 사유 가능한 생성은 존재자에 대한 모순적 진술들이 만들어지는 것을 허용하지 않는 것이다.

따라서 우리는 비이성의 원리에 의해 어째서 무-모순이 존재론적 진리이며 절대적인지를 안다. 존재하는 것은 생성될 수 있기 위해서, 그리고 다른 어떤 방식으로 결정될 수 있기 위해서, 이러이러한 방식으로 결정되어야 하는 것이 필수적이기 때문이다. 이것은 저것이 아니고 또 다른 어떤 것도 아닌 이것이어야 한다. 그래야 그것은 저것이나 또 다른 어떤 것으로 생성될 수 있다. 그리하여 우리는 무-모순이 우리가 알지 못하는 고정된 본질성을 지시하기는커녕 존재론적 의미로서 우연성의 필연성을, 다시 말해 카오스의 전능한 힘을 가진다는 것을 이해한다.

라이프니츠는 절대적인 영향력을 가진 두 가지 원리들(무-모순의 원리와 이성 원리[38]) 위에 형이상학적 합리성을 정초시켰다. 헤겔은 이성 원리의 절대적 최고점(존재하는 것의 필연성에 대한 믿음의 최고점)이 무-모순의 원리의 평가 절하를 강요한다는 사실을 파악했다. 비트겐슈타인-하이데거적인 강한 상관주의는 이성 원리와 무-모순의 원리가 결합된 탈절대화를 강요했다. 비이성의 원리는 우리에게 무-모순의 원리가 절대적으로 참인 것은 이성 원리가 절대적으로 거짓이기 때문이라는 것을

• • • •

38. 가령 *Les Principes de la philosophie*, pp. 31-32, 혹은 *Monadologie*, p. 89를 볼 것.

가르친다.

2. 두 번째 질문으로 넘어가 보자. 이제 문제가 되는 건 실제적으로 사물 그 자체 — 우리에 대한 현상적 영역뿐만 아니라 즉자의 영역 — 가 존재하리라는 명제('……이 있다$^{il\ y\ a}$'의 명제라고 우리가 명명할 수 있는 것)를 증명하는 것이다. 근본적으로 이는 결국 라이프니츠의 질문 — 어째서 무가 아닌 어떤 것이 있는가 — 을 다루게 되는 것이다. 실제로 문제가 되는 건 즉자가 존재하며 그것이 무 안에서 파손될 수 없는 반면에 우리에 대한 것의 영역은 사유하고/거나 살아 있는 존재들의 실존에 상관적이기 때문에 본질적으로 소멸될 수 있다는 것, 이러한 것들이 절대적으로 필연적이라는 것을 확립하는 것이다. 우리는 모든 것이 생명체의 폐지와 함께 심연으로 되돌아가지는 않으리라는 것을, 다시 말해 세계 그 자체가 세계에의-모든 관계의 폐지에도 불구하고 존속하리라는 것을 증명해야 한다.

그러나 중요한 것은 형이상학자의 방식으로 그러한 질문을 던지는 — 그리고 해결하는 — 데 있지 않다. 다시 말해서 그것은 제1원인의 존재, 실존하는 것 일반의 이유로서 전제되는 최고의 **존재자**의 존재를 드러내는 게 아니다. 오히려 문제가 되는 것은 (궁극적 이성에의 호소가 아니라) 비-신학자로서, 그리고 또한 비-신앙절대론자로서 질문을 해결하는 것이다.

사실상 우리는 저 질문에 대한 두 가지 관점을 거부하려고 애써왔다. 이성 원리의 사용과 최고 **이성**에 호소함으로써 질문을 해결하려는 형이상학적 관점, 그리고 반어적으로 그 질문이 철학에 대해 그 어떤 의미도 갖지 않는다고 주장하는— 이는 그 질문을 폐지하기 위해서가 아니라 이성적인 담화가 아닌 다른 담화가 그것을 다루도록 위임하기 위해서이다— 신앙절대론적 관점이 그것이다. 실제로 우리는 라이프니츠의 질문이 이성에 대해서 의미를 결여하고 있다고 단정하는 자는 무신론자가 아니라 오히려 신앙인이라고 생각한다. 그것은 현대적 형태의 신앙, 오늘날 신앙인이 자기 것으로 취하는 회의주의적-신앙절대론적 신앙이다. 신앙인은 이를테면 존재를 경이로움의 현시로(이 경이로움은 그 어떤 필연성에 의해서도 강요되지 않는 한, 약하고 전복될 수 있는 경이로움이다), 무로부터의 기적적인 탈출로 만들면서 라이프니츠의 질문에 순수하게 종교적인 의미를 부여할 수 있는 자이다. 신앙절대론자는 근본적으로 무엇이 있음에 경탄하는 자인데, 왜냐하면 그는 무엇이 있음에는 아무런 이유도 없다는 것, 다시 말해서 존재는 순수한 선물이며 일어나지 않을 수도 있으리라는 것을 이해한다고 믿기 때문이다.

그러므로 두 가지 입장에 강력하게 반대해야 한다. **신/원리**에 의해 질문에 이성적으로 대답한다고 주장하는 입장, **신/전적인**

-**타자**를 위해 질문을 이성의 굴레에서 해방시켰다고 주장하는 입장이 그것이다. 다시 말해서, 우리는 질문의 독단주의적 해결을 비판해야 하지만 또한 질문의 아이러니한 파기도 비판해야 한다. 후자의 이론적 회의주의는 (부인하든 아니든) 결과적으로 어떤 종교적 의미를 지지하며, 심지어 그러한 종교적 의미는 질문의 심오함을 찬양한다.

문제에 고양된 의미를 부여하는 그러한 이중의 가능성과 마주하면서 — 그 두 경우에 의미는 신적인 것으로까지 인도된다—, 사변적 입장은 문제를 세속적으로 취급할 것을 요청한다. 관건은 문제에서 과장된 것을 없애고, 그 문제를 무의미하지 않으나 2차적인 그 적절한 중요성의 수준으로 되돌리는 것이다. 따라서 문제는 해결되어야 하는데, 왜냐하면 문제가 해결될 수 없다거나 무의미하다고 주장하는 것은 다시 한번 문제의 찬양을 정당화하는 결과를 낳기 때문이다. 그러나 문제의 해결이 제1원인의 탁월함으로 — 단지 그 원인의 영원한 부재에 대한 환기로 — 우리를 고양시켜서는 안 된다. 문제로부터 자유로워져야 하는데, 그것으로부터 자유로워진다는 것은 단지 문제를 해결하는 것만이 아니라 실망스러울 수밖에 없는 어떤 대답에 그 문제를 종속시키는 것이다. 그 결과 그런 대답의 가장 귀중한 가르침은 바로 저 실망 자체다. 그런 문제와 마주하여 택할 수 있는 정확하게 유일한 태도는 결국 거기에 걸려 있는 건 거의 없다는 것, 거기서 일어나는 영혼의 비브라토는 냉소적이건 심오하건 적절하지 않다는 것을 지지하는 것이다. 문제에 대한 올바른 해답의 사변적 기준은 미몽에서 깨어난 느낌이어야 하며, 독자는 그러한 느낌과 더불어 해답을 이해할 수 있다. 그는 이렇게 말할 것이다. '결국 그것에 불과했었군 ……..'

그러므로 거품이 빠진 해답을 내도록 노력해 보자.

[상기한] '~이 있다il y a'의 도출은 사실상 우리가 출발했던 진술의 의미를 정확히 하는 것으로 되돌아온다: 사실성 자체는 실제적으로 일어나지 않을 수도 있는 어떤 사실이 아니다. 비이성의 원리의 의미, 그것은 사실성이 세계 안에서 덧붙여진 또 다른 어떤 사실이 아니라는 것을 의미한다. 사실들이 있고, 그러한 사실들에 추가된 보충적 사실처럼 사실들의 사실성이 있는 게 아니다. 왜냐하면 나는 사실들에 대해서는 그 영속성을 의심할 수 있지만, 사실성에 대해서는 그것을 곧장 절대적인 것으로서 대하지 않고서는 그것의 영속성을 의심할 수 없기 때문이다. 그럼에도 불구하고 저 진술, 즉 사실성의 비-사실성은 두 가지 방식으로 이해될 수 있는데, 우리는 그것을 비이성의 원리의 약한 해석과 강한 해석으로 명명할 것이다.

[비이성의] 원리의 약한 해석은 이렇게 표현된다. 우연성이 필연적이라고 말하는 것은, 어떤 것이 있다면, 그것은 우연적이

어야 한다고 말하는 것이다. 반면에, 강한 해석은 이렇게 주장할 것이다. 우연성이 필연적이라고 말하는 것은 사물들이 우연적으로 있어야 한다는 것과 우연적인 사물들이 있어야 한다는 것을 모두 말하는 것이라고 말이다. 약한 해석은 사물들이 비사실적이기보다는 오히려 사실적이라는 것이[실존하는 사물들이 필연적인 것이라기보다는 오히려 사실적이라는 것이] 어떤 하나의 사실, 추가된 또 다른 어떤 사실이 아니라고 확언한다. 강한 해석은 사실적인 사물들이 없다기보다는 오히려 있다는 것이[사실적인 사물들이 실존하지 않는 것이라기보다는 실존한다는 것이] 또한 마찬가지로 어떤 하나의 사실, 추가된 또 다른 어떤 사실이 아니라고 확언한다.[39]

비이성의 원리를 인정한다면 우리는 약한 해석, 원리의 최소한의 의미만을 인정해야 한다. 어떤 것이 있다면, 그것은 우연적이어야 하기 때문이다. 만일 사람들이 약한 해석을 거부한다면, 이는 비이성의 원리를 거부하는 것이다. 가설에 의해 우리가

• • • •

39. [역] 메이야수가 말하는 비이성의 원리에 대한 두 가지 해석의 차이를 이해하기 위해서는 표현의 뉘앙스에 대한 세심한 포착이 요청된다. 약한 해석은 '~이 있다(il y a)'에 특별한 의미를 부여하지 않지만 강한 해석은 그것을 강조한다. 즉 약한 해석은 사물들이 있는지 없는지에 대한 확언 없이, 또는 그에 대한 이유를 굳이 따지지 않은 채, 실존하는 사물들에게 사실성을 부여한다. 여기에는 존재에 대한 신비주의적 해석의 여지가 남아 있다. 반면에 비이성의 원리의 강한 해석에서 사실성은 사물들이 존재하는 양태가 아니라 사물들의 존재 자체에 부여된다. 이것은 '사실적 사물들이 있다.'로 요약될 수 있다.

비이성의 원리에 동의했기 때문에 우리는 또한 그것의 약한 해석에도 동의한다. 그러나 사람들은 비이성의 원리에 대한 강한 해석에 동의하지 않으면서 본사실성의 원리에 충분히 동의할 수 있다. 사람들은 이렇게 말할 수 있다. 물론, 어떤 것이 있다면, 그것은 우연적이어야 한다. 그러나 이는 어떤 것이 있어야만 한다는 것을 조금도 증명하지 않는다. 사물들이 있다면 그것들은 필연적으로 사실들로서 있어야 한다. 그러나 그 무엇도 사실적 사물들이 있어야 한다는 점을 강요하지 않는다. 그러므로 우리에게 '어째서 무가 아닌 어떤 것이 있는가?'라는 질문이 갖는 형식은 이렇다: 우리는 약한 해석에 매달려 있는 전술한 테제에 반하는 비이성 원리에 대한 강한 해석을 합법화할 수 있을까? 실제로 강한 해석에 동의했다면, 사람들은 필연적으로 어떤 것이 존재해야 한다는 명제를 확립했을 것인데, 왜냐하면 우연적인 어떤 것이 필연적으로 있어야 하기 때문이다.

강한 해석의 합법성을 확립하기 위해, 오직 약한 해석만이 타당하다고 가정하는 것으로 출발해 보자. 이런 경우에 우리는 정확히 무엇을 주장해야 할 것인가? 우리는 사실적 사물들이 있다는 것이 어떤 하나의 사실이며 필연성이 아니라고 말해야 할 것이다. 그러므로 사실성이 있다는 것 자체가 하나의 사실로서 말해져야 할 것이다. 왜냐하면 아무것도 있지 않다면, 사실적인 것도 있지 않을 것이고, 그 어떤 사실성도 있지 않을 것이기 때문이다. 그러나 사실성의 사실성, 즉 어떤 의미에서 두 번째 질서의 사실성을 확언하지 않는다면, 어떻게 내가 저 테제를 주장할 수 있을까? 다음과 같이 말해야 할 것이다. 첫 번째 질서의 사실성, 다시 말해 사물들의 사실성일 수 있는 사실성, 그리고 모든 규정된 사물과 모든 규정된 구조가 존재하지 않게 만들 수 있는 사실성이 있다. 그리고 두 번째 질서의 사실성이 있다. 그것은 사물들의 사실성의 사실성으로서, 사실적인 사물 들이 없을 때 첫 번째 질서의 사실성이 실제적이지 않을 수 있게 하는 사실성이다. 그러나 비이성의 원리를 정초했던 것으로 되돌아온다면, 우리는 이 테제가 실로 스스로를 반박하고 있음을 본다. 이미 보았듯이 어떤 것의 필연성을 의심하기 위해 서는 나는 실제로 그것의 사실성이 절대적인 것으로서 사유 가능해야만 한다는 것을 인정해야 한다. 세계 전체가 존재하지 않을 수 있거나 존재하는바 그것으로 존재하지 않을 수 있는 무엇으로 사유될 수 있기 위해서, 나는 세계의 가능한 비-존재, 세계의 사실성이 나에 의해 절대적인 것으로서(세계의 사실성 이 사유의 상관물 이상의 것으로) 사유 가능하다는 것을 인정해 야 한다. 또한 나는 나 자신을 사멸적인 것으로서 파악하기 위해 나의 죽음, 나의 가능한 비-존재를 절대적 가능성으로 취해야 한다. 그러므로 사실성 그 자체를 즉시 절대적인 것으로서 재인도하지 않으면서 어떻게 사실성의 절대성을 의심할 수 있는지를 나는 알지 못한다. 사물들의 사실성(첫 번째 질서의 사실성)이 하나의 사실이라는 것을 주장하는 순간 실제로 나는 사실성의 사실성(두 번째 질서의 사실성)이 절대적인 것으로서 사유 가능하다는 것을 인정한다. 따라서 나는 무한 소급 안에 사로잡힌다. 이제 두 번째 질서의 사실성이 하나의 사실이라고 말한다면, 그것은 세 번째 질서의 사실성이 절대적인 것이라고 인정하는 것이며, 이는 무한정하게 계속될 것이다.

달리 말해서 사실성의 필연성을 의심하는 행위는 스스로를 반박하게 되는데, 왜냐하면 그것은 사실성의 절대성을 사유 행위로서 전제하고, 그런 사실성의 절대성을 바로 그 사유의 내용 안에서 부정하고 있기 때문이다. 따라서 사실성은 어떤 하나의 사실이라는 방식으로, 세계 안에 추가된 또 하나의 사실이라는 방식으로 결코 사유될 수 없다. 사물들이 사실적이라는 것은 어떤 하나의 사실이 아니다. 사실적 사물들이 있다는 것은 어떤 하나의 사실이 아니다. 그러므로 본사실성factualité의 원리에 대한 정합적인 유일한 해석은 강한 해석일 수밖에 없다. 사실적 사물들이 있다는 것은 하나의 사실이 아니라 절대적 필연성이다.

이제 그럼에도 불구하고 사람들은 새로운 반박을, 직설 화법의 형태로, 다시 한번 정식화할 수 있다. '당신의 테제는 다음과 같은 이유 때문에 유지될 수 없습니다. 우연성은 실제로 실존할 수도 있었을 비실존적 사물들이나 사건들과 관계하는 "부정적 사실들"("오늘은 비가 오지 않는다")만이 아니라 실존하지 않았을 수도 있는 실존적 사물들이나 사건들과 관계하는 "긍정적 사실들"("이 종이는 내 책상 위에 있다"는 사실)을 지시합니다. 우연성이 필연적이라고 말하는 것은 더 이상 실존할 수 없는 실존자가 있다는 것만이 아니라 실존할 수 있는 비실존자가 있다는 것(부정적으로 남아 있을 이유를 갖지 않는 부정적 사실들)이 필연적이라고 말하는 것입니다. 그렇다면, 우연성이 **오로지 부정적인 사실들**의 우연성으로서 존속할 수 있을 것이라고 말하지 못할 이유가 있나요? 실존할 수 있는 비실존자가 있을 수 있지만, 비실존할 수 있는 그 어떤 실존자도 있을 수 없습니다. 사실성이 폐지되지 않으면서, 모든 것은 카오스의 한가운데에서 "가능태^en puissance"로 남아 있게 될 겁니다. 어떤 부정적인 사실이 하나의 사실로 남아 있기 때문입니다. 우연성은 존재하려는 가능성들, 존재하려는 경향성들과만 관계할 겁니다. 그렇지만 이것들 가운데 그 어떤 것도 현실화되지 않을 겁니다. 존재하려는 경향성들이 그저 경향성들로 남아 있는 것은 우연성일 수 있으나, 사실상 그것들 가운데 어떤 것도 현실화되지 않을 것입니다. 왜냐하면 만일 사람들이 한 실존자가 사실상 계속해서 지속될 수 있다는 것에 결국 동의한다면, 마찬가지로

그들은 모든 비실존자가 사실상 그것의 잠재적-존재 안에서
계속해서 지속될 수 있다는 것에도 동의해야 하기 때문입니다.'

이 반박은 이렇게 논박될 수 있다. 우리의 반대자는 사실성이
절대적인 것으로서 사유 가능하다는 것에 반대하지 않지만
그는 그 절대성을 오로지 ─ 일어날 가능성으로서 ─ 부정적
인 사실들의 절대성처럼 사유할 수 있다고 주장한다. 따라서
사실성의 필연성은 실정적 사실들의 실존에 대한 보증이 더
이상 아니다. 그럼에도 불구하고 사실성이 절대적인 것으로서
사유 가능하다는 사실을 인정하는 것, 이는 사실성이 단적으로
사유 가능하다는 것을 한층 더 인정하는 것이다. 그런데 나는
비실존하는 실존자에 대해서, 그리고 실존하는 비실존자에 대
해서 오직 가능성으로서만 사실성을 사유할 수 있다. 즉 실존과
비실존의 두 영역의 지속은 사실성을 파악할 수 있는 조건이다.
왜냐하면 만일 내가 어떤 실존자를 우연적인 것으로 사유할
수 있다면, 나는 실존 그 자체를(즉 실존적 존재자 일반이 있다는
것[il y a]을) 우연적인 것으로 사유할 수 없기 때문이다. 실제로
실존의 폐지를 나는 결코 사유할 수 없다. 비실존자-생성은
다만 결정된 실존자의 생성과 같이 파악될 수 있는 것이지
실존 일반의 생성처럼 파악될 수 있는 게 아니다. 실존자가
더 이상 실존하지 않을 수 있다고 단언하는 것, 나아가 이러한
가능성이 존재론적 필연성이라고 단언하는 것, 이는 또한 비실

존자의 비실존 일반과 같은 자격에서, 실존자의 실존 일반이 파괴 불가능한 두 극이고 이러한 두 극에 의해 모든 사물의 파괴 가능성이 사유될 수 있다고 단언하는 것이다. 실존의 어떤 비-존재를 그 자체로서 생각할 수 없는 것처럼, 그에 상응하여 나는 부정적 사실들만의 우연성을 생각할 수 없다. 우연성은 (절대적인 것으로서) 사유 가능하기 때문에, 그리고 우연성은 실존과 비실존의 두 영역의 집요함 없이는 사유 불가능하기 때문에, 실존하지 않을 수 있는 이런 실존자나 저런 실존자가 있다는 것, 그리고 실존할 수 있는 이런 비실존자나 저런 비실존자가 있다는 것이 필연적이라고 말해야 한다.

그러므로 해답은 이렇다. 무^{rien}가 아닌 어떤 것이 있다는 건 필연적이다. 왜냐하면 다른 어떤 것이 아니라 어떤 것이 있다는 것이 필연적으로 우연적이기 때문이다. 존재자의 우연성의 필연성은 우연적 존재자의 필연적 실존을 강요한다.

선험적^{transcendantal} 관념론의 틀 안에서의 표상의 선천적$^{a\ priori}$ 형식들의 넘어설 수 없는 사실성^{facticité}은 이 형식들이 사물 그 자체의 속성들과 동일시되는 것을 금지했다. 그러한 사실성은 필연적 속성의 자격으로 선험적 형식들을 사변적으로 연역하는 것을 불가능하게 만들었다. 따라서 사실성은 비판적 탈절대화의 힘줄이었다. 그렇지만 칸트는 다른 곳에서 즉자에 대한 사유에 자신이 부과했던 한계들을, 아무런 진지한 정당화 없이, 두 차례 위반했다. 이에 대한 진지한 정당화를 생략하면서 말이다. 그는 사물 그 자체가 존재한다고 가정했으며, 그것이 무-모순적으로 존재한다고 가정했다.

첫 번째로, 비-형이상학적 사변은 사물 그 자체는 표상의 선험적 형식들의 사실성 이외의 다른 것이 아니라고 진술하는 데 있다. 둘째, 비-형이상학적 사변은 그러한 사실성의 절대성으로부터 칸트 자신이 자명한 것으로 인정하는 것에 그쳤던 즉자의 속성들을 연역하는 데 있다.

* * *

철학은 낯선 논증들의 발명이며, 그것의 한계에는 필연적으로 궤변이 있다. 이것은 철학의 구조적이고 어두운 분신이다. 실제로 철학을 한다는 건 언제나 어떤 이념을, 즉 옹호되고 탐사되기 위해서 고유한 논증적 체제를 부과하는 이념을 전개하는 것으로 성립된다. 그리고 그러한 논증적 체제의 모델은 — 아무리 논리적이라고 할지라도 — 실증 과학 안에서 발견되지 않으며, 이미 보유하고 있다고 가정된 이성적 추론의 기술 안에서도 발견되지 않는다. 따라서 귀납 추론들을 관리하는 내적 수단들을 생산하는 일이 철학에 근본적이다. 그러한 수단들인

표지들^{balises}, 비판들^{critiques}은 새롭게 구성된 영역에, 적법한 진술과 적법하지 않은 진술을 내부로부터 분간하는 제약들을 침투시킬 수 있다.

절대적 비이성의 특별한 조건들에 대한 검토는 비판에 의해서 비일관성의 위험에 놓이게 되기보다는, 정반대로 비판을 증가시킬 필요가 있는데, 이는 절대적 비이성의 조건들의 논증적 조직의 제약하는 구조를 강화하기 위해서다. 우리는 우리의 이성적 추론에서 결함들을 발견함에 따라 — 우리의 불충분함에 대한 세심한 검토를 거쳐 — 절대적인 것에 대한 형이상학적이거나 종교적인 담화와는 다른 담화의 이념 자체를 차근차근 도출해 낼 것이다. 왜냐하면 처음 제기된 문제들 전체의 점진적인 발견에 의해, 그리고 적절한 대답들에 의해, 우리는 우연성의 로고스, 혹은 이성 원리로부터 해방된 이성 — 형이상학적 이성이 더 이상 아닌 이성적인 것의 사변적 형태 — 이 살아 실존하게 만들 수 있을 것이기 때문이다.

사변적 절차를 문제 삼는 한 가지 예만 들어보자. 우리는 모순적 존재가 필연적 존재일 수도 있다는 이유에서, 무-모순의 필연성을 확립했다고 주장했다. 그러나 사람들은 그렇게 우리가 모순과 비일관성^{inconsistence}을 혼동했다고 비난할 수 있다. 기호 논리학에서 사람들은 통사론적으로 정확한 진술들 모두가 참인 형식 체계를 '비일관적'이라고 명명한다. 만일 그 기호 체계가 부정 연산자를 포함한다면, 사람들은 한 공리가 체계 속에 있는 모순들이 모두 동등하게 참이라고 공식화될 수 있게 허락할 때, 그러한 공리를 비일관적이라고 말할 것이다. 반면에 어떤 형식 체계가 (부정 연산자를 갖추었으면서) 어떤 모순도 참이 되도록 허락하지 않을 때 그런 체계를 무-모순적이라고 말할 수 있다. 그러므로 어떤 논리 체계는 비일관적이지 않지만 모순적일 수 있다. 이를 위해서는 논리 체계가 어떤 모순도 참일 것을 허락하지 않으면서도 **일정한** 모순적 진술들을 참으로서 정립하는 데 성공하는 것으로 충분하다. 그것이 이를테면 '모순허용paraconsistant' 논리 체계들[40]의 경우인데, 거기서는 단지 몇몇 모순만이 참이며 모든 모순들이 참인 것은 아니다.[41] 따라서 우리는 현대 논리학자에게 사유 가능한 것의 기준이 무-모순이 아니라 비일관성이라는 것을 파악한다. 모든 논리학과 모든 로고스 일반이 피하고자 하는 것, 그것은 공식화될 수 있는 모든 진술들, 또한 그러한 진술들의 모든 부정들을 무차별적으로 수용할 수 있게 하는 담화의 자명함trivialité이다. 하지만 오히려 모순은 모든 모순들의 동등한 진리를 함축하지 않는다는 한계

• • • •

40. [역] 모순허용 논리는 '초일관 논리'로도 번역되며 모순을 특별한 방식으로 다루는 논리 체계다. 모든 모순들을 허용하므로, 참과 거짓의 결정인 모순을 인정하지만 배중율은 인정하지 않는다. 따라서 이 논리 체계에 따르면 모순을 수용할 수 있는 어떤 명제도 참이 될 수 있다.

41. Newton C. A. Da Costa, *Logiques classiques et non-classiques*, Masson, 1997.

안에 '포함되어' 남아 있는 순간부터 논리적으로 사유 가능하다.

그러므로 우리의 테제는 이중적 불충분성의 영향을 받는다.

1. 우리는 모순이 사유 불가능하다고 주장한다. 하지만 그럼에도 불구하고 모순은 논리적으로 이해될 수 있다.

2. 우리는 모순적 존재는 또한 모든 사물일 수도 있다고 주장한다. 하지만 이는 비일관적 존재인 경우에만 해당될 것이다. 우리가 무차별적으로 모든 명제와 그것의 부정을 지지할 수 있는 건 오로지 비일관적 존재와 관련해서이기 때문이다. 역으로, 우리는 어떤 모순(암말이 아닐 수 있는 암말)은 참이 될 수 있지만, 다른 어떤 모순(두 발 동물이지 않을 수도 있는 깃털 없는 두 발 동물)은 그렇지 않게 되는 세계를 생각할 수 있다. 그러므로 각기 구별되고 모순적인 여러 세계들이 사유 가능한 것들로 남아 있을 수 있다. 실제로, 그 세계들은 우리의 고유한 기준에 따라 우연적인 것으로서 고려될 수 있는데, 왜냐하면 우리는 그 세계들이 [지금] 있는 그것과는 다른 것들로 생성될 수 있다고 생각할 수 있기 때문이다. 모순 a를 갖추고 있는 어떤 세계는 더 이상 모순 a가 아닌 모순 b를 갖추거나 두 가지 모순 모두를 갖춘 세계 등등이 될 수 있다. 그러나 모순적 존재가 우연적인 것처럼 사유될 수 있을 때, 우리는 비이성의 원리에 의거해서 그 가능성을 전혀 반박하지 않았다. 또한 사람들은 이렇게 결론 내릴 수도 있다. 우리가 모든 모순들

의 참된-존재를 결코 주장하지 않지만 단지 결정된 모순들의 참된-존재를 주장하고, 그래서 다른 결정된 모순들을 낳는 헤겔의 변증법을 실재적으로 반박하지 않는다고 말이다. 변증법은 모순적이지만 비일관적이지는 않다.

그런데 모순허용 논리들에 기대는 반론은 사변적 탐구를 약화시키기는커녕 그것을 충실하게 만든다.

1. 첫째, 우리는 우리의 테제를 일관성의 용어들로 재공식화하면서 수정할 수 있다. 우리는 실제적으로 불가능한-존재만을 증명할 텐데, 왜냐하면 존재가 실제적이었다면 그것이 비일관적-존재일 것임이 필연적이기 때문이다. 따라서 우리는 우선 다음의 진술, 즉 '그 어떤 것도 비일관적일 수 없는데, 왜냐하면 그 어떤 것도 필연적일 수 없기 때문이다'라는 진술이, 우리로 하여금 모순의 불가능성이라는 결론을 내리게 했던 이성적 추론에 의해 확립된다는 것을 확인해야 할 것이다.

2. 두 번째로 사변적 조사는 모순 그 자체에까지 확장되어야 할 것이다. 이제 문제는 우리가 비이성의 원리의 도움으로 **실재적 모순**의 가능성 역시 실격시킬 수 있는지 아닌지를 아는데 놓일 것이다. 실제로 우리는 모순허용 논리들이 구체적인 모순적 사실들을 설명하기 위해서가 아니라는 것, 단지 컴퓨터[연산자]가, 예컨대 전문 의료 평가 체계가 모순적 **정보들**을 대하면서(동일한 케이스에 대한 상반된 진단들) ex falso quodli-

bet^{42}의 도움으로 아무거나 연역하지 않도록 하기 위해 정교화되었다는 것에 주목할 것이다. 따라서 문제는, 세계에 대한 비일관적인 정보들의 자격으로 파악될 수 있는 모순들이 여전히 비-언어적인 사건들의 자격으로 있을 수 있는지를 아는 데 놓이게 될 것이다. 그리하여 사람들은 모순허용 논리들로서의 변증법이 실제로 실재적이 아닌 발화된 모순들만 — 모순적인 현실이 아니라 현실에 대한 모순적인 테제들만을 — 의미한다는 것을 보여주려 할 것이다. 변증법 혹은 모순 수용적 논리들은 사유 안에서 결과들을 산출하는 사유의 모순들에 대한 연구로 드러나게 될 것이며, 사유의 환경 세계 안에서 사유에 의해 발견된 존재론적 모순들에 대한 연구로 드러나지는 않게 될 것이다. 결론적으로 사변적 탐색은 실재적 모순이 실재적 비일관성뿐만 아니라 우연성의 사유 가능성의 조건들을 위반할 수 있다는 것을 밝혀야 할 것이다.

우리는 여기서 탐구를 더 멀리까지 진행시키지는 않을 것이다. 다만 우리는 비이성의 원리가 탈이성에 도달한다기보다는 정확한 문제들의 공간을, 로고스가 점진적으로 자신의 논증의

• • • •

42. [역] 라틴어 ex falso quodlibet의 원뜻은 '모순을 뒤따라 나오는 무엇'이다. 수리논리학적으로 이 용어는 불합리에 의해 도출되는 명제를 가리킨다. 요컨대 어떤 명제가 동시에 참이며 거짓일 때, 다시 말해서 A명제와 -A명제가 모두 참이 아닐 때 이 두 명제와는 상관없는 B명제가 나오게 된다는 것이다.

축들을 펼칠 수 있는 공간을 구성하도록 허락한다는 것을 암시하려고 한다.

* * *

새로운 용어들을 정하기로 하자. 이제부터 우리는 사실성^{facti-}cité의 사변적 본질을 본사실성^{factualité}이라는 용어로 부르게 될 것이다.[43] 이 용어는 모든 것의 사실성 자체가 하나의 사실처럼 사유될 수 없다는 것을 의미한다. 따라서 본사실성은 사실성의 비-사실성으로서 이해되어야 한다. 우리는 사실성의 자기-부여의 불가능성[사실성이 스스로에게 사실성을 부여할 수 없다는 것]을 '사실성의 비-중복^{non-redoublement de la facticité}'이라고 명명할 것이다. 비-중복은 비-독단주의적 사변에 접근할 수 있는 유일한 절대적 필연성의 기원을 기술한다: 존재하는 무엇에 있어서,

· · · ·

43. [역] 이 장의 제목이기도 한 '본사실성(factualité)'은 사실성과 구분하여 이해해야 한다. 메이야수는 절대자에 대한 새로운 이념을 만들기 위한 수단으로 이 용어를 주조하는데, 그는 이미 이 장의 앞부분에서 이 용어를 사용했다. 일반적으로 우리는 사실성(facticité)과 사실적(factuel)이라는 용어를 사용한다. 이 일상 용어들은 이미 하이데거의 철학에서 주요 개념들로 강조되었던바 메이야수는 하이데거적 의미에서의 사실성(facticité)을 자신의 절대적 우연성 개념과 대조하기 위해 본사실성을 도입한다. 이와 관련해서 이 책의 영어본 역자의 각주를 참조할 것, Quentin Meillassoux, *After Finitude*, trans. Ray Brassier (New York: Continuum, 2006), p. 133, 각주 6.

그것이 하나의 사실이어야 하는 필연성. 따라서 우리는 오로지 부정적이라는 결함만을 지닐 뿐인 '비이성의 원리'라는 표현을 우리의 탐구의 실제적 영역을 긍정적으로 규정하는 **본사실성의 원리**라는 표현으로 대체한다. 이것은 사실 그 자체의 사실적이지 않은 본질, 사실의 특별한 조건들의 필연성으로서의 사실의 필연성이다. 우리는 본사실성의 조건들을 탐구하고 규정하는 사변을 **본사실적**factuale이라고 명명할 것이다(우리는 이러한 사변적 체제를 지시하기 위해 보다 간략하게 본사실적인 것du factuale이라는 용어를 사용할 것이다). 우리는 어떤 진술을 사실성의 조건처럼 확립하는 증명 방법을 **도출**dérivation이라고 명명할 것이다. 그리고 마지막으로 무-모순 혹은 '있음il y a'(무엇이 있다 — 아무것도 없는 것이 아니다)과 같은 조건들을 **형상들**Figures이라고 부를 것이다.

그러므로 본사실성의 원리는 이렇게 진술된다. 사실성만이 **본사실적이지 않다** — 존재하는 무엇의 우연성 그 자체만이 우연적이지 않다. 이 원리를 공식화하는 데 있어 주의해야 할 점은, 본사실성의 원리가 우연성이 필연적이라는 것을 지지하는 데 있는 게 아니라, **오로지** 우연성만이 필연적이라는 것을 충실하게 지지하는 데 있다는 것이다. 그리고 바로 이 점 때문에 본사실성의 원리는 형이상학에 속하지 않는다. 실제로 '우연성은 필연적이다'라는 진술은 형이상학과 완벽하게 양립할 수 있다. 그처럼 헤겔적 형이상학은 절대자의 전개 과정 안에서 피할 수 없는 우연적인 순간의 필연성을 지지한다. 그 순간은 자연의 한 중심에서 전개되는 순간이며, 그런 자연에서 무한자는 자신을 제한하고 자신을 유한하게 만들 수 있을 외부적인 그 어떤 것도 자기 안에 갖지 않기 때문에 순수한 우연성을, 효과를 갖지 않는 현실성을, 그 무질서나 무상성으로 인해 개념의 운동에 도달할 수 없는 순수한 유한자를 통과할 수밖에 없다. 따라서 그것은 헤겔 철학에서 자연 개념에 단지 부분적으로 일치하는 게 아니라 오히려 자연의 필연적 결함— 절대자로 있기 위해서 절대자가 감수해야만 하는 결함— 의 기호 자체가 된다. 왜냐하면 절대자의 전개 과정 가운데, 주변적이지만 실재적인 순수한 비이성의 순간이, 즉 **전체**가 자신의 외부에 비이성적인 것을 갖지 않도록 확신시키는 순간, 그리하여 참으로 그것이 **전체**로 있도록 확신시키는 순간이 필연적으로 존재하기 때문이다.[44] 그런데 그와 같은 우연성은 절대자의 전개 과정으로부터, 다시 말해 합리적 총체성의 자격으로 자기 안에 우연적인 그 어떤 것도 갖지 않는 그런 절대자의 전개 과정으로부터

• • • •

44. 헤겔은 식물에 대한 자신의 개념에 일치하지 않는 어떤 식물이 남아메리카에 있다는 사실을 지적했던 한 학생에게 그와 같은 사실이 자연으로서는 매우 유감스러운 일이라고 대답했다(J.-M. Lardic, "La contingence chez Hegel", *Comment le sens commun comprend la philosophie*, Actes Sud, 1989).

연역된다. 따라서 우연성의 필연성은 우연성 자체로부터, 다시 말해 오로지 우연성으로부터만 끌어내지는 것이 아니라 그보다 상위에 있는 존재론적 **전체**로부터 끌어내진다(바로 이 점이 본사실적인 것을 변증법적인 것과 분리한다). 혹은 보다 일반적으로 우리의 용어로 표현하자면 사변적인 것과 형이상학을 분리한다.[45]

그리하여 우리는 사변적 원리의 공식화를 통해, 그리고 특수한 도출 과정을 규정함으로써 우리가 시작하면서 알고자 추구했던 것을 설정할 수 있게 되었다. 그것은 수학적 담화의 절대화에 의해 선조성의 문제를 해결하기를 기대할 수 있는 가능성이다. 이제부터 문제는 이렇게 진술될 수 있다: 우리는 본사실성의 원리로부터 두 명제를, 즉 무-모순의 명제와 '있음il y a'의 필연성의 명제를 도출했으며, 이 명제들은 우리가 즉자의 사유 가능성이라는 칸트의 테제를 확립할 수 있도록 허락했다. 우리는 카오스를 규정함에 있어서 강한 모델의 테제(카오스는 무엇이든 할 수 있다)로부터 약한 모델의 테제(카오스는 사유 불가능한

• • • •

45. 헤겔적인 우연성에 관해서는 헤겔에 대한 J.-M. Lardic의 논문 p. 108의 각주를 참조할 것, J.-C. Pinson, *Hegel, le droit et le libéralisme*, PUF, 1989, chap. I과 II. 또한 Bernard Mabille, *Hegel, l'épreuve de la contingence*, Paris, Aubier, 1999를 참조하라.

것을 제외한 모든 것을 할 수 있다)로 나아갔다. 그러므로 지금 이 순간만큼 우리는 칸트적 즉자인 즉자에 '거주한다habitons'. 이제부터 과학의 선조적 담화를 합법화하기 위해 걸려 있는 모든 문제는 본사실적 도출을 통해 칸트적 즉자의 진리로부터 데카르트적 즉자의 진리로의 이행을 획득하는 것으로 되돌아온다. 이러한 이행에 의해 절대화되는 것은 더 이상 무-모순의 논리적 원리가 아니라 수학적인 한에서의 수학적 진술이다. 우리는 이 문제에 대한 완전한 해결책을 지금 제시할 수 없다고 이미 말했었다. 우리는 '수학적'인 것을 통해 우리가 이해하는 무엇을, 그리고 그 단어를 통해 우리가 절대화한다고 생각하는 무엇을 한층 더 규정함으로써 선조성의 질문을 더욱 정확하게 공식화하는 데 만족하게 될 것이다.

4. 흄의 문제

존재하는 것의 그처럼 존재함에 어떤 이유가 현존해야 한다고 우리가 믿는 한 우리는 맹신을, 다시 말해 모든 것의 말로 표현할 수 없는 이유에 대한 믿음을 북돋우게 될 것이다. 그런 이유를 결코 발견할 수도, 이해할 수 없기 때문에 우리는 그것을 믿거나 믿기를 열망할 수밖에 없다. 사실성에 도달한 것을, 사유 자신의 본질적 한계들에 대한 발견, 궁극적 이성[이유]을 찾아낼 수 없는 자신의 부적합성에 대한 발견으로 만드는 한, 우리는 오로지 온갖 형태의 종교적인 것을 소생시키기 위해서 형이상학을 폐지할 것이며, 그러한 종교적 형태에는 가장 염려스러운 것까지도 포함될 것이다. 사실성을 사유의 어떤 경계로 만드는 한 우리는 신앙심이 그 경계 너머를 지배하게 내버려 둘 것이다. 따라서 형이상학과 신앙절대론의 시소게임을 중단시키기 위해서는 비이성에 대한 우리의 시선을 전환해야 하고, 비이성을 세계를 파악하는 데 있어서의 우리의 결함의 형태로 만드는 것을 그만두어야 한다. 오히려 비이성을 이 세계 자체의 진정한 내용으로 만들어야 한다. 우리는 비이성을 사물 그 자체에 투사해야 하고, 사실성에 대한 우리의 파악 안에서 절대적인 것에 대한 진정한 지성적 직관을 발견해야 한다. '직관'이라고 말하는 까닭은 우리가 실로 존재하는 바로 그것에서 자기 자신 이외에 다른 어떤 한계도 갖지 않는 그런 우연성을 발견할 것이기 때문이고, '지성적'이라고 말하는 까닭은 그러한 우연성이 사물에서 가시적이지도 않고 지각될 수도 없기 때문이다. 오로지 사유만이 현상의 외양상의 지속성들을 아래에서 떠받치는 카오스에 접근하듯이 그러한 우연성에 접근한다.

틀림없이 이때 플라톤주의의 전복이 다시 한번 일어나지만, 여기서 플라톤주의는 일반적으로 실행되었던 플라톤주의와는 전혀 다른 종류의 것이다. 왜냐하면 문제가 되는 것은, 니체의 방식으로, 모든 사물의 감각적 생성을 위해서 이념들[이데아들]의 부동적 세계를 폐지하는 것이 아니기 때문이다. 또한 그것은 철학자들이 감각들의 착각과 현상적 시간을 반대하며 발언했던 유죄 판결을 포기하는 것도 아니다. 문제가 되는 것은 실로 생성이 현상 쪽에 있을 것이고, 지성적인 것이 불변적인 것 쪽에 있을 것이라는 플라톤주의와 반플라톤주의의 공통적인 믿음을 포기하는 일이며, 이는 반대로 지성적 직관을 경유해서 감각적 생성의 고정주의적fixiste 착각—생성에 있어서 확고부동한 상수들과 법칙들이 있으리라는 착각—을 고발하기 위해서다. 사변적인 것은 경험적 상수들을 철저하게 떠받치는 순수하게 지성적인 카오스까지 우리를 상승시키면서 그런 경험적 상수들의 현상적인 고정성으로부터 우리가 떨어져 나오게 할 것이다.

다시 한번 말하거니와 사물들이 다르게가 아니라 그처럼 존재해야 하는 어떤 이유가 있다고 믿는 동안 우리는 그러한 세계를 어떤 신비로 삼을 텐데, 왜냐하면 그 이유가 절대로 우리에게 전달되지 않을 것이기 때문이다. 그렇지만—우리는 이제 여기서 앞으로 우리가 다루어야 할 문제로 돌아온다—그러한 강제적 이유의 요청은 단순한 이데올로기적 덫이나 이론적 위축의 결과가 아니다. 왜냐하면 그러한 요청은 사실상 본사실적인 것에 반대하는, 겉보기에 결정적인 반박에 기대는 거부, 그처럼 동기 지어진 거부에서 유래하기 때문이다. 우리가 사변적 절차에 최소한의 신빙성을 보장하고자 한다면 그러한 반박을 제시하고 정확하게 논박해야 할 것이다.

반박은 이렇다: 사물들뿐만 아니라 물리적 법칙들도 실재적으로 우연적이라는 것을 지지한다는 게 불합리해 보인다는

것이다. 왜냐하면 그러할 경우 그러한 법칙들이 아무런 이유 없이 실제적으로effectivement 언제든지 변경될 수 있다는 것을 인정해야만 할 것이기 때문이다.

실제로 본사실성의 원리가 고려할 수밖에 없는 결과들 가운데 하나는 자연법칙들의 실제적effective 우연성에 대한 긍정 안에 있다. 그처럼 존재해야 하는 이유 없이 우리에게 나타나는 모든 것이 그처럼 존재할 아무런 필연적 이유 없이 실제적으로effectivement 그처럼 존재한다는 것을, 그리고 그것이 실재적으로réellement 이유 없이 변경될 수 있다는 것을 진지하게 지지할 것을 주장한다면, 그때 우리는 다음의 것 역시 진지하게 지지해야만 한다. 즉 자연법칙들이 변할 수 있다는 것, 그리고 그러한 사실이 상위의 은폐된 어떤 법칙(하위의 변화 과정들을 지배하는 불변적 수수께끼 같은 상수처럼 다시금 우리에게 나타날 수 있을 어떤 법칙)에 의해서가 아니라 원인도 없이 아무런 이유도 없이 그렇다는 것을 말이다.

그러나 사람들은 이렇게 말할 것이다. 그러한 테제를 인정하는 자는 가장 변덕스러운 방식으로 대상들이 작동한다는 것을 늘 예상해야 할 것이고, 사정이 그와 같지 않다면, 즉 사물들이 지속적으로 일상적 항구성에 복종한다면 하늘에 감사해야 할 것이라고 말이다. 그렇게 확신하는 우리는 친숙한 대상들이 어느 때이든 가장 예상치 않은 방식으로 작동하게 될 것을 염려하면서 세월을 보내야 할 것이고 매일 저녁마다 사고 없이 하루를 마쳤다는 데 기뻐해야 할 것이다. 그리고 밤을 지내는 동안 우리는 다시 불안해질 것이다. 그러한 현실 관념, 세계와 맺는 그러한 관계는 너무나도 불합리한 것처럼 보이며, 따라서 그 누구도 그러한 것들을 진지하게 주장할 수 있는 것처럼 보이지 않는다. 철학자에 의해 진지하게 주장되지 않았던 어리석음은 단 하나도 없다는 오래된 속담을 사람들은 알고 있다. 사람들은 상냥하게 우리에게 이렇게 지적할 것이다. 저 속담이 틀렸으며, 이제껏 아무도 주장하지 않았던 어리석음이 하나 남아 있는데 우리가 바로 그것을 발견했다고 말이다.

그로부터 우리의 반대자는 권리상 그러한 변덕스러운 무질서를 막는 법칙들의 어떤 필연성이 실제로 존재한다는 것을 인정해야 한다고 결론 내릴 것이다. 그러한 실재적 필연성이 유일한 논리나 유일한 수학으로부터 도출될 수 없기 때문에 — 우리의 우주가 아닌 다른 수많은 물리적 우주가 모순 없이 생각되어질 수 있기 때문에 — 세계는 논리-수학적 필연성이 아닌 다른 필연성을, 고유하게 물리적인 필연성을 갖추고 있다고, 하지만 그런 필연성의 이해 가능한 어떤 이유를 제공하는 것은 영원히 불가능할 것이라고 말해야 할 것이다. 그러나 바로 거기에 반론의 핵심이 놓인다. 우리는 우리의 세계의 명시적인 안정성을 포기하지 않고서는 세계의 수수께끼라는 변명 아래 그러한 물리적 필연성이라는 이념을 포기할 수 없다. 왜냐하면 경악할 만한 경우의 수hasard[46]를 제외하고 물리적 필연성이 부재하는 세계는 매 순간, 그리고 매 지점에서 연관이 없는 무한정한 다수의 가능성들에 내어질 것이고, 이 가능성들이 세계를 그 물질의 아주 작은 조각들 안으로까지 침투된 극단적인 무질서로 내파시킬 것이기 때문이다. 달리 말해서 법칙들이 실제로 우연적이라면 이는 알려졌을 것이다. 그리고 실로 우리는 그것을 주시하기 위해 거기에 있을 기회조차 갖지 못했을 것인데, 왜냐하면 그러한 우연성에서 유래한 무질서는 볼거리로 의식에게 주어진 세계만 산산조각 내는 게 아니라 모든 의식을 산산조각 낼 것이 틀림없기 때문이다. 따라서 자연법칙들의 안정성이라는 사실은 그 법칙들의 가능한 우연성이라는 이념을 반박하기에 충분한 것처럼 보인다. 다시 한번 말하는데, 최소한 아주 예외적인 경우의 수가 있으며, 그것은 우리가 완벽한 안정성의 상수들 가운데에서 사는 것을 허락한다. 그것은 확률적 기적이며, 우리

• • • •

46. [역] 여기서 hasard를 contingence와 구별하기 위해서 경우의 수로 옮겼다. 이 단어를 이 장의 뒷부분에서는 맥락에 맞도록 '(확률적) 우연'으로 옮길 것이다. 메이야수는 경우의 수(hasard)와 우연성(contigence)을 구분하는데 전자가 세계의 안정성을 전제하면서 나올 수 있는 경우를 가리킨다면(즉 경우들의 총합이 결정된 형식적 우연) 후자의 우연성은 이것이 아닌 저것이 존재하거나, 실존하는 것이 실존하지 않거나 실존하지 않는 것이 실존하는 '실재적' 우연성을 가리킨다. 다시 말해 세계의 상수나 경우들의 총합을 전제하지 않은 우연성을 가리킨다.

는 그것에 감탄할 이유를 가질 수 있지만 그러한 기적이, 한나절이건 1분에 불과하건 간에, 지속되지 않겠느냐는 두려움도 충분히 가질 수 있다.

그런데 이러한 물리적 법칙들의 실재적 우연성에 대한 진술을 우리는 매우 진지하게 지지한다. 그렇지만 우리는 안정적인 세계 속에 살고 있다는 것에 대해 매 순간 하늘에 감사하지 않는다. 왜냐하면 우리는 자연법칙들이 이유 없이 실제로 변화할 수 있다는 것을 지지하기 때문이다. 그렇지만 다른 사람들보다 더 많이 우리가 그 법칙들이 끊임없이 변화하리라고 예상하는 건 아니다. 달리 말해서, 우리는 우리가 사물들과 가질 수 있는 보통의 일상적인 관계를 변형시키지 않은 채, 그럼에도 불구하고 사람들은 대상들이 실제로 그리고 아무런 이유 없이 가장 변덕스러운 태도를 가질 수도 있다는 것을 진심으로 인정할 수 있다고 단언한다. 이것이 우리가 앞으로 증명해야 할 내용이다.

* * *

우리가 방금 정식화했던 난제는 철학적 문제들의 목록 안에 이미 있다. 다시 말해 그것은 흄이 말했던 문제다. 따라서 법칙들의 우연성에 대한 앞선 비판에 대답한다는 건 결국 흄의 문제에 대해 사변적 해결책을 제안하는 게 될 것이다.

그 문제는 무엇으로 이루어져 있는가? 고전적으로 표현했을 때, 그것은 이렇게 진술된다. 조건들이 일정하다면*ceteris paribus*, 즉 다른 모든 것이 동등하다면, 동일한 결과들이 동일한 원인들을 뒤따른다는 것을 증명하는 것이 가능한가? 달리 말해서, 상황이 동일하다면 미래의 현상들의 연속이 현재의 현상들의 연속과 동일하리라는 것을 확립할 수 있을까? 따라서 흄이 던진 질문은 물리적 법칙들이 미래에도 지금 존재하는 그것으로 머물러 있을 것인지를 증명하는 우리의 능력, 혹은 인과적 연결의 필연성을 증명하는 우리의 능력과 연관된다.[47]

우리의 논의를 인과성의 원리로 집중시키자. 사람들은 원인이라는 용어를 불신할 때 그것을 '자연의 제1성의 원리*principe d'uniformité de la nature*'라고 부를 것이다. 어떻든지 간에 그 공식은 본질상 동일하게 머물러 있다. 즉 그 원리는 처음의 동일한 조건들이 항상 동일한 결과들을 낳을 것이라고 가정한다. 그 점에 관해 지나치게 자주 일어나는 오해를 피하기 위해, 우선

• • • •

47. 이 질문에 대한 흄의 정식화는 *Traité de la nature humaine*, Aubier, 1983, trad. André Leroy, livre I, troisième partie, 그리고 *Enquête sur l'entendement humain*, Garnier Frammarion, 1983, traduction d'André Leroy revue par Michelle Beyssade, sections IV à VII를 볼 것.

그러한 원리가 그 필연성과 관련해서 칼 포퍼가 개시했던 반증주의의 다양한 아류 종들에 의해 문제시된 적이 전혀 없었다는 것을 지적하자. 사실상 반증주의는 자연법칙들이 미래에 이유 없이 변형될 수 있다는 것을 지지하는 데 있는 것이 아니라 '오로지' 자연 과학들의 이론들이 전례가 없는 실험 상황들에 의해 언제나 거부될 수 있다는 것을 주장하는 데 있다. 반증주의자들에게 문제가 되는 것은 자연에 현존하는 '작용 요소들facteurs agissants'의 완벽함에 대한 보장된 인식의 불가능성 때문에 물리학 이론들의 영속성에 대한 믿음을 다시금 의문시해야 한다는 데 있다. 그리하여 포퍼는—그리고 그 뒤를 잇는 모든 인식론자들은— 사물들의 흐름에 있어서 원인이 없는 변화 때문에 이론이 파괴될 수 있을 것이라고 주장하지 않는다. 포퍼는 동일한 상황들 속에서 언젠가는 물리적 법칙들이 변형될 수 있을 것이라고 확언하지 않는다. 그는 단지 우리가 결정된 어떤 물리학 이론이 늘 유효하리라는 것을 결코 증명할 수 없다고 단언할 뿐이다. 왜냐하면 아직 목록에 있지 않은 어떤 상황의 방식으로 작용하면서 문제가 되는 이론의 예측들을 무효화시킬 수 있는 경험이 일어날 가능성을 선험적으로 거부하기란 불가능하기 때문이다. 물리학자가 상대성 물리학을 위해 뉴턴 물리학을 포기하도록 결정하게 만들었던 것은 새로운 경험들 혹은 옛 경험들에 대한 새로운 해석들이다. 그것은 1905년 즈음에(특수

상대성 이론의 출간일) 일어났을 수도 있는, 그리고 물리적
우주 그 자체를 변형시켰을 수도 있는 자연의 흐름의 갑작스러운
변화가 아니다. 그리하여 포퍼는 제1성의 원리가 진실하다는
것을 반론의 여지 없이 인정하고, 따라서 우리의 자연 이론들에
서 일어날 수 있는 유효성에 대한 질문이 아닌, 자연 그 자체에
영향을 미칠 수 있는 안정성에 대한 질문과 관련된 흄의 문제를
진지하게 취급하려는 수고를 결코 하지 않는다.[48]

　　다시 한번 다음의 것을 정확히 말하자. 흄에 의해 제기된
저 인과성의 문제는 자연법칙들의 상수와 관련된 문제이며

• • • •

48. 포퍼는 그런 '자연의 제1성의 원리'에 대한 자신의 믿음을 분명하게 표현한다:
　　'옛 경험들이 새로운 결과들을 제공하는 일은 절대로 일어나지 않는다. 다만
　　새로운 경험들이 과거의 이론들에 반대하면서 결정하는 일이 일어날 뿐이다.'
　　Logique de la découverte scientifique, Payot, 1973, trad. N. Thyssen-Rutten et
　　P. Devaux, chap. X, p. 257.
　　이와 같이 우리가 '흄의 문제'와 '포퍼의 문제'의 차이를 고집한다면, 이는
　　포퍼 자신이 '흄의 문제'를 이론들 사이에서 일어날 수 있는 타당성의 문제로
　　부르면서 사정을 아주 모호하게 만들었기 때문이다. 그러므로 포퍼는 자신이
　　흄의 난관을 다룬다고 믿었지만 그러한 난관을 이미 해결했다고 가정되는
　　문제만을 다룰 뿐이다. 사실상 포퍼의 질문, 요컨대 물리학 이론들의 앞으로의
　　타당성에 대한 질문은 그 이론들이 새로운 경험들에 의해 반박될지라도
　　그 반박이 새로운 물리학 이론들을 위해 형성될 것이기 때문에 미래에도
　　물리학은 여전히 계속될 것이라는 사실을 전제한다. 그러므로 포퍼가 자신의
　　인식론의 원리들을 정교화시킬 수 있는 것은 물리학적 실험의 조건 자체인
　　제1성의 원리가 미래에도 타당할 것이라는 사실을 전제하면서이고, 필연적으
　　로 전제된 그러한 타당성에 선험적으로 의지하면서이다.

그것은 자연법칙들이 **결정론적인지** 혹은 **미결정론적인지**, 다시 말해 개연적인지를 아는 문제와는 무관하다. 물론 흄은 자신의 문제를 당대의 물리학의 결정론적 틀 안에서 제기했다. 그러나 그러한 문제는 실상 자연법칙들의 궁극적인 개연적 본성에 대한 질문과 무관하다. 실제로 문제가 되는 건 완벽하게 동일한 상황들에서 — 그 법칙의 본성이 어떠하든지 간에 — 동일한 법칙들이 미래에도 검증될 수 있는지를 아는 데 있다. 결정론적 법칙의 경우에 그것은 x 조건에서 y 사건이 — 오로지 y 사건만이 — 지금처럼 미래에도 계속해서 일어날 것인지를 묻는 것이다. 개연론적 법칙의 경우에 그것은 x 조건에서 y 사건이 지금처럼 미래에도 동일한 개연성을 가지고 일어날 수 있을지 혹은 일어나지 않을 것인지를 묻는 것이다. 그러므로 흄에 의해 제기된 인과성의 문제는 결정론의 문제와 혼동되어서는 안 된다. 전자는 더욱 일반적인 문제이고, 법칙들의 궁극적인 특수성과 무관하게 모든 자연법칙들과 관련된다.

이를 다른 식으로 말해보자면, 흄의 문제는 물리학적 이론 이것 혹은 저것이 아니라 **물리학 자체**가 미래에도 여전히 가능할 것인지를 우리에게 보장하는 게 무엇인지를 알아야 하는 것과 관련된다. 실제로 물리학의 가능성의 조건은, 그 자체가 이론의 유효성을 보증하는 경험들의 재생산의 가능성으로 이루어진다. 하지만 내일 정확히 동일한 상황에서 연속적인 실험들이 최고로 다양한 결과들을 낳는다면, 어떤 안정된 결과나 안정된 개연성이 매일 매일 동일한 실험 조건들에서 보장될 수 없다면, 무너지고 마는 건 물리 과학의 이념 자체이다. 그러므로 흄의 질문은 이렇게 공식화된다. 우리는 실험 과학이 오늘처럼 내일도 가능할 수 있을 것인지를 증명할 수 있을까?

그러한 질문이 잘 이해되었다면, 현재까지 우리는 세 가지 유형의 대답과 마주했던 것처럼 보인다. 그것은 형이상학적 유형의 대답, 회의론적 유형의 대답(이것은 흄 자신의 대답이다), 그리고 잘 알다시피 칸트의 선험적 대답이다. 사변적 대답의 원리를 공식화하기 전에 이 세 대답의 원리를 간단히 설명해 보자.

1. 흄의 질문에 대한 형이상학적 대답은 우리의 세계를 지배하는 절대적 원리의 존재를 증명하는 데 있을 것이다. 예컨대 라이프니츠 문하생의 방식으로 사람들은 이렇게 진행할 수 있다. 우선 완전한 신의 필연적 실존을 증명한다. 그리고 그로부터 그 신이 가능한 세계들 가운데 오로지 최상의 것, 즉 우리의 세계를 창조할 수 있었다는 사실을 추론한다. 그리하여 우리의 세계의 영원성, 혹은 적어도 우리의 세계를 지배하는 원리들은 신적인 완전성 자체의 영원성에 근거해서 보장받게 될 것이다. 이것이 인과적 필연성의 직접적, 그리고 무조건적 증명이라고 말할 수 있는 바로 그것이다. 나는 신의 실존이 무조건적으로

필연적이라는 것(신의 실존이 외부 조건에서가 아니라 신의 유일한 본질에서 나온다는 것)을 긍정적으로 증명한다. 그리고 그로부터 나는 곧바로 우리의 세계가 존재하는바 그것으로 있어야 하고 그렇게 머물러 있어야 할 것이라고 추론한다.

2. 회의론적 해결은 흄이 그 자신의 질문에 대해 내놓은 해결이다. 그의 대답은 두 가지 순간으로 나눠질 수 있다.

a) 흄은 인과성의 문제에 있어서 우선 모든 형이상학적 해결을 거부한다. 다시 말해 우리는 그것이 무엇이든지 간에 추론을 통해서는 자연법칙들의 미래의 안정성을 확립할 수 없다. 사실상 흄에 의하면 우리는 존재 혹은 비존재의 진리를 확립하기 위한 두 가지 수단만을 가진다: 경험과 무-모순의 원리. 그런데 이 두 가지 수단 가운데 어느 것도 우리가 인과적 관계의 필연성을 증명하는 것을 허락하지 않는다. 실제로 경험은 미래에 대해서가 아니라 현재나 과거에 대해서 우리에게 정보를 제공할 수 있다. 경험은 이런저런 법칙이 과거에 존재했던바 혹은 과거에 검증되었던바 존재하거나 검증된다고 우리를 가르칠 수 있다. 그러나 경험은 자신이 미래에도 여전히 검증될 수 있을 것인지를 밝힐 수는 없다. 무-모순의 원리에 관해 말하자면, 그것은 경험에 호소하지 않으면서도, 모순적 사건은 불가능하다는 것, 모순적 사건은 오늘도 내일도 존재할 수 없다는 것을 우리로 하여금 선험적으로 확립할 수 있게 한다. 하지만 흄에

따르면 동일한 원인이 내일 다른 결과들을 낳을 것이라는 사실을 이해하는 데 있어 모순은 전혀 없다.

『인간 오성에 관한 연구』의 4절에서 흄 자신이 그 내용을 설명하는 방식을 인용해 보자.[49] '가령 내가 다른 공을 향해 직선으로 움직이는 당구공을 볼 때, 두 번째 공의 운동이 두 공의 접촉이나 충돌의 결과로서 우발적으로 추측된다고 가정하면서, 실제로 나는 서로 다른 백 가지 사건들 역시 그러한 원인을 뒤따를 것이라고 생각하지 않을 수는 없을까? 두 개의 공이 모두 절대적 휴식 상태에 머물러 있을 수는 없을까? 첫 번째 공이 직선으로 되돌아오거나 어떤 선을 그리면서 그리고 어떤 방향을 향해 두 번째 공으로부터 튕겨 나올 수는 없을까? 이 모든 가정은 일관적이며 상상될 수 있다. 그렇다면 어째서 그것들 가운데 다른 것들보다 더 일관적이지도 않고 더 상상될 수 있지도 않은 어느 하나에 특권을 부여하는가? 우리의 모든 추론은 그러한 특권의 토대를 결코 선험적으로 우리 자신에게 제시할 수 없을 것이다.'

인과적 필연성 너머에서, 여기서 도전받게 되는 것은 라이프니츠가 이성 원리라고 명명했던 바로 그것이다. 실제로, 우리가 이미 보았듯이 어떤 원리를 따를 때 모든 것은 다르게가 아니라

• • • •

49. *Op. cit.*, p. 89.

그처럼 존재하는 이유를 가져야 한다. 그러나 흄이 우리에게 말하는 것, 그것은 사유가 그러한 이유에 도달하는 것이 전적으로 불가능하다는 것이다. 실제로 우리는 법칙들이 존재하는 그것으로 머물러 있어야 한다는 것을 확립할 수 없기 때문에 그 어떤 사실의 필연성도 확립할 수 없다. 반대로 자연적 과정이건, 사물들이건 또는 사건들이건 상관없이 모든 것은 오직 논리학과 경험의 요청들의 시각에서 그것이 아닌 다른 것이 될 수 있다. 그 어떤 것도 존재의 이유 및 동일한 것으로서 영속하는 이유를 가지고 있음을 스스로 밝힐 수 없다.

b) 그러나 흄은 자신의 질문에 대한 해답의 모든 가능성을 실격시키는 데 그치지 않는다. 그는 질문 자체를 변형하여, 이제 그것을, 그에 따르면, 하나의 해결책만을 허락하는 문제로 대체한다. 인과적 연결의 필연성을 증명할 수 없으므로 어째서 법칙들이 필연적인지에 대해 묻기를 멈춰야 하고, 오히려 법칙들의 필연성에 대한 우리의 믿음이 어디에서 유래하는지를 물어야 한다. 이는 문제의 이동이며 사물들의 본성에 대한 질문을 사물들과 우리의 관계에 대한 질문으로 대체하는 것이다. 이제 우리는 어째서 법칙들이 필연적인지를 묻지 않지만 법칙들의 필연성에 대한 우리의 확신의 근거를 묻는다. 이 새로운 질문에 대한 흄의 대답은 한 단어로 요약된다: 습관이나 관행. 사태가 반복될 때 그 사태는 자연스러운 방식으로 우리 안에

습관의 느낌을 불러일으키며, 그러한 느낌은 그 사태가 미래에도 그렇게 동일하게 진행될 것이라는 확신으로부터 나온다. 자연에 대한 우리의 관계 전체를 지배하는 건 이미 반복되었던 것의 동일자적 반복을 믿는 그런 경향이다.

3. 마지막으로 세 번째 유형의 대답은 칸트의 선험적^{transcendantle} 대답이며, 보다 정확히 『순수이성비판』의 개념 분석에서 전개된, 범주들의 객관적 연역이다.[50] 틀림없이 연역은 『비판』의 가장 어려운 구절들 가운데 하나이지만, 그 원리는 매우 간단히 이해된다. 그것을 간단히 정식화해야 하는데, 왜냐하면 그것을 다시 다룰 것이기 때문이다.

선험적 해결의 원리가 전통적인 유형의 형이상학적 해결과 갖는 차이는 무조건적이고 직접적인 형이상학적 증명을 조건적이고 간접적인 증명으로 대체한 데 있다. 우리는 흄의 문제에 대한 형이상학적 혹은 독단주의적 대답은 절대적으로 필연적인 원리가 존재한다는 것을 긍정적으로 증명하고, 그로부터 우리의 세계의 필연성을 도출하는 데 있다고 말한 바 있다. 그와 반대로 선험적 탐색은 인과적 필연성의 간접 증명, 요컨대 불합리에 의한 증명을 제안하는 데 있다. 과정은 이렇다. 실제로 우리는 그 어떤 종류의 인과적 필연성도 존재하지 않는다고

• • • •

50. 이 책 207쪽을 볼 것.

가정하고, 그 결과로서 나오는 것을 검토한다. 그런데 칸트에 따르면, 그 결과로서 나오는 것은 모든 표상 형식의 완전한 파괴이다. 현상적 무질서는 어떤 객관성도, 심지어 어떤 의식도 지속적으로 존속할 수 없는 그런 것이리라. 그때부터 칸트는 법칙들의 우연성이라는 가설은 표상이라는 **사실**에 의해 반박된다는 사실을 고찰할 수 있다. 따라서 사실상 그의 대답은 조건적이다. 칸트는 미래에 인과성이 세계에 대한 지배를 멈추는 게 절대적으로 불가능하다고 말하지 않는다. 하지만 그는 그러한 사건이 **표명되는** 것이 불가능하다고 말한다. 인과성이 세계를 지배하기를 멈춘다면 그 어떤 것도 일관성을 가질 수 없을 것이고, 그 어떤 것도 표상될 수 없을 것이기 때문이다. 그렇기 때문에 흄의 상상적 무대, 당구공들의 무대는 불가능하다. 왜냐하면 그 무대에서 당구공들만이 인과성에서 벗어나며, 그것들이 뛰노는 테이블, 테이블을 포함하는 홀은 그렇지 않기 때문이다. 맥락은 안정적으로 머물러 있으며, 정확히 그렇기 때문에 우리는 흄의 환상적 가능성들을 상상하면서 여전히 어떤 것을 **표상한다**. 그러나 칸트는 우리에게 말한다. 만일 인과성이 (오성의 또 다른 범주들과 함께) 표상을 구조화하기를 그친다면, 인과성은 무엇이건 어떤 현상도 구조화하기를 그칠 것이며, 주체에 있어서나 객체에 있어서, 우리가 단순한 관객으로서 현상을 관조할 수 있도록 지탱하는 그 어떤 것도 남아 있지 않을 것이다. 그러므로 인과적 필연성은 의식 존재와, 의식이 경험하는 세계 존재의 필연적 조건이다. 달리 말해서 인과성이 모든 것을 지배하는 게 절대적으로 필연적이지는 않으나, 의식이 존재한다면, 그것은 인과성이 필연적으로 현상을 지배하기 때문이다.

외양상 다르게 보일지라도 흄의 문제에 대한 이 세 가지 대답 모두는 공통적인 전제를 갖는 것처럼 보인다. 이 해결책들 모두의 공통점은 인과적 필연성의 진리를 이미 획득된 것으로 간주한다는 것이다. 이 세 경우에 질문은 인과적 필연성이 실제로 존재하는지 아닌지를 아는 데 있지 않으며 오로지 그것에 근거를 제공할 가능성이 존재하는지 아닌지를 아는 데 있다. 인과적 필연성은 절대로 의심할 수 없는 명증성처럼 간주된다. 이는 확실히 형이상학적 해결과 선험적 해결의 경우에서 분명한데, 왜냐하면 그 두 해결은 인과적 필연성의 진리를 증명하는 것으로 이루어지기 때문이다. 그런데 흄 역시 실재적으로 인과적 필연성을 결코 의심하지 않는다. 그는 추론을 통해 인과적 필연성을 확립하는 우리의 능력만을 의심할 뿐이다. 그에 따르면, '자연의 작용의 최종 원인'은 우리에게 알려지지 않은 채 남아 있어야 한다. 우리는 실로 자연 현상들을 산출하는 원리들을 작은 수의 일반 원인들로 환원할 수 있지만, ─ 흄은 강조한다

— '우리가 이 일반 원인들의 원인들을 발견하려고 시도해 보았자 소용없다. (…) 그러한 궁극적 운명들과 궁극적 원리들은 인간의 호기심과 추구들에서 완전히 벗어나 있다.'[51] 달리 말해서 우리는 우주를 지배하는 원리적 법칙들을 끌어내기를 기대하지만, 법칙들에 필연성을 부여하는 법칙들 자체의 원인은 우리가 접근할 수 없는 것으로 남아 있다. 이것은 물리적 과정들의 궁극적 필연성이 존재한다는 것에 대한 시인이다. 그리고 흄이 자신의 입장을 회의주의적 입장으로 특징지을 수 있었던 것은 정확히 흄이 그것을 인정했기 때문이다. 실제로 스스로를 회의주의적이라고 말하는 것은 이성이 진리라고 가정된 어떤 필연성에 대한 우리의 굳건한 지지의 토대를 제공할 수 없다는 것을 인정하는 것이다.

우리가 채택하는 사변적 입장은 선행하는 세 가지 해결에 공통적인 그런 전제를 거부하는 것으로 이루어진다. 이는 흄의 선험성a priori이 — 칸트의 선험성a priori이 아니다 — 세계에 대해 우리에게 가르쳐주는 것을 마침내 진지하게 고찰하기 위해서다. 다양한 '백 가지 사건들' — 심지어 그보다 훨씬 많은 수의 사건들 — 이 실제로 동일한 하나의 원인의 결과일 수 있다는

• • • •

51. *Enquête, op. cit.,* section IV, p. 90.

것 말이다. 선험적으로A priori, 다시 말해 순수하게 논리적인 관점에서, 무엇이든 상관없이 무-모순적인 결과는 실제로 무엇이든 상관없는 어떤 원인에서 기인한다고 흄은 말한다. 여기에 확실히 이성의 자명한 교훈, 즉 논리적 명료함이라는 요구에만 복종하는 사유의 명백한 교훈이 있다. 이성은 우리에게 당구공이 현실적으로 다양한 천 가지 방식으로(혹은 그 이상의 다양한 방식으로), 그 움직임의 원인이나 이유 없이도 당구대 위에서 춤출 수 있는 가능성을 가르친다. 왜냐하면 이성이 무-모순의 선험성이 아닌 다른 어떤 선험성을 알 수 없다면, 이는 가능성들 가운데 이것 혹은 저것을 위한 특별한 원리가 존재하지 않을 때 모순적이지 않을 수 있는 모든 가능성이 생겨나는 것을 이성이 허락하기 때문이다. 그랬을 때 그러한 관점을 자명하게 착각이라고 거부하는 것으로 시작해서 그다음에 그러한 거부를 이성 안에서 정초하려고 시도하거나 이성이 그러한 관점을 지지할 수 없다고 주장하는 것은 우리가 보기에 이상하다. 실제로 인과적 필연성의 자명한 허위성을 맹목적인 방식으로 우리에게 지도하는 이성이 어떻게 정반대로 그러한 필연성의 진리를 증명함으로써 이성 자신에 반하여 작업할 수 있겠는가? 오로지 감각들만이 우리에게 인과성에 대한 믿음을 부과한다. 사유가 하는 것이 아니다. 따라서 인과적 연결의 문제를 다루는 가장 공정한 방식은 그 연결의 전제된 진리로부터가 아니라 그것의 자명한 허위성으로부터 출발하는 데 있다. 아무튼 그 문제와 관련해서 일반적으로 감각들의 친구이기보다는 사유의 친구인 철학자들 대다수가 지성의 빛나는 명석함을 믿기보다는 오히려 습관적 지각을 믿기로 선택했다는 사실은 놀랍다.

여기서 회의론적 입장은 가장 역설적이다. 이 입장은 한편으로 자기 자신의 존재론적 주장에 토대를 마련할 수 없는 이성 원리의 무능력을 드러내면서도, 다른 한편으로는 그 원리가 세계 속에 주입해 놓은 필연성, 즉 물리적이고 현실적인 필연성을 계속해서 믿기 때문이다. 흄은 더 이상 형이상학을 믿지 않지만 형이상학이 외부로부터 사물들 속에 특별히 주입시켰던 필연성을 계속해서 믿는다. 형이상학에 대한 완전하지 않은 그런 거부의 결과는 형이상학의 환상적 세계에 대한— 반복되는 것에 대한 믿음의 비반성적인 경향에 의해 만들어지는 — 단지 생명적이 되어버린 부착으로 이루어진다. 흄은 형이상학자들이 증명할 수 있다고 믿었던 세계를 맹목적으로 믿는다. 그리하여 우리는 회의주의가 쉽게 맹신으로 돌아설 수 있다는 데 놀라지 않는다. 사물들의 흐름의 탐지 불가능한 필연성의 현존을 주장하고 믿는 것은 섭리들을 믿을 준비가 되어 있다는 것이다. 우리가 보기에 더 현명한 것은 이성을 믿고, 그리하여 현실로부터 인과적 필연성이라는 배후 세계를 제거하는 것이다. 그 결과 형이상학적 필연성을 쉽게 믿었던 회의주의는 실재적 세계의 비-형이상학적 특징에 대한 사변적 지식에 자리를 양보할 수 있게 될 것이다.

이제 우리는 어떻게 사변적 입장이 흄의 문제에 놓여 있는 일상적인 아포리아들을 제거하는지를 볼 수 있다. 우리의 관점에서 보자면, 인과적 연결의 필연성이 증명될 수 없다면, 그것은 그저 단순하게 인과적 연결이 전혀 필연적이지 않기 때문이다. 그러나 이는 사변적 입장이 모든 난점을 제거한다는 것을 의미하지는 않는다. 실제로, 우리는 흄의 문제를 **재정식화하기**에 이를 것이며, 그렇게 함으로써 문제의 난점을 이동시킬 것이다. 우리는 재정식화를 이렇게 진술할 수 있다. 우리는 진실처럼 가정된 **물리적 법칙들의 필연성을 어떻게 증명할 것인지를 묻는 대신 물리적 법칙들이 우연적이라고 가정된다면 어떻게 그것들의 명백한 안정성을 설명할 수 있는지에 대해 물어야 한다.** 사실상 흄이 재정식화한 질문은 우리가 앞서 제기했던 질문이다: 법칙들이 우연적이라고, 더 이상 필연적이지 않다고 가정된다면, 법칙들은 급진적이고 지속적인 변화들에 의해서 자신의 우연성을 표명하지 않는 일이 어떻게 가능할까? 안정적인 세계가 어떻게 그 어떤 토대도 존속시키지 못하는 법칙들에서 유래할 수 있을까? 우리의 모든 내기는 이처럼 재정식화된 문제가 그 문제의 표준적 판본과 다르게, 합리성의 능력들에 그 어떤 제한도 동반하지 않으면서 만족스러운 대답을 얻을 수 있다는 데 걸려 있다.

　법칙들의 실제적인 우연성이라는 테제를 수용하는 데 있어 결정적으로 곤란을 겪을 독자를 위해 우리는 다음에 이어지는 방식으로 그 테제를 다시 제시할 수 있다. 우리는 비-유클리드 기하학을 탄생시켰던 '모험'을 안다: [어느 한 직선에 대해] 주어진 한 점으로부터 직각을 이루는 평행선은 정확히 하나라는 것과 관련된 유클리드 기하학의 공준을 증명하기 위해 로바쳅스키는 그 공준의 오류를 가정했다. 그는 다른 선분과 평행을 이루는 수많은 직선이 주어진 한 점을 지나가게 할 수 있다고 가정했다. 그가 그렇게 했던 것은 모순에 이르기 위해서, 그리하여 불합리에 의해 문제의 공준의 타당성을 증명하기 위해서였다. 하지만 로바쳅스키가 도달한 것은 증명과는 거리가 먼, 유클리드 기하학과는 다르지만 그것만큼 일관적인 새로운 기하학이었다. 실로, 만일 사람들이 제안된 테제에 강력하게 찬동할 태세를 갖추고 있지 않다면, 다음과 같은 과정을 수용할 것이다. 만일 사람들이 인과적 연결이 필연적 연결이라는 것에 설득되어 있다면, 그리고 만일 사람들이 그러한 필연성에 대한 형이상학적 증명의 가능성을 믿지 않는다면, 불합리에 의해 인과적 필연성의 타당성을 증명해 보자. 그러한 필연성을 사유 안에서 삭제하고 우리가 불합리에 빠지게 되리라고 예상해 보자. 그로부터 우리는 사람들이 제1성이라는 형이상학적 원리를 동원하면서 헛되이 확립하려고 애썼던 바로 그것을 귀류법을 통해 증명하게 될 것이다. 우리의 내기는 유클리드의 공준과 관련해서 기하학자들에게 일어났던 일이 우리에게도 일어날 수 있을 것인지에 걸려 있다. 우리는 비-인과적 우주가 인과적 우주만큼이나 일관적일 수 있으며 현재의 우리의 경험을 설명할 수 있다는 것을 점차 발견하게 될 것이다. 그러나 우리는 또한 그러한 비-인과적 우주가 물리적 필연성에 대한 믿음에 내재하는 수수께끼들로부터 해방된 우주임을 발견할 것이다. 달리 말해서, 인과적 우주에서 비-인과적 우주로 이행할 때 우리가 잃는 것은 아무것도 없다 ─ 아무것도, 수수께끼들을 제외한다면.

그런데 사람들은 그러한 절차가 선험적 해결과 정면으로 충돌하리라는 것을 곧 보게 될 것이다. 사실상 이미 말했듯이 선험적 연역은 정확히 인과적 필연성의 부재로부터 모든 표상의 파괴라는 결론이 도출되는 불합리에 의한 추론으로 성립된다. 그런데, 우리는 그와는 반대로 사유 안에서 인과적 필연성을 제거하는 것이 표상의 조건들과 양립 불가능한 어떤 결과에 필연적으로 도달하지는 않는다는 것을 주장한다. 따라서 우리의 문제는 다시금 더욱 정확하게 표현될 수 있다. 흄의 문제에 대한 사변적 해결의 유효성을 확립하기 위해 우리는 선험적 연역의 논리적 결함이 무엇인지를 증명해야 하는데, 이는 선험적 연역과는 정반대로 현상 세계의 항구성이 물리적 법칙들의 우연성에 대한 반박을 타당하게 만들지는 않는다는 것을 보여주기 위해서다. 달리 말해서, 칸트가 했던 것처럼 법칙들의 비-필연성으로부터 표상의 파괴라는 결론을 내리는 것이 어째서 착각일 수 있는지를 보여주어야 한다.

* * *

칸트에게서, 우리가 세계에 대해 갖는 표상들이 필연적 연결들의 지배를 — 이것이 칸트가 범주들이라고 부르는 것이며, 인과성의 원리가 그중 하나이다 — 받지 않는다면, 세계는 질서가 부재하는 혼란스러운 지각들 더미에 불과할 것이고, 이 세계는 어떤 경우에도 통일된 의식의 경험을 구성할 수 없을 것이다. 따라서 그에 의하면 의식과 경험이라는 관념 자체가, 우리의 세계를 서로 서로의 연결이 부재하는 인상들의 순전한 돌발적인 후속이 아닌 다른 것으로 만들 수 있는 표상의 구조화를 요청한다. 이것이 범주들의 객관적 연역이라고 불리는 것의 중심 테제이며, 이 테제의 관건은 경험에 대한 범주들의 적용을(즉 물리학이라면 당연히 전제하기 마련인 보편적 관계들의 적용을) 정당화하는 것이다. 현상들에 대한 가능한 과학이 없이 의식은 존재하지 않는다. 왜냐하면 의식의 관념 자체가 시간 속에서 통일된 표상의 관념을 가정하기 때문이다.[52] 그런데 세계가 필연적 법칙들에 의해 지배받지 않는다면, 우리에게 그것은 연속이 없는 경험들로 파편화될 것이고, 이러한 경험으로부터 고유한 의미에서의 의식이 파생되어 나올 수 없을 것이다. 그러므로 법칙들의 필연성은, 사람들이 그것을 의식의 조건 자체로 만드는 한 명백한 하나의 사실이다.

우리는 그러한 '조건적인' 추론의 피할 수 없는 특징에 동의할 수밖에 없다. 하지만 우리는 덧붙일 것이다. 그 추론에 우리가 이의를 달지 않고 동의할 수밖에 없는 것은 그것이 단지 **안정성**의 개념에 적용되는 한에서이지 절대로 **필연성**의 개념에 적용되는 한에서는 아니라고 말이다. 사실상 사람들이 무조건적으로 칸트에게 동의하는 명백한, 그리고 동어반복적인 유일한 사실은 현상들의 안정성이 자연과학의 조건만이 아니라 의식의 조건이라는 점이다. 안정성이라는 바로 그 사실, 게다가 의식과 과학의 조건으로서의 안정성의 위치를 아무도 반대하지 않으리라는 것은 당연하다. 그러나 이제부터 우리가 '필연론적 추론in-férence nécessitariste'이라고 명명하게 될 추론에서 사정은 달라진다.

• • • •

52. 『비판』의 초판에서 범주들의 객관적 연역은 'chapitre II 개념들의 분석'의 세 번째 절을 구성하며(*op. cit.*, p. 188-196; AK, IV, pp. 86-95), 1787년도 판본에서는 같은 장의 두 번째 절, § 15-24에서 전개된다— 특히 § 20-21을 볼 것(*ibid.*, pp. 197-213; AK, III, pp. 107-122).

1781년의 객관적 연역에 대한 선형(線形)적 주석은 J. Rivelaygue, *Leçons de métaphyysique allemande*, Grasset, 1992, tome II, pp. 118-124를 볼 것.

그것은 법칙들의 안정성 자체가 자신의 정언명령적 조건처럼 법칙의 필연성을 전제한다는 추론이다. 이제부터 우리는 저 추론의 구조와 전제들을 검토해야 한다.

어떤 이유에 의해 우리는 자연법칙들의 안정성으로부터, 요컨대 자연의 제1성의 원리의 완전무결한 안정성으로부터 제1성의 필연성이라는 결론을 추론해 낼 수 있었는가? 지금까지는 어떤 결함도 발견되지 않았기 때문에 사실상 매우 일반적이 되어버린 안정성이라는 사실로부터 존재론적 필연성으로 이행하는 것을 허락하는 추론은 어떤 것인가? 그 추론의 과정을 주장하는 '필연론적' 추론은 이렇게 공식화된다.

1. 법칙들이 실제로 이유 없이 변형될 수 있었다면 — 따라서 법칙들이 필연적이 아니라면 — 그 법칙들은 이유 없이 빈번하게 변형될 수 있을 것이다.

2. 그런데 법칙들은 이유 없이 빈번하게 변형되지 않는다.

3. 그러므로 법칙들은 이유 없이 변형될 수 없다. 달리 말해서 법칙들은 필연적이다.

그 누구도 자연의 안정성의 (실제로 명백한) 사실을 진술하는 두 번째 명제에 반대할 수 없다. 그러므로 이 추론을 평가하고자 하는 모든 노력은 첫 번째 함축에 대한 판단에 걸려 있어야 한다. 왜냐하면 그 함축에 대해 '반증이 가능'하다면 그 추론은 자신의 전제들 중 한 가지의 자격 상실로 인해 붕괴될 것이기 때문이다. 첫 번째 명제의 함축은 법칙들의 **우연성**으로부터 — 즉 법칙들의 가능한 변형으로부터 — 법칙들의 변형의 실제적 빈도의 결론을 이끌어 낸다. 그렇기 때문에 우리는 그것을 **빈도적 함축**implication fréquentielle이라고 부를 것이다. 가능한 변화로부터 빈번한 변화로 이행하는 그런 함축을 타당한 것으로서 인정함으로써만 필연론적 추론은 타당한 것으로서 간주될 수 있다. 그 추론을 실격시키기 위해서는 어째서, 그리고 어떤 분명한 조건들에 따라 그러한 함축 자체가 거부될 수 있는지를 반드시 밝혀야 하며, 또 그렇게 하는 것으로 충분하다.

무엇보다 먼저 빈도적 함축이 법칙들의 필연성에 대한 공통의 믿음을 지탱하는 것과 똑같이 필연성에 호의적인 칸트의 논증을 지탱한다는 점을 이해하자. 상식적 의견처럼 만일 법칙들이 우연적이라면 '이는 이미 알려졌으리라'는 것을 긍정하는 것, 또는 칸트처럼 그것이[법칙들이 우연적이라는 것] 너무나 잘 알려져 있기에 우리가 그것을 모를 리 없다는 것, 이 두 경우 모두에서 주장하는 바는 법칙들의 우연성은 이 우연성이 경험 안에서 나타나려면, 나아가 경험의 모든 가능성을 파괴할 정도가 되려면, 충분히 빈번한 자연법칙들의 변형을 결과로서 가져야 할 것이라는 점이다. 상식적 테제와 칸트의 테제는 우연성은 빈번한 변화를 함축한다는 동일한 논증에 기대고 있다. 그리고 이 두 테제는 우연성으로부터 추론한 빈도의 정도에 의해서만 구분될 뿐이다(상식적 테제에서 빈도는 정도가 낮지만 분명하게, 칸트의 테제에서 빈도는 그 정도가 표상을 파괴하는 높은 것으로 나타난다). 따라서 우리는 잠시 멈추면서 그러한 함축을 보다 자세히 살펴보아야 한다. 칸트가 단 한 번도 그 타당성을 증명하지 않은 채 실행했던 것처럼 보이는 저 함축을 그토록 자명한 것으로 만드는 게 무언지를 자문해야 한다. 그러나 우리는 상식에 대해서나 물리적 필연성의 대부분의 추종자들에 대해서도 말하게 될 것이다.

그와 같은 분석적 관점에서, 장-르네 베른느의 책, 『사행적 이성 비판Critique de la raison aléatoire』은 우리에게 소중한 것이 될 것이다.[53] 17세기 철학자들에게나 어울리는 간명한 스타일로 서술된 이 짧은 시론의 장점은 실제로 칸트나 흄이 법칙들의 필연성을 당연한 것으로 간주할 때 그들에 의해 암묵적으로 인정된 추론의 본성을 제시하는 방식에 있다. 하지만 그러한 추론이 베른느에게는 **합법적**이라는 것을 분명히 해야 한다. 따라서 그는 물리적 법칙들의 필연성에 대한 믿음을 타당한 것으로 생각한다. 그의 계획은 흄과 칸트에게서 암묵적으로

• • • •

53. *Critique de la raison aléatoire, ou Descartes contre Kant*, préface de Paul Ricoeur, Aubier, 1982.

남아 있는 추론의 본성을 밝히는 데 있으며, 이는 그러한 암묵적 추론이 진리로서 성립되게 만드는 의미를 보다 잘 파악하기 위해서다. 그런데 우리가 그의 테제에서 갖는 관심은 정반대이다. 우리의 관심은 베른느가 숨겨진 추론을 파헤치면서, 요컨대 추론의 진정한 본성을 제시하면서 우리로 하여금 거기서 약점을 발견하게 할 것이라는 데 있다.

베른느의 테제는 이렇다. 법칙들의 안정성에서 법칙들의 필연성으로 이행하게 만드는 암묵적 추론은 **개연론적 추론**으로 성립되며, 그때 개연론적이라 함은 이 용어가 함축하는 수학적 의미에 의한다. 위에서 언급했던 당구공들에 관한 흄의 텍스트를 떠올려 보자. 베른느에 따르면 이 텍스트는 인과성의 문제의 (명시적) 기원과 그 문제의 합리적 해결의 (감지되지 않는) 원리를 동시에 포함한다. 실제로 문제는 어디서 생겨나는가? 선험적 가능성들, '상상적인 것들' — 혹은 보다 일반적으로 파악 가능한(무-모순적인) 가능성들— 이 경험적 가능성들과 상당히 다르다는 사실로부터이다. 칸트가 선험성ᵃ ᵖʳⁱᵒʳⁱ과 필연성을 동일시하고 경험에 의한 사실과 우연성을 동일시했던 것과는 정반대의 방향으로, 베른느는 우리를 우연성과 마주하게 만든 게 선험성이라고, 그리고 오히려 경험은 우연성을 필연성에 대립시킨다고 말한다. 사실상 수수께끼는 흄이 서술한 선험적인 '다양한 백 가지 사건들'이 — 베른느처럼 말할 수 있다면 심지어 '사실상 무한한 수의' 다양한 사건들이 — 조건들이 일정하다면 동일한 일련의 원인들의 결과로서 일어날 수 있다는 데 있다.[54] 선험적으로, 당구공들은 무차별적으로 수천 가지의 상이한 방식으로 움직일 수 있다. 그러나 경험상으로 그러한 가능성들 가운데 매번 유일한 한 가지만이, 요컨대 충돌의 물리적 법칙과 일치하는 가능성만이 실현된다.

그렇다면 선험성과 경험적 사실 간의 이러한 차이로부터 출발해서, 무엇이 우리로 하여금 경험이 착각이 아니라 선험성a priori이 거짓이라는 결론에 도달하게 만드는가? 선험성이 나를 진정한 우연성으로 인도하지 않으며, 경험의 항구성이 나를 진정한 필연성으로 인도한다고 주장할 수 있게 하는 것은 무엇인가? 그것은, 정확하게 말해서, 늘 같은 면으로 떨어지는 주사위는 **십중팔구** 속임수일 거라고 도박꾼이 (두말할 필요도 없이) 의심하게 만드는 무엇이다. 실제로 사건들의 어떤 전체를 우리 자신에게 제시해 보자. 이 전체는 사건들 가운데 다른 것들이 아닌 유독 어느 한 사건이 일어나기 위한 **어떤 이유**도 선험적으로 존재하지 않도록 배치되어 있다. 완벽하게 균질적이고 대칭적이라고 가정된 동전이나 주사위가 그런 경우다. 비편향적인 던지기 이후에 우리는 그것들의 어느 한 면이 나타나게 될

• • • •

54. *Critique de la raison aléatoire, op. cit.,* p. 45.

더 많은 이유를 갖지는 않으리라는 것을 선험적으로 가정할 수 있다. 이러한 가설로 무장한 우리가 어느 한 사건이(주사위 던지기, 동전 던지기의 이런저런 결과가) 나올 수 있는 확률을 계산하려고 시도할 때, 우리는 다음의 선험적 원리를 암묵적으로 수용하고 있는 것이다. 동등하게 사유 가능한 것은 동등하게 가능하다. 사유 가능한 것과 가능한 것 간의 이러한 양적 동등성은 도박성의 놀이를 할 때 개연성이나 한 사건의 빈도의 계산을 세우도록 한다. 목록상의 일정한 상황들 안에서 두 사건 가운데 한 사건이 다른 사건과 비교해서 일어날 수 있는 더 많은(순수하게 수학적으로 '더 많은') 이유를 갖지 않기 때문에(주사위 던지기, 동전 던지기, 룰렛 돌리기의 결과), 그리하여 나는 각 사건들이 실증적으로 그리고 현실적으로 일어날 수 있는 동등한 기회를 가진다는 명제를 정립해야 하고, 그러한 최초의 등-개연성 équi-probabilité으로부터 완전하게 구성된 복합적 사건들의 개연성에 대한 계산의 추정값들을 끌어내야 한다(두 주사위에서 동시에 6이 나올 수 있는 운, 룰렛에서 세 번 연속 '0'이 나올 수 있는 운 등등).

하지만 지금 우리의 주사위가 한 시간 전부터 늘 같은 면으로 떨어진다고 가정해 보자. 동등하게 가능한 사건들이 동등하게 개연적이라는 원리 덕분에 우리는 위의 경우가 정확한 확률의 결과일 리 없다고 말할 것이다. 그리하여 우리는 (가령 주사위 안에 숨겨진 납 구슬과 같은) 어떤 원인이 틀림없이 작용하고 있었으며, 그것이 바로 그 유일한 결과를 필연적으로 초래한다고 생각할 것이다. 그런데 이제 우리가 던지는 주사위가 한 시간 전부터가 아니라, 평생 동안, 심지어 인간의 기억이 있은 이래로 언제나 같은 면으로 떨어진다고 가정해 보자. 게다가 그 주사위가 육 면을 가지는 게 아니라 수천, 수조의 면을 가진다고 가정해 보자. 그러면 우리는 다시금 당구공 앞에서 흄이 처해 있던 상황에 놓이게 된다. 경험에 주어진 매 사건에 대해, 우리는 아주 많은 수의(그 수는 너무나도 광대해서 그것을 규정한다는 건 무의미하다) 상이한 연속된 경험들을 선험적으로 생각하며, 이 경험들은 우리에게 동등하게 가능한 것처럼 나타난다. 그러나 우리는 늘 동일한 결과와, 요컨대 동일한 원인들에 기인하는 동일한 결과들로 '떨어지게 된다'. 흄이나 칸트가 법칙들의 필연성을 당연한 것으로 인정할 때, 그들은 베른느가 밝힌 추론 — 만일 법칙들이 실제로 우연적contingent이라면, (확률적) 우연le hasard을 주관하는 법칙들 자체의 관점에서 그러한 우연contingence이 나타나지 않을 것이라는 생각은 옳지 않다 — 을 암묵적으로 타당한 것으로 삼으면서, 결국 속임수를 쓴 주사위 앞에 있는 놀이꾼처럼 추론한다. 그러므로 거기에는 비록 숨겨졌을지언정 그러한 결과의 안정성을 설명할 수 있는 필연론적 이유가 있어야 한다. 주사위 속에 '둥지를 튼' 납 구슬이 있어야만 하는 것처럼 말이다.

　따라서 필연론적 추론을 규제하는 암묵적 원리가 분명하게 나타난다. 다시 말해서, 필연론적 추론은 놀이꾼이 우리의 우주 내부에서 일어나는 사건(주사위 던지기와 그 결과)에 적용하는 **개연론적 추론**을 우리의 우주 자체에까지 확장하는 데 있다. 실제로 우리는 그러한 추론을 재구성할 수 있다: 나는 우리의 물리적 **우주**를, 사유 가능하지만(무–모순적이지만) 여러 다른 물리적 법칙들에 의해 관장되는 **우주**의 광대함 가운데 하나로 만들었다. 당구공들의 충돌이 우리의 우주를 지배하는 법칙들에 복종하기는커녕, 그 공들을 각자 날아오르게 하고, 서로 융합하게 하고, 뿌루퉁하기보다는 순결 무구한 암말들로 변형시키고, 상냥한 백합보다는 붉은–은빛의 백합으로 변형시키는 등등의 우주들. 그리하여 나는 우주들의 우주와 동일시될 수 있는 '우주–주사위'를 정신적으로 구축한다. 우주–주사위 각각의 면은 무–모순이라는 정언명령에 의해서만 규정될 수 있을 것이다. 그리고 나는 경험 안에 주어진 어떤 상황들을 위해 정신 속에서 그 **주사위**를 굴린다(나는 사건의 파악 가능한 연속적 결과들을 생각한다). 그러나 나는 결국 일어나는 건 (동일한 상황들에 대한) 한결같이 동일한 결과라는 것을 확인한다. **우주–주사위**는 늘 '나의' **우주–면**으로 떨어지고 충돌의 법칙들은 항상 존중된다. 모든 경우에서 **우주–주사위**는 동일한 물리적 우주로 '떨어진다'. 달리 말해서 나의 것, 내가 일상적으로 늘 관찰했던 것으로 말이다. 물론 상기했듯이 이론 물리학은 내가 점유하는 우주-면 위에 새롭고 기대하지 않았던 것들을 내게 가르쳐줄 수 있다. 그러나 그것은 나의 우주에 대한 보다 심오한 인식처럼 구성될 것이며, 우주 자체의 사행적 변화처럼 구성되지는 않을 것이다. 사실상 우주 자체는 제1성의 원리로부터 결코 벗어나 본 적이 없다. 그것은 내게 동일한 최초의 조건들에 대한 동일한 결과로서 늘 주어졌다. 따라서 결과의 그러한 안정성의 비개연성이 너무나도 엉뚱하게 나타날 때 나는 그런 비개연성이 단순히 우연의 결과일 수 있다는 가설에서 멈춰서지 않는다. 나는 그로부터 필연적 이성의 존재를 추론한다(일반적으로 이러한 추론은 주목될 수 없을 정도로 매우 빠르다). 그것은 수학 외적인 필연성일 수도 논리 외적인 필연성일 수도 없다. 이 필연성은 실제로 수리논리학의 증명적 필연성을 불가피하게 보완하는데, 왜냐하면 수리논리학의 증명적 필연성은 내게 정반대로 균질적 **우주-주사위**, 즉 각 면이 동등하게 파악 가능한 **우주-주사위**만을 제시했기 때문이다. 그리하여 나는 수리논리학적 기호 체계의 필연성을 — 현실적이고, 물리적인 — 두 번째 유형의 필연성으로, 결과에 있어 분명하게 드러나는 '속임수'를 설명할 수 있는(속임수를 쓴 주사위 속 납 구슬과 같은) 유일한 필연성으로 이중화한다. 그런 연후에 두 번째 필연성의 기원을 (베른느가 했듯이) '물질'이나 '섭리'로 부를 수 있는 자유가 내게 있게 된다. 어쨌든 이 필연성은 원초적이고 수수께끼 같은 사실로서 남아 있게 될 것이다.

정리해 보자. 흄-칸트의 추론은 우리의 **우주**의 어떤 사건에 적용된 것이 아니라 가능한 **우주들 전체**의 가능한 경우처럼 간주된 우리의 **우주**에 적용된 개연론적 추론이다. 논증의 핵심은 구상할 수 있는 가능성과 경험적인 가능성 간의 수적 격차의 어마어마함을 확인하는 데 있다. 그리하여 그로부터 따라 나오는 개연론의 궤도이탈(빈도론적 함축의 합법성의 원천)을 도출하는 것이다: 만일 법칙들이 실제로 이유 없이 변형될 수 있다면, 법칙들이 — 고삐 풀린 방식은 아니라고 해도 — 빈번하게 변형되지 않는다는 것은 놀랄 정도로 비개연적일 것이다. 그러한 사실들은 다음의 진술을 할 수밖에 없도록 만든다. 즉 우리는 — 또한 이 지점에서 우리는 흄에서 칸트로 이행하는데 — 그것[법칙들의 변형들의 비개연성]을 이미 알고 있었을 뿐만 아니라 우리는 그것을 알기 위해 결코 거기에 있었을 리 없다. 카오스가 의식과 세계의 상관관계에 의해 요구되는 최소한의 질서와 지속성을 불가능하게 만들었던 한에서. 그러므로 필연성이 입증되는 것은, 거대하게 비개연적인 안정성이라는 사실 — 이것은 자연법칙의 항구성에 다름 아니다 —, 그리고 자연법칙의 항구성의 주관적인 이면 — 이것은 과학을 할 수 있는 주체의 의식에 다름 아니다 — 에 의해서다. 이것이 필연론적 논증의 논리, 더 특별하게 말하자면 필연론적 논증을 지탱하는 빈도적 추론의 논리이다.

* * *

그러한 반박에 대한 사변적 거부를 시작하기 전에 필연론적 논증에 대한 잘 알려진 대답이 실존한다는 데 주목할 필요가 있는데, 그것은 우리 세계의 지속 가능한 실존이 어째서 오로지 (확률적) 우연hasard의 결과일 수 있는지를 보여주는 것으로 이루어진다. 그것의 원리는 에피쿠로스주의자들이 목적론적으로 나타나는 생명체들의 실존을 설명하는 원리와 동일한 원리이다. 즉 사람들은 가장 복잡한 유기체들의 출현을, 욕망만큼이나 비개연적인 결과(예컨대 주어진 표면 위로 던져진 문자들의 (확률적) 우연들hasardeux에서 출발해서 『일리아드』의 에크리튀르에 이를 수 있는 결과)와 비교한다. 그렇지만 충분하게 어마어마한 시도들이 있었다면 그 결과는 확률의 법칙에 일치하게 되었을 것이다. 마찬가지로 사람들은 선행하는 개연론적 반박에 대해 이렇게 대답할 것이다. 고도로 질서 잡힌 우리의 세계는 아마도 엄청난 수의 카오스의 출현들의 결과일 것이며, 결국 안정화되어 우리의 우주를 형성하게 되었다고 말이다.

하지만 우리는 필연론적 논증에 대한 이러한 대답에 만족할 수 없는데, 그것은 단순한 이유 때문이다. 그 대답은 그 자체가 물리적 법칙들의 필연성을 전제한다. 실제로 확률의 개념 자체가 한결같은 물리적 법칙들을 조건으로 해서만 사유 가능하다는 것을 포착해야만 한다. 주사위 던지기의 사례는 바로 그 점을 보여준다. 사행적 후속은 매번의 던지기에도 불구하고 주사위가 자신의 구조를 보존한다는 조건, 던지기를 실현하는 법칙들이 매번의 던지기에도 변형되지 않는다는 조건에서만 구성될 수 있다. 주사위가 던져질 때마다 파열하여 구형이 되거나 납작해진다면, 면들이 수천 개의 면들로 증식된다면 등등, 그때 그 어떤 사행적인 후속도, 그 어떤 개연성의 계산법도 실행될 수 없을 것이다. 따라서 (확률적) 우연hasard은 실제로 물리적 항상성의 형식을 늘 전제한다. (확률적) 우연은 물리적 법칙들의 우연성contingence을 사유하도록 허락하는 것과는 거리가 멀다. 그것은 그 자체 물리학적인 어떤 법칙, 미결정론이라고 불리는 법칙일 뿐이다. 그렇기 때문에, 우리는 에피쿠로스에게서 클리나멘clinamen이, 즉 원자들의 작은 사행적 일탈이 물리적 법칙들의 불변성을 전제한다는 것을 잘 알고 있다. 원자들의 특수한 형태(매끄러운, 갈고리 모양의 원자들 등등), 그 종들의 개수, 요소적인 물리적 단위들의 깨질 수 없는 성질, 무의 실존 등등, 이 모든 것들은 결코 클리나멘 자체에 의해 변하지 않는다.

문제가 되는 것은 클리나멘이 실행되는 조건들 자체이기 때문이다.

그런데 필연론적 반박에 대한 우리의 대답은 모든 물리적 필연성이 제거된 세계를, 즉 법칙들의 안정성이라는 사실과 양립할 수 있는 모든 물리적 필연성이 제거된 세계를 구상하도록 허락해야 한다. 그러므로 우리는 무-모순의 순수하게 논리적인 필연성(이것이 본사실성의 원리로부터 우리가 도출해 냈던 것이며, 흄이 선험적 진리로서 동의한 바로 그것이다)을 어떤 경우에도 실재적인 필연성으로 이중화하지 않는 논증, 즉 동등하게 파악 가능한 선택지들 가운데 선호하는 어떤 원리를 세우는 식의 필연성으로 이중화하지 않는 논증을 전개해야 한다. 하지만 필연론적 반박에 대한 사행적 대답은 그와 같은 선호성의 원리를 도입한다. 왜냐하면 [그러할 때] 우리는 모순 없이도 (확률적인) 우연적 과정이 실행될 수 있게 하는 결정적 조건들의 변형을 언제든지 사유할 수 있기 때문이다(예를 들어, 주사위 형태의 변형, 주사위 면들의 수의 변형, 던짐의 법칙들의 변형 등등). 그러한 대답이 누구도 설득시킬 수 없을 것이라는 점을 덧붙이자. 왜냐하면 그것은 우리가 지금까지 이로운 추첨의 수혜를 입었다는 것, 그러므로 상황이 돌변해서 언제라도 다른 결과에 이를 수 있었을지도 모를 그런 행운의 수혜를 입었다는 것에 대해 반대자가 옳다고 인정하는 일일 것이기 때문이다.

따라서 우리는 불합리하다고 평가했던 세계, 언제든지 실재의 무질서한 움직임을 우리가 두려워하게 될 그런 세계와의 관계 속으로 빠져들어 갈 것이다.

그러므로 빈도적 함축에 대한 반박은 세계의 안정성이 (확률적) 우연의 법칙들에 일치한다는 것을 증명하는 것이어서는 안 된다. 오히려 그것은 자연적 법칙들의 우연성은 **사행적 추론**이 도달할 수 없는 것임을 보여주어야 한다. 에피쿠로스적 유형의 대답과는 반대로, 우리는 반대자의 추론을 실제적 경험과 일치시키려고 시도하기 위해서 그 추론에 합법성을 부여해서는 안 된다. 그렇다. 우리는 반대자가 (확률적) 우연과 개연성의 범주들을 그것의 합법적 적용의 영역 외부에서 불법적으로 이용한다는 것을 보여줌으로써 그러한 추론 자체를 실격시켜야 한다. 달리 말해서 우리는 그러한 범주들을 물리적 세계의 법칙 자체에 적용시킬 수 없다는 것을, 그리고 그런 조건에서 사용된 개연론적 추론은 전적으로 의미를 상실한다는 것을 보여주어야 한다. 그리하여 어떻게 우리는 법칙들의 안정성이 그 법칙들의 절대적 우연성contingence과 결합될 수 있는지, 어떻게 법칙들의 안정성이 모든 '건전한 개연성'에 분명하게 대립되는지를 보여줄 것이다. 끊임없는 무질서에 대한 불합리한 두려움을 실격시킴으로써 우리가 그렇게 할 수 있을 것이라고 보아도 좋을 것이다. 왜냐하면 그러한 두려움은 정확히 물리학적 법칙들의 사행적 개념화에 의지하기 때문이며, 이러한 개념화가 우리로 하여금 표상들의 현행적 안정성을 매우 놀라운 행운처럼 간주하게 만들기 때문이다. 달리 말해서 우리는 (확률적) 우연의 개념과 본질적으로 구분되는 **우연성**의 개념을 정교하게 만들어야 한다.

그런데 확실히 저 두 개념 간의 차이는 앞서 전개되었던 (확률적) 우연에 대한 지적에 주목함으로써만 확립될 수 있다. 즉 (확률적) 우연은 그 실행을 허락하는 선결적인 법칙들 전체를 전제하기 때문에, 법칙들의 우연성은 그러한 (확률적) 우연성과 혼동될 수 없다고 주장할 수 있다. 따라서 우리는 법칙들의 우연성을 (확률적) 우연의 범주들에 종속시킬 수 없다고 주장하게 될 것인바, 왜냐하면 전자의 우연성이 (확률적) 우연의 사건들이 일어나고 실존하도록 허락하는 바로 그 조건들에 영향을 미칠 수 있기 때문이다. 결국 우리는 법칙들이 사행적 던지기의 조건임을 보지 못하고 그것의 결과인 것처럼 추론하는 빈도적 함축을 실격시키게 될 것이다. 하지만 우리의 이러한 답변은 원리상 부정확하지는 않을지라도 실망스러울 수 있다. 사실상 그것은 우연성의 개념을 **심화시키지** 않으면서 우연성을 특정한 반박으로부터 보호하는 피난처를 제공하는 데 그칠 것이기 때문이다. 우리는 우연성이 무언지를 더 정확하게 진술하려고 시도하기 위해서 필연론적 반박을 이용하지 않으면서 우연성이 아닌 것(즉 확률적 우연)을 말하는 것으로 만족할 수도 있다.

그런데 본사실적 존재론은 '부정적 존재론ontologie négative'에 적합하지 않다. 우리는 우리가 이해하는 저 우연성이 이런저런 유형의 추론에 의해 도달될 수 있는 것이 아니라는 것을 주장하는 데 그치지 않을 것이며, 오히려 우연성의 개념을 점진적으로 규정하고 더 풍부하게 세공하려고 노력할 것이다. 따라서 본사실적 사변이 만나게 되는 모든 어려움은, 우리가 장애물을 넘어설 수 있게 허락하는, 카오스의 결정적인 어떤 조건에 대한 탐구로 전환되어야 한다. 그것은 이성 원리로부터 해방된 이성, 이러한 이성의 원리 그 자체다. 그것의 점진적 전개는 이성[이유]의 부재의 차별화되고 실정적인 속성들의 제시를 전제한다. 따라서 흄의 문제에 대한 현실적으로 만족스러운 사변적 해결책은 카오스의 분명한 안정성의 정확한 조건이 어떻게 성립되는지를 제시하는 데 놓여야 할 것이다. 이 조건은 실재적 필연성이 내어준 시간성의 본성 안으로 우리가 더욱 깊숙이 나아갈 수 있게 허락할 것이다. 그런데 앞으로 보게 되겠지만, 그런 조건은 실존하며, 그것은 수학적 본성으로부터 나온다. 실제로 문제가 되는 것은 초한수transfini다.

* * *

빈도적 함축에 반대하기 위해 우리는 우선 그것의 근본적인 존재론적 전제가 무언지를 확인해야 한다. 실제로 이 함축은 매우 정확한 경우에, 그리고 특별히 강한 존재론적 가설을 따름으로써만 유지된다. 왜냐하면 그것은 가능성의 존재와 **총체**의 존재를 결합시키기 때문이다. 개연론적 추론은 선험적인 가능적 존재가 수적 **총체**[총합]의 양태처럼 사유될 수 있다는 조건에서만 타당하다.

물론 빈도적 함축이 '기능하기' 위해서나 합법적으로 남아 있기 위해, 구상할 수 있는conceivable 가능성들의 기본수를 정확히 결정할 필요는 없다. 구상할 수 있는 가능성들의 수가 경험된 가능성들의 수를 초과한다고 추정될수록 개연론적 판단의 착오는 더욱 강력할 것이다. 그리고 이 모든 경우에 자명한 것은 경험된 가능성들의 수보다 구상할 수 있는 가능성들의 수가 훨씬 더 많다는 사실이다. 심지어 가능성들의 총체[총합]가 유한한지 무한한지를 아는 문제는 중요하지 않다. 무한은 개연성들을 적용하는 데 있어 장애물이 아니기 때문이다. 한 대상은, 경험 속에 직접 주어져 있다고 해도, 사실상 무한에 근거한 개연론적 계산의 기회를 내게 제공할 수 있다. 고찰하는 대상의 지속적인 특성과 연결된 그러한 무한성은 추구하는 사건에 대한 실정적인 가치 평가를 작동시킬 가능성을 없애지 않는다. 한 균질한 밧줄을 예로 들어보자. 이것의 길이는 결정되어 있고 양 끝에서 같은 힘으로 잡아당겨지고 있다. 내가 그 밧줄의 어느 한 점에서 끊어질 수 있는 실정적 개연성을 계산하는 것은 가능하다. '절단점들'이 '잴 수 있는 크기를 갖지 않기' 때문에 이론적으로 무한수로 있다고 할지라도 말이다. 따라서 밧줄이 어느 점에서도 끊어지지 않을 것이라는 역설('잴 수 있는 크기를 갖지 않는'다고 가정된 밧줄의 각 점이 절단점이 될 확률이 무한대 분의 일인 것처럼 보이기 때문이다)을 피하기 위해서는 그 밧줄에서 욕망하는 만큼 아주 작은 단편을 선택하기만 하면 된다. 그리하여 가능성들의 수가 자연수 전체인 경우에서처럼 개연성들은 효과적인 방식으로 새롭게 적용될 수 있다.[55]

그러므로 빈도적 함축이 기능하려면 모순이 부재하는 구상할 수 있는 가능성들의 총체[총합]가 실제로 있다고 가정할 수밖에 없으며, 그 총체[총합]의 수가 얼마든지 간에 물리적으로 가능한 사건들 전체보다 훨씬 더 크다고 인정할 수밖에 없다. 그러나 이는 추론이 합법적이기 위해서는 불가피한 하나의 조건이 충족되어야 한다는 것, 즉 구상할 수 있는 가능성들의 총체가 실제로 있어야만 한다는 것을 의미한다. 가능한 세계들 전체(조금 전 언급했던 주사위-우주)는 사실상 파악이 가능하거나,

• • • •

55. (가능한 경우들의 유한수 혹은 무한수에 적용된) 이산적이며 연속적인 개연성들에 대한 명료한 안내서로 J.-L, Boursin, *Comprendre les probabilités*, A. Colin, 1989를 볼 것.

그렇지 않으면 직관이 가능하다. 그리고 그 중심에서 우리는 우리의 우주의 내부적 대상들(주사위, 밧줄)로부터 우주 자체에 이르기까지 개연론적 추론을 확장할 수 있다. 왜냐하면 개연론적 추론이 사유될 수 있기 위한 조건이란 경우들의 총체[총합]가 사유될 수 있어야 한다는 것이기 때문이다. 그러한 경우들의 총체[총합] 가운데에서 유리한 경우들과 가능한 경우들의 수적 비율을 결정하는 빈도수 계산이 실행될 수 있다. 경우들의 총체[총합]라는 개념, 즉 그로부터 분석에 놓이게 될 사건들이 나오게 되는 **우주-전체**의 이념을 없애라. 그러면 사행적 추론은 의미를 잃어버린다.

따라서 사행적 추론, 다시 말해 빈도수 계산에 종속되는 한에서의 확률이라는 관념 자체는 수적 총체[총합]의 이념을 전제한다. 총체가 우리의 우주에 내부적일 때, 그것은 우리에게 직접적인 방식으로(주사위 면의 수, 밧줄의 단편들의 수), 혹은 간접적인 방식으로 ─ 주어진 현상의 빈도수 관찰이라는 우회로를 통해 ─ 경험에 주어진다. 그러나 우리의 우주 전체에 개연론적 추론을 적용시킬 때, 나는 구상할 수 있는 것도 마찬가지로 경우들의 총체[총합]를 구성한다고 간주하는 게 정당하다고 추정한다. 경험 안에서 그 어떤 것도 가정상 그러한 추정을 증명할 수 없다고 해도 말이다. 나는 구상할 수 있는 것에 대한 어떤 수학적 가설을 만든다. 나는 그 수가 엄청나게 많을지라도 구상할 수 있는 것들로 어떤 전체를 만든다. 나는 그것들을 가능한 세계들의 총체로 만드는데, 왜냐하면 나는 가능성을 하나의 **전체**처럼 사유하는 것이 합법적이라고 선험적으로 고려하기 때문이다.

그런데 이제부터 더 이상 선험적으로a priori 보장될 수 없는 것이 바로 그러한 구상할 수 있는 것들의 총체성이다. 우리는 실제로 칸토어의 혁명적인 집합이론 이래, 우리로 하여금 구상할 수 있는 것이 **필연적으로** 총체화될 수 있다는 것을 그처럼 확증할 수 있게 하는 그 어떤 것도 없다는 것을 알고 있다. 왜냐하면 칸토어 혁명의 근본적인 구성 요소는 수의 **탈총체화**에 놓여 있었기 때문이다. 탈총체화의 또 다른 명칭은 초한수다.

그런 점에서 알랭 바디우의 주저 ― 무엇보다도 『존재와 사건』[56] ― 는 우리에게 결정적이었다. 바디우의 중요한 테제들 가운데 한 테제는 실제로, ― 바디우 자신의 고유한 규정들을 통해 ― **존재하는 한에서의 존재**l'être-en-tant-qu'être의 **탈총체화**에 대한 수학적 사유 가능성을 드러내는 방식을 통해, 칸토어 정리의 존재론적 영향력을 주장한다. 바디우의 방식으로 탈총체화의 존재론적 중요성을 해석하지는 않는다고 할지라도 우리

· · · ·

56. Alain Badieu, *L'Être et l'Évènement*, Éd. du Seuil, Paris, 1988.

는 바디우의 독특한 계획 덕분에 필연론적 추론에 내재하는 존재론적 조건들로부터 빠져나올 수 있는 수단들을 발견했다. 왜냐하면 『존재와 사건』의 힘 있는 구절들 가운데 하나가 다름 아닌 수학 자체에 의한 계산 이성의 한계들의 해방으로 이루어지기 때문이다. 이는 철학적 사유라는 우월하다고 가정된 체제의 이름으로 행해진 계산 외적인 비판보다 더 강력한 제스처다. 그 결과, 그리고 자신의 사유의 다른 많은 측면에 의해서 알랭 바디우는 철학 그 자체를 개시하는 결정들을 심층적으로 재투자했는데, 왜냐하면 플라톤 이래 수학과의 고유한 동맹에 대한 재이해를 통과하지 않았던 핵심적인 철학적 사건들은 없었기 때문이다. 우리는 또한 바디우가 수학과 철학의 추론적 특성들 간의 특권적 연결의 의미가 새롭게 설명될 수 있도록 그 두 학문을 각각 소환했다고 생각한다.

우리는 우선 다음의 테제를 통과하는 제스처에 충실하려고 노력했다. 즉 우연성contingence과 (확률적) 우연hasard 간의 엄격한 구분으로 인도될 수 있는 수학적 경로가 실존하며, 그러한 경로가 초한수의 경로라는 것이다.

초한수의 문제와 관련해서 가장 간결하고, 가능한 한 가장 명료해지기 위해 우리는 다음과 같이 사정을 정식화할 수 있다.[57]

• • • •

57. 여기서 우리는 *L'Être et l'Évènement*의 성찰들과 관계한다: 1-5, 7, 12-14 성찰들과 특히 26성찰. 이 마지막 성찰은 무한 복수들의 증식을 다룬다.

칸토어의 작업에서 출발해서 20세기 초반 동안 점진적으로 세공된 집합이론의 '표준적' 공리 체계 — 혹은 $ZF^{Zermelo-Fraenkel}$ 라고 불리는 이론 — 는 그 가장 현저한 특징들 가운데 하나로서 무한량들의 통제될 수 없는 증식을 포함한다. 곧바로 '칸토어 정리'라고 불릴 수 있는 그것이 진술하는 바는 이렇다. 어떤 집합을 취하고, 그것의 원소를 세라. 그렇게 해서 얻게 된 수를 바로 그 원소들로 만들어질 수 있는 가능한 재묶음의 수와 비교하라(두 원소들, 세 원소들······에 의한 재묶음들, 그러나 또한 '하나의 원소에 의한' 재묶음들, 혹은 전체 집합과 동일한 '원소들 전체에 의한' 재묶음). 그때 당신은 항상 다음과 같은 결과를 얻게 될 것이다. 집합 a의 재묶음들(혹은 부분집합들)의 집합 b는 — 집합 a가 무한집합이라고 할지라도 — 늘 a보다 크다.[58] 그러므로 우리는 무한집합들, 그 각각이 자신의 부분들

• • • •

58. 수학을 공부하지 않은 독자에게 칸토어 정리의 더욱 정확한 내용을 제공할 수 있는 간단한 예를 가져와 보자. 집합론적 공리에서, b의 모든 원소가 동시에 a에 속한다면 b집합은 a집합의 한 부분집합으로 간주된다. 집합 a=(1, 2, 3), 즉 세 원소를 포함하는 하나의 집합이 있다고 하자. 이제 a의 전 부분을 포함하는 집합 b를 생각해 보자. 이것은 p(a)로 기록된다. b의 원소들은 무엇인가? b집합은 우선 세 개의 단수-집합, (1), (2), (3)을 포함한다. 집합 a의 이 부분집합들은 a의 원소들 — 1, 2, 3 — 과 동일하지 않지만 그 원소들을 포함하는, 혹은 그 원소들만을 포함하는 집합들 안에서의 원소들의 재묶음들과 같다. 이것은 집합 a의 최소치의 부분집합들이다 — 이 부분집합들은 집합 a의 원소들 가운데 단 하나만을 포함한다. 그다음에 용어상 보다 일반적인 부분집합들이 있게 되는데, 그것은 집합 a의 세 원소 가운데 두 개를 포함한다:

을 다시 묶은 집합보다 양적으로 우세한 그런 무한집합들의 한정되지 않는 수열^{suite}을 구축할 수 있다(알레프들의 연속, 혹은 초한 기수들의 연속이라고 부르는 그 연속성). 그러나 이러한 수열에 관해 말하자면 그것은 **총체화될 수 없다.** 다시 말해서, 최종적 '양'으로 모아질 수 없다. 우리는 실제로 그러한 양적 총체화가 실존한다면 그것은 부분적인 재묶음들의 경로를 따르면서 자기 자신의 초과를 허락해야만 하리라는 것을 파악한다. 모든 양들의 T(전체^{Tout}) 집합은 T의 부분집합들의 종합에서 출발하여 획득된 양을 '포함'할 수 없다. 그리하여 이 '모든

* * * *

(1, 2), (1, 3), (2, 3). 마지막으로 집합 a의 최대치의 부분집합이 있게 되는데, 그것은 집합 a 자체와 동일하다:(1, 2, 3). 부분집합에 대한 집합론적 정의에 따르면 실제로 집합 a는 늘 그 자체에 대한 부분집합이다. 왜냐하면 집합 a의 모든 원소가 바로 집합 a에 속하기 때문이다. 마지막으로 집합 a의 부분집합들의 목록에 공집합을 덧붙여야 할 것이다(표준적인 이론은 공집합의 실존을 설정하고 그것의 단일성(unicité)을 증명한다). 공집합은 모든 집합의 일부인데, 공(空)이 그 어떤 원소도 포함하지 않으면서도, 여하한 모든 집합에 속하지 않는 원소를 포함하고 있는 것은 아니라는 의미에서 그렇다(이 점과 관련해서 *L'Être et l'Évènement*, méditation sept, p. 100 sq.를 볼 것). 기본적인 셈은 이 경우에 p(a)가 집합 a 자체보다 더 많은 원소들을 포함한다는 것을 잘 보여준다(즉 세 원소가 아닌 여덟 개의 원소).

칸토어 정리의 힘은 여하한 집합의 원소의 수가―비록 그 원소들이 무한하다고 할지라도―그 원소들을 다시 묶은 그룹들의 수에 의해 '초과'된다는 것을 일반화했다는 사실로부터 나온다. 그로부터 양(量)들의 증식을 멈추는 것이 불가능하게 된다. 왜냐하면 실존한다고 가정된 모든 집합은, 그 부분들의 집합에 의해 실제로 양적인 한도 초과가 또한 존재한다는 것을 가정하기 때문이다.

양들의 양'은 사유에 의해 파악되기에는 '지나치게 큰' 것으로 취해진다. 단적으로 그것은 존재하지 않는 것으로 취해진다. 집합들의 표준적 공리 안에서 양화될 수 있는 것은, 보다 일반적으로 말해서 사유 가능한 것(일반적인 집합들, 구축의 대상일 수 있는 것, 다시 말해 일관성이라는 유일한 요청에 종속된 증명의 대상일 수 있는 것)은 **전체**를 구성하지 않는다. 왜냐하면 사유 가능한 것의 **전체**는 그 자체가 논리적으로 파악 불가능하기 때문이다. 그것은 모순을 제공한다. 이러한 점이 우리가 지금 칸토어의 초한수에게서 채택하게 될 번역이다: 사유 가능한 것의 전체(양화될 수 있는 것)는 사유 불가능하다.

따라서 흄의 문제에 대한 해결의 전략은 다음과 같이 진술될 수 있다.

우리는 비총체화적 공리가 유일한 가능성(즉 유일하게 사유 가능한 것)이라고 확언하지 않는다. 따라서 우리는 가능성이 언제나 총체화될 수 없다고는 주장하지 않는다. 집합들의 표준적 공리 안에서는 그럴지 모르지만 말이다. 왜냐하면 사유 가능한 것이 하나의 총체성이라는 것도 동등하게 사유 가능하다는 것을 우리는 선험적으로 부정할 수 없기 때문이다. 주어진 어떤 공리 안에서 비총체성이 사유 가능하다는 것은 사실상 누군가 또 다른 공리를 선택하는 것을 가로막지 않는다. 그런 식으로 빈도적 함축은 여전히 타당하다고 말할 수 있다. 예컨대 공리들은 여럿이다. 표준적 집합이론이 아무리 탁월하다고 할지라도 그것은 여러 공리들 가운데 하나일 뿐이다. 그러므로 어떤 하나의 공리, 즉 가능한 세계들이 궁극적인 규정된 하나의 총체를 구성할 것이라는 공리를 선택할 가능성을 선험적으로 금지한다는 것은 불가능하다. 하지만 적어도 우리는 다음의 사실을 인정해야만 한다. 여하간 우리는 가능성이 비총체적일 수 있음을 사유할 수단들을 우리에게 제공할 수 있는 어떤 공리를 마련한다. 그런데 그 공리의 진리를 가정할 수 있다는 단순한 사실은 필연론적 추론의 실격을 허락하며, 그것과 더불어 — 물리적 법칙들의 안정성이라는 사실에 알 수 없는 방식으로 덧대어진 — 물리적 법칙들의 필연성의 존재에 대한 계속된 믿음의 모든 근거를 실격시키는 것을 허락한다.

실제로 집합론적 공리는 적어도 가능성의 전체-존재l'être-Tout du possible와 관련해서 본질적인 불확실성을 우리에게 증명한다. 그런데 이 불확실성은 그 자체만으로 필연론적 추론의 근본적인 공준을 파괴함으로써 필연론적 추론에 대한 결정적 비판을 허락한다: 우리가 법칙들의 안정성에서 법칙들의 필연성으로 곧바로 이행할 수 있다면 이는 가능성이 선험적으로 총체화될 수 있다는 명제를 의심하지 않기 때문이다. 하지만 그러한 총체화가 잘해야 어떤 공리들의 결과일 뿐이지, 모든 공리의 결과가 아니기 때문에, 우리는 빈도적 함축이 전적으로 타당하다고 더 이상 주장할 수 없다. 주사위 면들을 총체화하듯이 가능성을 총체화하는 것이 합법적인지 아닌지에 대해 우리는 완전히 무지하다. 따라서 그러한 무지는 경험에 이미 주어진 총체 바깥으로의 사행적 추론의 확장의 비합법성을 증명하기에 충분하다. 사실상 선험적으로(논리-수학적 과정만을 적용하면서) 가능성의 총체의 존재나 비존재를 결정할 수 없다면 우리는 사행적 추론의 주장들을 경험 대상들에게로만 환원해야 하며, — 칸트가 암묵적으로 객관적 연역에서 했던 것처럼 — 마치 우리가 상위 질서적인 하나의 **전체**에 우주가 필연적으로 속해야 한다는 것을 이미 알고 있다는 듯이 사행적 추론을 우리의 **우주** 법칙들 그 자체에까지 확장해서는 안 된다. 두 테제(가능성이 수적으로 총체화될 수 있다는 테제 또는 가능성이 수적으로 총체화될 수 없다는 테제)는 선험적으로 사유 가능한 것들이기 때문에 오로지 경험만이 사행적 추론의 기능에 필수적인 총체성의 실효성을 보증하면서 그 추론의 타당성을 우리에게 확신시킬 수 있다. 예컨대 균질적이라고 전제된 대상(주사위, 밧줄)에 대한 직접적인 경험을 통해서나 통계 연구(목록으로 작성된 현상 유형에 있어 평균치의 설정과 그 고유한 빈도의 설정)를 통해서 말이다. 그러므로 우리가 배치하는 유일한 총체성들, 어떤 사행적 추론을 합법화하는 유일한 총체들은 다만 우리의 우주 바로 그 한가운데에서 — 즉 경험적 경로를 통해서 — 우리에게 주어져야 한다. 그리하여 법칙들의 필연성에 대한 칸트의 믿음은 경험 한계들 외부에 적용되는 사행적 이성의 과도한 주장으로서 거부되지 않으면 안 된다.

실제로 칸트가 — 제1비판서에서 여러 차례에 걸쳐 — 법칙들의 우연성이라는 가설로부터 출발해서 법칙들의 빈번한 변형의 필연성을 확립하도록 허락한 것은 우리의 경험 한계들 바깥에서의 개연성들의 비합법적인 적용이다. 그처럼 가능한 우연성에서 그것의 실행의 필연적 빈도수로 나아가는 추론이 다음의 구절에서 분명히 표현된다.

'경험 개념들에 따른 종합의 통일은(다시 말해 인과성의 관계의 현상들에 대한 적용은) 전적으로 우연적일 터인데, 만약 경험 개념들이 통일의 초월적 근거에 기초하지 않는다면, 현상들은 뒤죽박죽 우리의 마음을 채우고, 그로부터 아무런 경험도 형성되지 못할 수도 있을 것이다. 그러나 그렇게 되면 인식의 대상과의 관계 맺음도 모두 사라져 버릴 것이다. 왜냐하면 거기에는 보편적이고 필연적인 법칙들에 따른 연결이 없고, 그러니까 그것은 사고pensée 없는 직관이기는 하겠으나 결코 인식은 아니겠고, 그러므로 우리에 대해서는 전혀 아무것도 아닌 것이나 마찬가지일 터이기 때문이다.'[59]

• • • •

59. *Op. cit.*, p. 186; AK, IV, pp. 83-84(p. 329), 강조는 필자에 의한 것이며, 괄호 안의 문장은 필자가 덧붙인 것임.

이와 같이 칸트는 현상적 법칙들의 실효적 우연성이라는 가정에서 출발하여, 너무나 무질서해서 인식의 가능성 자체, 나아가 의식의 가능성 자체를 필연적으로 파괴할 수 있는 실재에 대한 변형들이라는 결론을 내린다. 하지만 칸트는 어떻게 우연적이라고 가정된 법칙들의 변형으로부터 실효적effective 빈도수를 규정하는 데 이를 수 있었을까? 어떻게 그는 그러한 빈도수가 과학의 가능성 자체, 의식의 가능성 자체를 파괴할 수도 있을 만큼 **놀라울 정도로 중요**해야 할 것이라는 것을 알 수 있는가? 무슨 권리로 그는 우연적 법칙들이 **아주 드물게** — 진실을 말하자면 아무도 단 한 번도 그런 유형의 변형을 확인할 기회를 가질 수 없었을 정도로 아주 드물게 — 변형되는 **가능성**을 선험적으로 배제하는가? 세계 안에 주어진 현상들이 아니라 전체로서의 우리의 세계에(그러므로 선험적으로 총체화된 가능성의 세계에, 그리고 칸토어 이후 그런 총체화가 더 이상 그 어떤 논리적이거나 수학적 필연성도 주장할 수 없는 그런 세계에) 적용되는 개연성들의 계산법이 칸트에게 제공되는 것은 오직 권리상으로일 뿐이다. 그것은 그 어떤 필연성에 의한 것이 아니며, 정확히 선험적인 것a priori이 아니다.[60]

• • • •

60. 합법적 한계들을 넘어서는 사행적 추론은 진사(辰砂)에 대한 유명한 서술에서도 분명히 표현된다. 거기서 칸트는 자연법칙들의 필연성의 부재라는 가설을 세운 다음에, 그러한 자연에서 결과적으로 도출될 수 있는 것을 추론한다.

* * *

흄의 문제와 마주 대하는 우리의 절차가 어떤 것이었으며, 우리는 어느 정도까지 그 문제에 대한 해결책을 제시했다고 말할 수 있을까? 우리는 문제의 재공식화로부터 출발했다. 동일한 인과적 계열의 결과로서 생길 수 있는 '다양한 백 가지 사건들'에 대한 흄의 상상적 가설은 공상이며, 거부되었어야 한다고 미리 상정하는 대신에 우리는 그러한 가설의 진리를 믿지 못하게

• • • •

"만약에 진사가 때로는(독일어로 bald이며 이것은 '곧바로, 순식간에 bientôt'를 의미한다) 붉고 때로는 검고, 때로는 가볍고 때로는 무겁다면, 인간이 때로는 이런 동물의 형상으로 때로는 저런 동물의 형상으로 변한다면, 낮이 긴 날에 대지가 때로는 과실들로 때로는 빙설들로 뒤덮인다면, 나의 경험적 상상력은 결코 붉은색의 표상에서 무거운 진사를 생각해 낼 기회를 가질 수가 없을 것이다. [⋯]", *Critique de la raison pure, op. cit.*; AK, IV, p. 78(p. 322).

여기서 법칙들의 우연성의 결과처럼 제기된 것, 진사에 대한 논의의 목적이 드러내는 것은 다름 아닌 빈도적 변형이다(카오스적인 수많은 사건의 산출에 충분한 '낮이 긴 날'). 실제로 칸트에게 있어 이 진술의 관건은 흄이 했던 것처럼 자연법칙들에 대한 우리의 주관적 습관만으로는 그 법칙들의 객관적 필연성을 설명하는 것이 불합리하다는 것을 증명하는 데 있다. 칸트에 따르면, 그러한 객관적 필연성이 우리가 가질 수 있는 익숙함에 앞서 있지 않다면, 우리는 경험적 소여의 **충분히 지속적인** 규칙성들의 결여로 인해 그것이 무엇이든 간에 여하한 사건에 익숙해질 수 있는 기회를 결코 가질 수 없었을 것이기 때문이다.

하는 것이 무언지에 대해 탐구했다. 왜냐하면 이성은, 그와 반대로, 그리고 고집스럽게 그러한 가설의 진리를 믿으라고 권유하는 것처럼 보이기 때문이다. 우리는 그러한 전제의 기원에 법칙들 자체에 적용된 개연론적 추론이 존재하고 있다는 것을 간파했다. 개연론적 추론은 그 조건 자체 — 구상 가능한 가능성이 하나의 **전체**를 구성한다 — 가 단지 하나의 가설일 뿐이지 확실성이 아니게 되자마자 그 무엇에 의해서도 정당화될 수 없게 된다.

결과적으로 우리는 가능성이 총체 불가능한 것이라는 주장을 실정적으로 확립하지 않았지만, 두 개의 선택지(가능성은 **전체**를 구성한다/가능성은 **전체**를 구성하지 않는다) 사이의 어떤 양자택일적 성격을 도출해 냈다. 그 가운데 우리는 두 번째 선택지를 취할 전적인 이유를 가지는바, 왜냐하면 두 번째 선택지는 첫 번째 선택지에 내재하는 수수께끼들로 우리를 혼란스럽게 하지 않으면서 이성이 우리에게 지시하는 것(물리적 법칙들은 전혀 필연적이지 않다)을 따르게 하기 때문이다. 가능성을 총체화하는 자는 빈도적 함축을 합법화하며, 따라서 누구도 그 이유를 이해할 수 없을 어떤 실재적 필연성에 대한 믿음의 기원을 합법화한다. 그는 물리적 법칙들이 필연적이라고 주장할 것이다. 그리고 어째서 다른 법칙들이 아닌 바로 그 법칙이 필연적인 방식으로 실존하는지를 아무도 알 수 없다고 주장할 것이다. 그와 반대로 가능성을 탈총체화하는 자는 수수께끼 같은 물리적 필연성이라는 안감을 덧대지 않고도 법칙들의 안정성을 생각할 수 있다. 그러므로 우리는 실재적 필연성에 오컴의 면도날을 가할 수 있다: 실재적 필연성이 세계를 설명하기에는 무용한 '실체'이기 때문에 그러한 필연성을 필요로 하지 않을 수 있다. 신비의 폐지라는 손실 외에 다른 손실을 입지 않으면서 말이다. 따라서 흄의 문제의 해결은 본사실성의 원리에 대한 전적인 주장에 있어서의 중요한 장애물이 제거될 수 있게 한다. 왜냐하면 그 해결은— 법칙들의 우연성으로부터 표상들의 실제적이고 불확실한 무질서라는 결론을 내놓는 — 선험적 transcendantale 반박을 궤변론자들의 목록처럼 제외시키기 때문이다.

* * *

우리는 '(확률적) 우연 hasard'(아랍어: az-zahr)과 '사행적 aléatoire'(라틴어: alea)이라는 용어들이 모두 근접한 어원들과 관계한다는 것을 알고 있다: '주사위', '주사위 던지기', '주사위 놀이'. 그러므로 이 개념들은 놀이와 계산이라는 주제들을 대립된 것들이 아닌, 분리 불가능하게 엮인 것으로 환기시킨다: 모든 주사위 놀이에 내재하는 (확률적) 우연들의 계산. 따라서 존재와 (확률적) 우연의 일치가 사유를 지배할 때마다 **주사위-전체**라는 주제(가능성들의 수의 한결같은 봉입), 놀이의 무상성이라는 주제(삶과, 삶에 상위적인 표피성 안에서 인식된 세계의 놀이)가 모습을 드러내지만, 또한 빈도수의 냉혹한 계산이라는 주제(생명 보험과 위험 평가의 세계)가 모습을 드러낸다. 가능성들의 봉입의 존재론은 계산의 기술만을 진지하게 고려한다는 사실 때문에 우리를 중력을 혐오하는 세계 안에 필연적으로 위치시킨다.

그와 반대로, 우연성contingence이라는 용어는 라틴어contingere (프랑스어의 arriver)와 관련되는데, 그것은 일어나는 것, 그렇지만 충분히 일어날 수 있기 때문에 우리에게 일어나는 것을 의미한다. 우연적임, 그것은 요컨대 어떤 것이 마침내 일어날 때다. 이미 등록된 모든 가능성으로부터 벗어나면서, 비개연적인 것까지도 포함한 모든 게 예측 가능한 그런 놀이의 허영심에 종지부를 찍는 다른 무언가가 일어날 때. 무엇이 우리에게 일어날 때, 새로운 것이 우리를 무조건적으로 몰아세울 때 계산도 놀이도 끝나게 된다. 마침내 진지한 것들이 시작된다. 그러나 문제의 근본적인 지점은— 이것은 『존재와 사건』의 지도적 직관을 구성하고 있다— 계산 불가능하고 예측 불가능한 사건에 대한 가장 유력한 사유가 예술적, 시학적, 혹은 종교적 사유가 아니라 여전히 수학적 사유라는 것이다. 결국 우리는 수학이라는 바로 그 간접적 수단을 통해서, 수학이 지니는 새로운 능력을 이용하여 양票들을 우회시키고 놀이의 끝을 알리는 무언가를 사유하기에 이를 수 있다.

* * *

그리하여 우리는 지금까지 전개된 것에 의거해서 본사실적 과정의 일반적 의미를 파악할 수 있게 되었다. 실로 우리의 계획은 이렇게 공식화될 수 있다. 우리는 형이상학적 문제들의 동시대적 용해dissolution를 형이상학적 문제들에 대한 비형이상학적 침전précipitation으로 대체할 생각이다.[61]

흄의 문제 앞에 선, 혹은 어째서 무가 아니라 어떤 것이 존재하는지를 알려는 질문 앞에 선 현대 철학자들 대부분은(비록 그 수가 점점 줄어든다고 할지라도) 무엇을 할 것인가? 일반적으로 그들은 어깨를 들어 올리는 가장 효과적인 방식을[무관심을 표현하는 태도를] 찾으려 할 것이다. 그들은 당신의 질문과 같은 건 지금에 와서 아무도 던지지 않는 질문이기 때문에

• • • •

61. [역] 여기서 용해(dissolution)와 침전(précipitation)은 의미상 대조를 표현하기 위해 사용되었다. 동시대 철학이 형이상학의 문제를 용액 속에 녹이듯 사라지게 만들었다면, 메이야수 자신은 '신앙의' 형이상학이 아닌 방식으로, 즉 사변적 이성에 의해서, 여전히 해명되지 않은 '침전물' 같은 신비의 정체를 밝힌다는 것이다.

이제는 아무런 신비도 가질 수 없다고 말할 것이다. 그리하여 그들은 친절하게도 지칠 줄 모른 채 뒤샹-비트겐슈타인 식의 제스처를 반복하면서, 문제가 존재하지 않기 때문에 신비도 존재하지 않는다는 것을 당신에게 이해시키려고 노력할 것이다. 철학자들은 그러한 헛된 질문의 (언어적, 역사적) 원천 등등을 밝히면서, 당신의 '소박한' — 형이상학적이고 독단주의적인 — 문제를 용해시킨다고 주장할 것이다. 엄밀하게 말해서, 그들이 흥미를 갖는 건 그러한 '거짓 문제들'을 스스로에게 던지는 게 어떻게 가능한지를(그리고 그것이 아직도 어떻게 가능할 수 있을지를— 당신이 바로 그 증거이기에) 아는 것이다.

형이상학의 종언은 주로 이런 유형의 용해 과정과 여전히 동일시된다. 이제는 형이상학적 질문들을 제기하는 게 중요하지 않은데, 왜냐하면 그 질문들은 질문의 외양만을 가진, 혹은 회복 불가능할 정도로 시효를 상실한 질문들이기 때문이다. 그러나 그것들은 궁극적으로 형이상학에 대한 질문들이거나 그것과 관련된 질문들이다. 그런데 이제 우리는 형이상학적 질문들의 불용성[해결 불가능성]에 대한 현대적 믿음이 이성 원리에 대한 항구적 믿음의 결과일 뿐이라는 것을 포착한다. 왜냐하면 사변은 결국 그와 같은 존재의 궁극적 이유를 발견하는 것이라고 계속해서 믿는 자만이 또한 형이상학적 질문들이 그 어떤 해결의 희망도 제공하지 않는다는 것을 믿기 때문이다.

형이상학적 문제에 대한 대답의 본질이 하나의 원인, 하나의 필연적 이유를 발견하는 데 있다고 믿는 자만이 그러한 문제들이 해답을 결코 얻지 못할 것이라고 판단할 수 있으며, 이는 정당하다. 사유의 한계들에 대한 담화, 이제 우리는 그것이 형이상학에 대한 부인을 유지하는 태도에서 유래한다는 것을 안다. 따라서 형이상학의 진정한 종언은 용해로부터 과거의 질문들의 침전을 끌어내는 것을 목표로 하는 기획처럼 우리에게 드러난다 — 결국 형이상학적 질문들은 최고의 합법성을 되돌려 받게 된다. 왜냐하면 형이상학의 질문들을 해소하면 할수록, 우리는 형이상학의 본질을, 형이상학이 자신의 근본적인 공준을 포기하지 않고서는 해결할 수 없는 문제들의 산출처럼 이해할 수 있을 것이기 때문이다. 즉 오로지 이성 원리의 포기만이 형이상학적 문제들에 의미를 부여할 수 있다.

그러므로 본사실적인 것은, 자체적으로 폐기되어 버리는 절차처럼 용해하는 절차를 포기하는 것으로 이루어진다. 용해의 공준 — 형이상학적 문제들은 문제들이 아니며, 거짓 문제들, 유사 질문들이고, 그래서 그러한 질문들이 어떤 해답을 받아들일 수 있으리라고 전제하는 것은 아무런 의미가 없다는 공준 — 은 우리가 이성 원리를 포기할 줄 알게 됨에 따라 저절로 무너진다. 형이상학적 문제들은 반대로 늘 진정한 문제들이었음이 드러나는데, 왜냐하면 형이상학적 문제들은 해답을 받아들이기 때문이다. 그러나 이는 정확하고 지극히 제한적인 조건 아래에 서만 그렇다. 어째서 그것이 다르게가 아니라 그처럼 존재하는 지를 묻는 형이상학적 질문들에 대해, '이유 없이pour rien'라는 대답이 진짜 대답이라는 것을 파악하는 것. '우리는 어디서 왔는가? 어째서 우리는 실존하는가?'라는 질문들에 대해 더 이상 웃지도 미소 짓지도 말자. 그렇지만 '무로부터de rien, 이유 없이pour rien'라는 대답들이 실제적 대답들이라는 주목할 만한 사실을 곰곰이 생각해 보자. 그리고 그러한 사실로부터 그 질문 들이 실제적 질문들이었다는 것, 더 나아가 탁월한 질문들이었 다는 것을 발견하자.

신비는 더 이상 존재하지 않는다. 이는 문제들이 존재하지 않기 때문이 아니라 이유[이성]가 존재하지 않기 때문이다.

* * *

그렇지만 흄의 문제에 대한 진전된 해결책으로 되돌아올 필요가 있는데, 왜냐하면 그 해결책은 우리를 실재적으로 만족 시킬 수 없기 때문이다. 그 해결책은 이미 보았듯이 원리상 비-칸트적인데, 왜냐하면 그것의 계획은 자연의 법칙들의 실효 적 우연성의 사유 가능성을 확립하는 것이기 때문이다. 하지만 우리는 반선험적인 것을 목표로 내세우는 그러한 해결책이 그 자체 완전하게 사변적이라고 말할 수 없다. 왜냐하면 만일 진전된 테제가 실로 존재론적이었다고 할지라도, 만일 그 테제가 단순히 현상에 대해서만이 아니라 즉자적 존재에 대해 결정을 내린다고 주장했다고 할지라도, 그리고 가능성의 탈총체화를 주장하면서 그렇게 했다고 할지라도, 그럼에도 불구하고 그 테제는 오직 존재론적 가설의 자격에서만 진전했을 뿐이기 때문이다. 사실상 우리는 그런 비총체화의 실효성을 확립하지 않았다. 우리는 다만 그것을 추정했으며 그러한 추정이 가능하다는 사실로부터 귀결들을 끌어냈다. 달리 말해서, 흄의 문제에 제출된 해결책은 본사실적 사변의 이념을 즉시 포기하게 만들지는 않았다고 해도, 그 자체가 사변적 추론에 의해 진리의 자격으로 산출되었던 것은 아니다. 왜냐하면 흄의 문제에 대한 고유하게 본사실적인 해결책은 본사실성의 원리 그 자체로부터 가능성의 비총체화를 도출할 것을 요청할 것이기 때문이다. 그러한 해결책을 정교하게 만들기 위해서 실제로 우리는 일관성 혹은 '~있음$^{il\ y\ a}$'의 도출을 소묘했던 식으로 형상^{Figure}의 자격으로서의 비-전체를 도출해 내야 할 것이다. 이는 결국 우리가 일관성을 절대화했던 것처럼 초한수^{transfini}를 절대화하는 것이 될 것이다. 달리 말해서 초한수를 우연적 존재의 어떤 명시적 조건처럼 사유하는 것이다. 그것을 오로지 수학적으로 공식화된, 그리고 사변적인 것에 의해 지지된 가설로 삼는 대신에 말이다. 그러나 우리는 이 해결책이 우리가 논리적 필연성을 위해 시도했던 것을 수학적 필연성을 위해 반복해야 한다는 것을 전제할 수도 있다는 것을 안다. 칸트적 유형의 즉자가 아니라 '데카르트적' 유형의 즉자를 되찾아야만 할 것이다. 달리 말해서, 사유의 실존과 무관하다고 가정된 현실에 대한— 더 이상 단지 논리적이지 않은— 수학적 복원의 절대론적 중요성을 합법화해야 한다. 중요한 것은 유일한 즉자인 카오스가 생산해 낼 수 있는 가능성들이 유한수이든 무한수이든 실제적으로 그 어떤 수에 의해서도 측정되도록 자신을 내버려 둘 수 없다는 사실, 카오스적 잠재태의 그런 초-광대성sur-immensité이 가시적 세계에 완벽한 안정성을 허락한다는 사실을 확립하는 것이다.

그러나 우리는 이러한 도출이 일관성의 도출보다 훨씬 더 복잡하고, 게다가 더 모험적일 수 있다고 확신한다. 그때 그것은 로고스의 일반적 규칙이 아니라 우연성의 절대적 조건처럼 특수한 수학적 정리를 확립하는 데 있을 터이다. 따라서 흄의 문제에 대한 가설적 해결책에 만족하는 게 더 현명해 보일 수도 있다. 왜냐하면 그 해결책은 이성 원리의 모든 양태들을 한꺼번에 포기하지 않기 위해서 물리적 안정성을 주장하는 자들의 반박을, 즉 '합리적' 동기만을 제외시키기만 하면 되는 듯하기 때문이다. 그러나 또 다른 문제가 그러한 조심성을 우리에게 금지시킨다. 그것은 바로 선조성의 문제다. 이미 보았듯이 사실상 선조성의 문제의 해결을 위해서는 확고하게 확립된 수학적 담화의 절대성이 요청된다. 따라서 우리는 여전히 혼동된 방식이라고 할지라도 이 두 문제들— 원화석의 문제와 흄의 문제— 이 이제 수학의 절대론적 중요성과 관련되어 나타난다는 사실을 파악한다. 비형이상학적 사변의 과제를 어떻게 구성해야 할 것인지를 공식화하기 위해서 그 문제들 모두를 분명하게 분절하는 일이 우리에게 남아 있다.

5. 프톨레마이오스의 복수

　우리가 첫 번째 장에서 끌어냈던 선조성의 문제, 혹은 원화석의 문제는 다음에 제시될 일반적인 질문들과 관련된다: 세계와의 모든 인간적 관계 형식에 선행하는 것으로서 제시된 세계의 소여와 관계하는 과학적 진술의 의미를 어떻게 파악할 것인가? 혹은 생명적이고/이거나 사유적인 세계와의 관계를, 이 관계를 여타 사건들 가운데 하나에 불과한 사건으로 만드는 시간성 안에 기입된 사실 —— 그런 관계가 기원이 아니라 지표에 불과한 그런 연속 안에 처해진 사실 —— 로 만드는 담화의 의미를 어떻게 사유해야 할까? 어떻게 과학은 그러한 진술들을 그저 단순하게 사유할 수 있을까, 그리고 어떤 의미에서 그러한 진술들에 궁극적인 진리를 부여해야 할 것인가?

　이제 우리는 더 정확하게 이 질문을 공식화해야 한다. 사실상 질문을 더욱 면밀히 검토할 때, 원화석의 문제는 선조적 진술들에 국한되지 않는다. 왜냐하면 원화석의 문제는 그 의미가 사유와 존재의 시간적 간극décalage temporel을 포함하는 모든 담화와 관련되기 때문이다. 즉 그 진술들은 인간의 출현에 선행하는 사건들과 관계할 뿐만 아니라 인간 종의 소멸에 후행적인 가능한 사건들과도 관련된다. 실제로 우리의 문제는, 예컨대 지구의 온갖 생명 형태들을 말살하는 유성의 추락에 의한 기후학적, 지질학적 결과들과 관련된 가설의 의미의 조건들을 결정해야 할 때도 마찬가지로 제기될 것이다. 우리는 세계에 대한-지구적인-모든 관계tout rapport-terrestre-au-monde에 선행하거나 후행적인 사건들과 연관된 그런 진술들을 일반적으로 특징짓기 위해서 통-시성dia-chronicité이라는 용어를 사용할 것이다. 그리하여 그 용어는 상기한 유형의 담화들의 의미 작용 자체 안에 개입된, 세계와 세계에-대한-관계 간의 시간적 간극을 겨냥하게 될 것이다.

그런데 그러한 탐문은 실제로 일정 유형의 과학적 진술들과만 — 혹은 예컨대 연대 추적의 과학에 한정되어질 일정 유형의 연구들과만 — 관계하지 않는다. 왜냐하면 통-시성 안에 걸려 있는 것은 실험과학 일반의 본성이기 때문이다. 사실상 통-시성의 문제는 과학이 실효적으로 존재와 지구적 사유 사이의 시간적 간극을 확립했다는 사실과 관계하는 것이 아니라, 근대 과학이 그 기원에서부터 그와 같은 가능성에 의미를 부여했다는 사실에 의해 성립된다. 우리에게 중요한 것은 사실의 문제 — 통-시적 진술들이 검증되거나 반박된다는 사실 — 가 아니라 원리의 문제이다. 다시 말해 우리에게 중요한 것은 그러한 진술들에 대한 검증 혹은 반박에 의미를 주는 담화의 위상이다. 실제로 과학은 인간과 세계의 공시성synchronicité을 발견할 수 있었을 테지만(수학화된 물리학이 그러한 가설, 즉 인간이 우주만큼 오래되었다는 가설과 양립 가능하다는 것을 선험적으로 금지하는 것은 아무것도 없다), 이러한 점이 우리가 그럼에도 불구하고 통-시성의 문제를 던지는 것을 막지는 못했을 것이다. 왜냐하면 과학이 그러한 공시성을 발견했다고 할지라도, 과학은 정확히 그것을 발견했어야 했을 것이라는 데 본질적인 점이 놓여 있기 때문이다. 이는 수학화된 과학으로서 근대 과학이 사유와 존재의 가능한 시간적 간극에 대한 질문을 시작하는 것을 — 그것을 합당한 가설로 삼고 그것에 의미를 제공하고 그것을 다루기에 적합하게 만들었다는 것을 — 허락했음을 의미한다. 반박하기 위해서든 확증하기 위해서든 말이다. 그런데 실제로 우리에게 중요한 것은 과학적 담화의 그런 능력 — 통-시성의 가능성에 의미를 주는 것 — 이지, 그러한 가능성이 확립되는지 거부되는지의 여부가 아니다. 선조성은 우리로 하여금 근대 철학이 동시대 과학의 어떤 유형의 담론을 사유할 때의 어려움을 두드러질 수 있게 허락했다. 그러나 우리가 겨냥하는 것은 우리에게 속성으로, 갈릴레이주의의 본질적 특성으로, 다시 말해 자연에 수학화의 본질적 특성으로 나타나는 것과 관련된다.

그러한 속성의 본성을 잘 파악하기 위해서 어째서 갈릴레이주의가 그때까지 선례가 없었던 영역에 통-시적 담화를 부여했는지를 이해해야 한다. 사람들은 인간의 실존에 앞설 수 있었던 것(키클롭스, 티탄, 혹은 신들)을 이야기하려고 실험과학의 출현을 기다린 것은 아니었다. 그러나 근대 과학이 그 기원에서부터 제시했던 근본적 요소를 이루고 있었던 것은 그러한 진술들이 이제 인식 과정에 통합될 수 있다는 사실이었다. 그것들은 신화, 신통계보학, 혹은 환상 작품들에 속하기를 그치고, 현행적 실험들에 의해 확증되거나 거부될 수 있는 가설들이 된다. 이 '가설'이라는 용어를 통해, 우리는 그러한 진술들에 특정적인 검증 불가능성의 유형을 참조하는 것이라고 이해하지 않는다. 통-시적 진술들이 참조하는 사건들이 정확히 인간 경험의 실존에 선행하거나 후행하는 것으로서 놓이기 때문에 어떤 '직접적' 검증도 정의상 통-시적 진술들에 대해서 가능하지 않을 것이라는 생각에 우리는 명백히 동의하지 않는다. 지극히 적은 진리들이 직접적 경험에 의해 도달될 수 있는 것으로 우리에게 주어지는 한에서, 그리고 일반적으로 과학이 단순한 관찰들에 근거를 두는 게 아니라 점점 더 정교해진 측정 도구들이 이미 다루고

수치화했던 소여들에 근거를 두는 한에서, 그러한 '직접적 검증'의 부재는 사실상, 과학적 진술들 전부는 아니라고 해도, 상당히 많은 다른 과학적 진술들에서 타당하다. 따라서 그런 진술들을 가설이라는 용어로 규정하면서, 우리는 그것들의 인지적 타당성을 약화시키려고 애쓰기보다는 역으로 그것들에게 인식의 온전한 타당성을 부여하려고 한다. 사실상 실험과학들은 합리적 **토론**이라는 이념에 처음으로 의미를 부여한 담화이며, 합리적 토론은 우리의 출현 이전에 존재할 수 있었거나 없었던 것, 그리고 궁극적으로 우리의 출현에 뒤따라 나올 수 있는 것을 다룬다. 이론들은 늘 완벽해질 수 있으며 개선될 수 있다. 그러나 통-시적 이론들이 있을 수 있다는 것은 근대의 지식이 가능하게 만든 주목할 만한 특징이다. 바로 이때부터 우리가 존재하지 않았을지라도 존재할 수 있었던 것, 우리가 더 이상 존재하지 않을 것임에도 불구하고 존재할 수 있을 것에 대립하는 것이 의미를 가진다. 그리고 우리가 없는 세계의 본성과 관련된 다른 어떤 가설보다 그러한 가설[통-시적 가설]을 합리적으로 선호할 수 있는 수단이 존재한다.

그러나 과학이 그처럼 통-시적 인식을 가능하게 한다면, 이는 과학이 통-시적 관점의 진술들— 적어도 비유기적인 것과 관계하는 과학적 진술들— **전체**를 고려하는 것을 허락하기 때문이다. 어떤 물리적 법칙의 참이나 거짓은 사실상 우리의 고유한 실존의 관점에 입각해서 확립되는 것이 아니다. 우리가 실존하는지 아닌지는 그것의 진리에 영향을 끼치지 않는다. 물론 양자물리학의 몇몇 법칙들에서 일어나는 것처럼 관찰자의 현전이 법칙의 실현에 있어 궁극적으로 작용할 수 있다. 그러나 관찰자가 법칙에 영향을 끼칠 수 있다는 점 자체가, 관찰자의 실존에 대한 의존이 전제되지 않는 법칙의 한 속성이다. 다시 한번 말하거니와 근본적인 지점은 — 실로 모든 담화가 그렇기 때문에 — 과학이 저절로 실재적이라는 데 있는 게 아니라, 과학이 우리는 존재하지 않는 반면에 존재할 수도 있는 것에 대한 인식의 과정을 전개한다는 사실, 그리고 그러한 인식의 과정이 과학의 본래성을 구성하는 무엇(자연의 수학화)과 연결된다는 사실이다.

이 점에 관해 더욱 정확해질 필요가 있다. 수학을 세계와 결합하는 고리에 대한 이해에서 갈릴레이가 가져온 근본적인 변형은 무엇인가? 현상들에 대한 기하학적 기술은 전혀 새로운 게 아니었다. 고대 그리스의 천문학은 이미 기하학적 용어들로 천체의 궤도들을 기술했다. 그러나 그러한 기술은 현상의 '직접적으로 기하학적인' 부분과 관련되었다. 사람들은 궤도의 변함 없는 형태나 궤도면의 규정된 면적을 — 즉 부동의 연장들étendues immobiles을 — 수학에 종속시켰다. 갈릴레이는 운동 그 자체를 수학의 용어들로 사유하며, 특히 외관상 가장 변하기 쉬운 운동(지구적 물체들의 낙하 운동)을 수학의 용어들로 사유한다. 그는 위치와 속도의 변동 너머에서 운동의 수학적 상수를— 다시 말해 가속도를— 도출한다. 그리하여 세계는 철저하게 수학화될 수 있게 된다. 수학화될 수 있는 것은 본질적으로 수학화될 수 없는 것 속으로 파묻힌 세계의 일부(표면, 궤도, 유동체의 단순한 표면과 궤도에 불과한 그런 표면, 궤도)만을 가리키기를 그치고, 이제 자율적일 수 있는 세계(물체들의 운동과 마찬가지로 물체들이 자신의 감각적 성질들— 맛, 향기, 열기 등— 과 무관하게 기술될 수 있는 세계)를 가리키게 된다. 데카르트적 연장의 세계— 실체의 독립성을 획득한 바로 그 세계, 우리가 세계와 맺는 구체적이고 생명적인 관계에 상응하는 모든 것과는 무관한 것으로서 사유될 수 있는 바로 그 세계 —, 얼어붙은glaciaire 세계가 근대인들에게 모습을 드러내는바 거기에는 높은 것도, 낮은 것도 없으며, 중심도, 주변부도 없다. 거기에는 세계를 인간에 바쳐진 것으로 만드는 그 어떤 것도 없다. 세계는 처음으로 우리에 대해 자신의 구체성을 형성하는 어떤 것 없이 존속할 수 있는 것처럼 주어졌다.

인간과 분리될 수 있는 세계를 펼치는 수학화된 과학의 이러한 능력— 데카르트에 의해 그 모든 역량 안에서 이론화된 능력— 은 갈릴레이적 혁명과 코페르니쿠스적 혁명의 본질적인 연합을 허락했던 바로 그것이다. 코페르니쿠스적 혁명이라는 용어를 통해 우리는 사실상 태양계의 중심에서 지구적 관찰자의 탈중심화라는 천문학적 발견을 이해한다기보다는 자연의 수학화를 책임졌던 훨씬 더 근본적인 탈중심화를 이해한다: 즉 인식의 과정 한가운데서, 세계와 관계하는 사유의 탈중심화. 사실상 갈릴레오-코페르니쿠스적 혁명은 천문학적 탈중심화와 자연의 수학화라는 두 사건이 당대인들에게는 심오하게 통일된 사건들처럼 파악되었다는 사실에 놓여 있었다. 그리고 이러한 통일은, 파스칼이 자유사상가라는 이름 아래 무한한 공간들의 영원하고 무시무시한 침묵처럼 진단했던 무엇을 수학화된 세계가 자기 안에 담지하고 있다는 점으로 이루어졌다. 즉 그것은 우리의 실존이나 비실존이 전혀 영향을 끼치지 않는 지속적이고 영속적인 어떤 역량의 발견이었다. 세계의 수학화는 그 자체가 처음부터, 인간의 실존과 가장 무관해진 세계, 따라서 세계에 대해 인간이 가질 수 있었던 인식 자체와 가장 무관해진 세계의 인식을 도출할 가능성을 담지하고 있었다. 그런 식으로 과학은 그 자체 안에 우리의 모든 경험 소여들의 통-시적 대상으로의 가능한 변환을 담지하고 있었다: 즉 존재하는 그것으로 있는 한에서, 소여된 것인지 아닌지의 여부와 무관한 것처럼 우리에게 주어지는 세계의 구성 요소로의 변환. 따라서 갈릴레오-코페르니쿠스적 혁명은 사유되었던 적이 있었든 없었든 상관없이 존재할 수 있는 것을 사유할 수 있는 사유의

능력을 역설적으로 드러내는 것 이외의 다른 의미를 갖지 않는
다. 인간이 자기 자신과 우주에 대해 가질 수 있었던 표상들
안에 근대 과학이 주입한 황폐와 방기는 다음의 것보다 더
근본적인 원인을 갖지 않는다. 즉 세계에 대한 사유의 우연성에
대한 사유, 사유를 필요로 하지 않는 세계 — 사유되었다는
사실이나 사유되지 않았다는 사실에 의해 근본적으로 영향
받지 않는 세계 — 를 사유할 수 있는 가능성.[62]

• • • •

62. 프톨레마이오스적 우주론의 끝은 흔히 사람들이 말하는 것처럼, 인간이
스스로 세계의 중심에 있다는 믿음을 멈출 것이기에 모욕감을 느끼게 되리라
는 것을 의미하지 않는다. 왜냐하면 그때 그런 지구라는 중심 자리는 우주의
수치스럽고 영광스럽지 못한 자리처럼, 우주 공간에서 일종의 지구적 쓰레기
처리장처럼 간주되었기 때문이다. 이 점과 관련해서 Rémi Brague, *La Sagesse
du monde. Histoire de l'expérience humaine de l'univers*, Fayard, 1999, p. 219를
볼 것.

　자연의 수학화가 점진적으로 초래한 혼동은 실로 특권화된 모든 관점의
상실, 장소들의 모든 존재론적 위계의 상실에 기인한다. 이제 인간은 자신을
자신의 환경에 거주하게끔 허락했던 의미를 더 이상 세계에 투여할 수 없다.
세계는 인간을 필요로 하지 않으며, 인간은 사르트르가 말하듯이 '잉여적(de
trop)'이 되었다.

　또한 우리는 갈릴레이주의를 — 여전히 플라톤주의에 의해 침투되어 있는
갈릴레이의 사유, 즉 그 자체만을 보았을 때 고대인들이 가졌던 우주의
개념과 단절하지 않은, 엄밀한 의미에서의 갈릴레이의 사유가 아니라 —
갈릴레이에 의해 시작된 자연의 수학화의 일반적 운동으로 이해한다는 사실
을 덧붙여야 한다. 이 점(근대에서의 자연의 수학화와 갈릴레이적 사유)과
관련해서, 알렉상드르 코이레는 꼭 필요한 인물로 남아 있다: *Études d'histoire
de la pensée scientifique*, Gallimard, 1973과 *Du monde clos à l'univers infini*,
trad. R. Tarr, Gallimard, 1973.

이 명제의 의미를 정확히 해명해야 한다. 나는 근대 과학이 신화의 장이나 근거 없는 주장의 장이 아닌 인식의 장 안에 그러한 진술들을 도입하는 것을 허락하는 한에서 통-시적 진술은 근대 과학의 본질 자체와 관계한다고 말했다. 확실히 그 진술들은 인간적이 아닌 그 어떤 관계도 세계와 관련해서 존재할 수 없다고 주장하지 않는다. 우리는 통-시적 사건들이 사건들의 실존에 대한 비-인간적 관계의 상관물이 아니었다는 것을 증명할 수 없다. 즉 우리는 신이나 어떤 다른 생명체가 그러한 통-시적 사건들의 선조적 증인이 아니었다는 것을 증명할 수 없다. 하지만 그런 종류의 진술들은 '증인의 문제'가 사건에 대한 인식과 무관한 것이 되었음을 전제한다. 분명히 말해서, 방사성 물질들의 붕괴나 별들의 방출의 본성이 우리가 그러한 것들을 사유하기에 이르는 데 있어서 적합하다고 전제되어야 하는 식으로 기술되며, 증인이 있는지 없는지는 기술의 적절성에 있어서 문제가 아니라는 것이다. 좀 더 정확히 말해서, 인간적 사유가 그것들을 사유하기 위해 결코 생겨나지 않는다고 해도, 방사성 물질들의 붕괴와 별들의 방출은 우리가 그것들에 대해 사유하는 내용과 동일해야 하는 식으로 사유된다. 여하간 그것은 과학이 의미를 제공할 수 있는 어떤 가능한 가설이며, 이 가설은 인식 주체의 실존에 대한 질문과 무관하게 법칙들을 진술할 수 있는 과학의 일반적인 능력과 관계한다.

그러므로 갈릴레오-코페르니쿠스적 혁명에 내재하는 탈중심화는 데카르트의 테제, 요컨대 수학적으로 사유 가능한 것은 절대적으로 가능하다라는 테제를 통과한다. 하지만 조심하자. 여기서 절대적인 것은 필연적이라고 전제된 지시물이나 내생적으로 이념적인 지시물을 목표로 하는 수학들의 속성과 관계하지 않는다. 그러한 절대성은 다음과 같은 점과 관계한다. (가설적 방식에 의해서일지라도) 소여된 것 가운데 수학적으로 기술될 수 있는 모든 것은, 그것을 정확하게 ~에게 주어진 것, ~에게 현시된 것으로 만들기 위해 우리가 실존하든 아니든 상관없이 영원히 지속될 수 있다는 것을 사유하는 데 의미가 있다는 점이다. 따라서 이러한 통-시적 지시물은 절대적인 것으로서 정립되기를 그치지 않으면서도 우연적인 것으로서 고려될 수 있다. 그것은 사건, 대상, 과정적 안정성을 구성할 수 있으며 거기서 중요한 건 무조건적 필연성을 증명하는 것 — 이는 우리의 존재론에 상반될 것이다— 이 아니다. 그러나 그에 반해 모든 지구적 생명보다 오래된 것인 방사성 물질들의 붕괴와 관련된 통-시적 진술의 의미는 그 사건을 검토하는 사유에 대해 절대적 무관심 속에서 고려되었을 때만 사유될 수 있다. 따라서 수학화될 수 있는 것의 절대성은 사유 바깥에 있는 가능한 본사실적factuelle 실존을 의미한다. 그것은 사유 바깥에 있는 필연적 실존을 의미하지 않는다. 수학화될 수 있는 것은 가설의 자격으로, 우리와 무관하게 실존하는, 존재론적으로 파괴 가능한 어떤 사실로서 정립될 수 있다. 달리 말해서, 근대 과학은 우리 세계에 대한 모든 수학적 재공식화로부터 가설적이긴 하지만 사변적인 영역을 우리에게 드러내 밝혀주었다. 과학의 갈릴레오-코페르니쿠스적 탈중심화는 이렇게 진술된다. 수학화될 수 있는 것은 사유의 상관물로 환원될 수 없다.

그러나 그때 여기에 역설이 나타나며, 이것은 사실 꽤 인상적이다. 그 역설은 이렇다. 철학자들은 칸트가 사유 안에서 지도했던 혁명을 '코페르니쿠스적 혁명'이라고 명명하는데, 이것의 의미는 우리가 정의했던 의미와 정확히 반대된다는 점이다. 사유 안에서의 자신의 고유한 혁명을 확립하기 위해서 칸트가 『순수이성비판』의 두 번째 판 서문에서 코페르니쿠스의 혁명을 스스로 주장했다는 것은 잘 알려져 있다.[63] 비판적 혁명은 대상에 대해서 인식이 맞춰지게 하는 게 더 이상 아니고, 반대로 인식에 대해서 대상이 맞춰지게 하는 것으로 이루어진다. 그러나 오늘날 사람들은 사유 안에서 칸트가 알린 혁명이 오히려 '프톨레마이오스적 반-혁명'과 비교될 수 있다는 것을 충분히 알고 있다. 왜냐하면 거기서 문제가 되는 건 사람들이 부동적이

• • • •

63. *Op. cit.,* p. 78(AK, III, p. 12)(p. 182 이하).

라고 믿었던 관찰자가 관찰되는 태양의 둘레를 돈다는 것을 확증하는 것이 아니라, 반대로 주체가 인식 과정 안에서 중심적이라는 것을 확증하는 것이기 때문이다.[64] 그런데 철학 안에서 그러한 프톨레마이오스적 반-혁명의 계획은 무엇이며, 목적은 무엇인가? 어떤 근본적인 질문으로 『비판서』는 철학 전부를 초대했던 것일까? 그것은 근대 과학의 사유 가능성의 조건들을 발견하는 것, 즉 문자 그대로의, 그리고 진정한 의미에서의 코페르니쿠스적 혁명의 조건들을 발견하는 것이다. 달리 말해서, 근대 과학의 가능성의 조건들에 대한 이해를 자기 기획의 중심에 놓았던 철학자는 또한 그러한 요청에 대해 그것[근대 과학]의 처음의 조건을 폐지하는 것으로 응답했던 바로 그 철학자이다. 근대 과학에 내재하는 갈릴레오-코페르니쿠스적 탈중심화는 철학 안에서 프톨레마이오스적 반-혁명에 자리를 내어 주었다. 사유가 근대 과학과 함께 세계에 대한 모든 관계와 무관한 세계 인식을 실제적으로 드러낼 수 있는 능력을 처음 스스로 발견할 수 있었던 데 반해서, 선험적^{transcendantale} 철학은 동일한 세계의 비-상관관계적 인식 전체의 실격을 물리과학의 사유 가능성의 조건처럼 제시했다.

그러한 모순의 "폭력"을, 즉 모순이 구성하는 것처럼 보이는

• • • •

64. 이 점과 관련해서는 Alain Renaut, *Kant aujourd'hui*, *op. cit.*, p. 68-69를 볼 것.

기상천외한 매듭을 잘 포착해야 한다. 칸트의 혁명 이래 '진지한' 철학자는 근대 과학의 코페르니쿠스적 탈중심화의 사유 가능성의 조건이 사실상 프톨레마이오스적 사유의 중심화라는 것을 생각해 냈어야만 한다. 과학이 처음으로 사유에 있어서, 사유와 세계의 관계와는 무관한 세계의 인식에 도달할 수 있는 능력을 발견했던 반면에, 철학은 선비판적 형이상학의 '실재론'을 완전히 지나가 버린 개념적 소박함의 패러다임으로 삼으면서 [과학의] 그러한 발견에 자기 고유의 "독단주의"의 소박함에 대한 발견으로 응답했다. 상관관계의 철학적 시대는 탈중심화의 과학적 시대에, 마치 전자가 후자의 해결책인 양 응답한다. 왜냐하면 철학이 상관관계의 다양한 양태들 안으로 진입하는 것이 과학의 사실 자체에 대한 응답이기 때문이다. 세계와 마주하는 사유의 과학적 탈중심화라는 사실은 철학이 그 동일한 세계와 마주하는 사유의 전례 없는 중심화의 방식으로 세계에 대한 그런 탈중심화를 사유하도록 결정했다. 철학적으로 과학을 사유하는 것, 그것은 1781년 이래(『비판서』의 초판 이래), 철학적 프톨레마이오스주의가 과학적 코페르니쿠스주의의 심층의 의미라는 것을 주장하는 것이다. 요컨대 이는 근대 과학의 분명한 실재론적 의미가 이차적이고 파생적인 외양상의 의미에 불과하다고 주장하는 것이다. '소박하고' '자연적인' 태도, 그것은 물론 단순한 '오류'의 결과가 아니다. 왜냐하면 그러한 태도를 택하는 것이 과학의 본질 자체로부터 나오기 때문이다. 그러나 다시 한번 말하는데, 그런 태도는 이차적인 태도이자, 철학자가 밝혀내는 것이 과제인 그런 원초적 세계에 대한 관계의 결과이다.

칸트 이래 철학자로서 과학을 사유한다는 것, 그것은 과학이 전달하는 것과는 다른, 과학의 보다 심오하고 보다 본래적인 의미가, 따라서 우리에게 진리를 전달하는 의미가 존재한다는 것을 주장하는 것이다. 그리고 그러한 보다 본래적인 의미는 상관관계적이다. 그러한 의미는 외양상 세계에 대한 우리의 관계와 무관한 요소들을 바로 그 관계 안으로 다시 가져온다. 그러한 의미는 자신의 진정한 의미 작용을 풀어놓는 중심화 쪽으로, 과학의 탈중심화를 끌어내린다. 그리고 그런 식으로 철학자는 자신도 마찬가지로, 칸트 이후 자신의 고유한 '코페르니쿠스적 혁명'이라고 명명하는 것을 실현했다고 주장한다(그렇지만 그가 하는 건 어이없는 판단 착오이다). 철학적 방언 안에서 코페르니쿠스적 혁명은 다음의 것을 의미한다. 과학의 코페르니쿠스적 혁명의 심층 의미는 철학의 프톨레마이오스적 반-혁명이다. 우리가 이제부터 근대 철학의 '분열schize'이라고 명명하게 될 것은 그러한 '전복의 전복'이며, 다음과 관계된다. 즉 근대 과학의 도래가 구성했던 지식의 질서 안에서의 혁명을 철학이 자신의 엄격함으로 사유하고자 시도한 이래, 철학은 과학 혁명의 본질을 구성했던 것 자체 ─ 과학적 지식의 비-상관관계적 양태, 달리 말해서 과학의 현저한 사변적 특징 — 를 포기했다.

다시 한번 칸트적 혁명의 놀라운 특이성에서 걸음을 멈춰야 하는데, 오늘날 그것은 철학자들 '종족' 안에서 실제로 어떤 결과들을 계속 산출하고 있다. 칸트적 혁명은 우선 인식의 질서 안에서 형이상학에 대한 과학의 우위를 결정적인 방식으로 승인하는 것으로 이루어진다. 칸트는 지식의 질서 안에서 형이상학으로부터 과학으로의 주도권의 인계를 그 어떤 선행자들보다 더 근본적으로 사유한다. 철학자[칸트]의 고백에 따르면, '인식의 마부'는 이제 형이상학자가 아니라 과학자가 되었다. 실제로 칸트 이래 형이상학은 과학의 현실들과 비교될 수 있거나, 그보다 상위에 있는 현실들과 관련된 이론적 앎을 자신이 소유한다는 주장을 수정했다. 칸트 이래 철학자들은 그 어떤 사변적 형이상학도 실험과학의 경로에 의해 우리에게 도달될 수 있는 것으로 남아 있는 현실보다 더 탁월하다고 가정된 현실(우주, 영혼, 신)에 대한 인식으로서 더 이상 제시될 수 없기 때문에, 과학이 — 오로지 과학만이 — 자연에 대한 이론적 인식을 구성한다는 사실을 일반적으로 인정한다.

그러나 지식의 질서 안에서 철학에서 과학으로의 주도권의 인계는 사유상 전례 없는 반의미, 또는 이를테면 정반대^{contre-pied}의 외양을 얻었다. 철학은 과학의 지식의 우선성을 전적으로 엄격하게 처음 사유했던 바로 그 순간에, 과학적 지식의 혁명적 특징을 구성했던 것(과학의 사변적 능력)을 철학 자체를 위해 포기했다. 철학은 과학에 주도권을 넘긴다고 주장했던 바로 그 순간에 '낡은 독단주의'를 포기하듯이 '즉자적' 대상을 사유하는 자신의 능력을 포기했다― 그러한 사유는 그렇지만 바로 그 순간에 과학의 틀 안에서 인식의 가능한 위상에 도달했다. 탈중심화라는 자신의 역량에 의해 과학은 자신의 사변적 역량을 사유에게 증명했을 것이고, 철학은 과학의 그러한 능력의 획득을 인정하는 바로 그 순간, 모든 사변의 포기에 의해서, 다시 말해 그러한 혁명의 본성을 사유할 수 있는 모든 가능성에 대한 철학의 포기에 의해서 그렇게[즉자적 대상을 사유하는 자신의 능력을 포기] 했던 것이다. 형이상학에서 과학으로 주도권이 인계되는 중에 '재앙'과 같은 것이 있었다. 코페르니쿠스의 과학은 사변적 형이상학적 철학의 포기의 동기가 되었다. 그러나 그러한 포기는 철학이 과학에 대해서 행했던 프톨레마이오스적 해석처럼 철학으로 되돌아왔다. 요컨대 철학은 과학에게 이렇게 말했다. 당신(사변적 형이상학자가 아닌, 당신)은 인식의 고삐를 붙들어야 합니다. 그러나 그러한 인식의 심오한 본성은 당신에게 나타나는 것과 정반대입니다. 달리 말해서, 과학은 사변적 형이상학의 철학적 파괴의 동기가 됨으로써, 과학의 본질 자체에 대한 가능한 모든 철학적 이해를 파괴했다.

그런데 이러한 '분열'이 칸트 이래 해소되기는커녕 '악화'를 멈추지 않았다고 말해야 한다. 실제로 모든 인류에 선행하는 세계 안으로 점점 더 깊이 탐사기를 넣을 수 있는 실제적 능력을 과학이 우리에게 드러내면 낼수록 '진지한' 철학은 칸트가 개시했던 상관관계적 프톨레마이오스주의를 심화시켰다. 항상 더 커다란 과학적 인식의 장의 진정한 의미를 항상 더 축소된 공간으로 만들기 위해 상관물들의 궤도를 계속해서 축소시키면서 말이다. '과학적' 인간이 점점 더 오래된 통-시적 사건들을 발견함으로써 과학적 지식의 탈중심화를 강화하는 정도에 따라, '철학적' 인간은 상관물의 공간을, 본래적으로 유한한 '세계에의-존재 être-au-monde'로, 존재의 한 시대로, 언어 공동체로, 늘 더욱 제한된 '지대', 지반, 거주지로 축소시켰다. 하지만 철학자는 자신의 특수한 지식의 전제된 특이성에 의해 그러한 지대의 주인이자 소유자로 남아 있었다. 코페르니쿠스적 혁명이 영향력을 발휘하는 정도에 따라, 철학자들은 인간의 현재 상황에 대한 인식을 매 순간 더 엄격하게 깎아내림으로써 선행자들의 형이상학적 소박성들을 가차 없이 폭로하면서, 철학자들의 고유한 유사-코페르니쿠스적 혁명을 강화했다. 그리하여 오늘날 철학자들은 그 어느 때보다도 더 광대하고 빛나는 코페르니쿠스적 탈중심화의 진정한 의미를 되찾기 위해서 그 어느 때보다도 더 프톨레마이오스적 편협함과 경쟁하는 것처럼 보인다.

우리가 이렇게 되기까지 대체 무슨 일이 일어났던 것일까? 칸트 이래 철학자들이 — 철학자들만이 그런 것 같다— 과학의 코페르니쿠스적 혁명을 진정한 코페르니쿠스적 혁명으로 이해할 수 없게 되기까지 대체 철학에서 무슨 일이 일어났었는가? 철학이 선험적 관념론이나 현상학이 택한 길과 완전히 상반된 길, 이를테면 수학의 비-상관관계적 영역을 고려할 수 있는 사유의 길 — 즉 확실하게 사유의 탈중심화의 역량처럼 이해된 과학의 사실 자체 — 을 택하지 않았던 것은 어째서인가? 어째서 철학은 과학을 사유함에 있어 그러한 선험적 관념론으로 흘러가게 되었는가? 마땅히 그래야 했듯이 과감하게 사변적 유물론으로 향하는 대신에 말이다. 어째서 과학이 철학에게 던진 가장 긴급한 질문이 철학에게 가장 쓸데없는 질문이 되어버리는 일이 일어날 수 있었는가? 사유가 존재하지 않을 때 어떻게 사유가 실제로 일어날 수 있는 무엇을 사유할 수 있는가라는 질문 말이다.

속지 말아야 한다. 그 어떤 상관주의도, 아무리 자신의 반주관주의적 수사학을 고집할지라도 그 진정한 의미를 파괴하지 않는다면 통-시적 진술을 사유할 수 없으며, 이는 상관주의가 통-시적 진술에서 전제된 심오한 의미를 발굴한다고 주장하는 순간에 일어난다. 이미 보았듯이 사실상 통-시적 진술의 진정한

의미는 그것의 축어적littéral 의미이며, 이것이 통-시적 진술의
가장 심오한 의미로 사유되어야 한다. 통-시적 진술이 갖는
의미는 이렇다. 사건 x는 사유가 출현하기 훨씬 전에 일어났다.
그리고 사건 x가 사유에 대해서 사유가 출현하기 훨씬 전에
일어났던 것이 아니라는 데 주의해야 한다. 왜냐하면 첫 번째
진술은 사건 x가 사유 이전에 사유에 대해서 산출되었다는
것을 의미하지 않기 때문이다. 반대로 그것은 사건 x가 모든
사유 이전에 그리고 사유와 무관하게 실제로 산출될 수 있었다
는 것을, 사유가 사유할 수 있다는 것을 의미하기 때문이다.
그런데 그 어떤 상관주의도, 자신이 버클리식의 주관적 관념론
과 혼동되지 말아야 한다는 점을 아무리 주장한다고 해도, 그러
한 진술의 축어적 의미가 그것의 가장 심층의 의미라는 것에
동의할 수 없을 것이다. 그리고 사실상, 존재하는 것이 사유하는
존재에 대한 자신의 소여 형태들과 무관하게 사유될 수 있다는
것을 믿는 것이 말이 되지 않는다고 인정하는 순간부터, 과학이
말하는 것이 과학의 최종적 단어임을 과학에게 인정하는 것이
더 이상 가능하지 않게 된다. 과학의 궁극적 의미를 과학의
통-시적 진술 안에서 포착하는 과제, 어떻게 그러한 진술이
과학의 궁극적 의미로서 가능할 수 있는지를 포착하는 과제를
더 이상 철학에게 줄 수 없다.

상관주의는 앞서 검토되었던 양자택일에 따라서 담화의 통-

시성을 재포착해야 하는 선고를 받은 자신을 보게 될 것이다:

1. 그러한 선행성은 우리의 경험적 실존과 동일시되지 않는 사유의 상관물의 자격으로서만 우리 인류에 선행할 수도 있다. 그때 우리는 모든 경험적 에고의 사망에도 불구하고 존속되리라고 전제되는 후설의 초월론적 에고의 영속화에 견줄 수 있는 상관물의 영속화를 실행한다.[65]

2. [또는] 그러한 선행성은 현전하는 사유에 의한 과거의 회귀적 투사만을 그 고유한 의미로서 소유하는데, 그러한 과거는 사유에 대해서 사유에 선행하는 것으로서 주어진다.

그리고 첫 번째 선택지(상관물의 영속화)가 형이상학에로의

• • • •

65. 후설적 에고의 영속화와 관련해서 그의 매우 중요한 다음 텍스트를 볼 것. 여기서 그는 모든 상관관계적 과정에 내재하는, 과학에서의 갈릴레이주의의 프톨레마이오스적 환원을 분명히 제시한다: ⟨L'arche-originaire Terre ne se meut pas. Recherches fondamentales sur l'origine phénoménologique de la spatialité de la nature⟩, in *La Terre ne se meut pas*, Éd. de Minuit, 1989, trad. D. Frank, D. Pradelle et J.-F. Lavigne. 특히 행성의 붕괴에 따른 지구의 모든 생명체의 파괴라는 가설에 대한 현상학적 해석과 관련된 구절들을 읽어야 한다, pp. 28-29. '구성하는 삶이 삭제된다면, 공간 안에서, 절대적이고 균질적이며 선험적인 것으로서의 선결적인 공간 안에서 붕괴하고 있는 집단이 어떤 의미를 가질 수 있을 것인가? 실제로, 구성하는 주관성 자체의 삭제, 그리고 구성하는 주관성 안에서 삭제가 일어난다면 그러한 삭제 자체가 단순한 의미일 수는 없지 않은가? 에고는 살아 있으며, 모든 실제적이고 가능한 존재자보다 앞선다. (……)', p. 28.

회귀(주관성에 있어서 원초적이라고 가정되는 규정들의 절대화)로 돌아오듯이, 엄격한 의미에서 상관주의는 통-시적 과거의 소여의 생생한 현재로부터 출발해서 통-시적 과거의 회귀적 투사로 결론 맺게 될 것이다. 그런 식으로— 사유의 프톨레마이오스주의가 과학의 코페르니쿠스주의의 심층의 의미이기를 원하는— 근대의 분열자는 사유 안에서 수만 가지의 방식으로 '충격을 받고' 재사용되고 재활용된 어떤 과거를 최고의 형식처럼 보란 듯이 내세울 것이다. 그렇게 분열은 그 궁극적 형식으로 말해진다: 선先-인간적 과거의 심층의 의미는 역사적으로 상황에 놓인 인간의 현재 자체로부터 출발한 과거의 회귀적 투사이다. 과학은 자연의 엄격한 수학화와 함께, 우리를 없애거나 생겨나게 할 수 있는 시간, 그 자체는 영향받지 않는 시간을 우리에게 드러낼 수 있었던 반면에, 철학적 시간은 그러한 시간을, 세계에의-존재의 시간성 또는 본원적이라고 가정된 역사성과 관계하는 시간성, 본원적으로 상관관계적인 시간성의 '파생적'이고 '통속적'이며 '표준화'된 형식으로 환원했다.[66] 그리고

• • • •

66. 우리는 당연히 시간성에 대한 하이데거의 개념을 떠올리지만 그것만을 떠올리는 건 아니다. 여기서 현상학에 대한 하이데거의 의존이— 이것은 결코 완전히 극복되지 않은 의존이다— 상당히 문제적인 '유한성의 상관주의'로 현상학을 구속하는 것처럼 보인다는 사실을 덧붙여야 한다. 세계 및 세계와의 관계를, 자연과 인간을, 존재와 양치기를 본질적으로 분리할 수 없는— 함께 '존속'하거나 (아마도?) '명멸'하도록 예정된— 두 항으로 만들면서 말이다.

회귀적 상관관계로의 통-시적인 과거의 그러한 변모가 오늘날 사유를 얼마나 지배하는지, 때때로 그러한 변모는 철학자들에게 아직 남아 있는 겸손한 지식의 본질을 구성하는 것처럼 나타난다. 당신은 이전에 일어난 그것이 이전에 일어났다고 믿는가? 그러나 그렇지 않다. 왜냐하면 보다 심층의 시간성이 존재하며, 그 시간성 안에서 세계와의-관계 이전은 세계와의-관계의 양상으로부터 파생되기 때문이다. 역방향의 시간성, 그것은 가장 뛰어난 학자들을 포함해서 비-철학자들의 자연적이고 소박한 태도에 고유한 의미를 제공한다. 그리고 이 문제의 놀라운 점은 그러한 생성 — 이러한 생성의 중심에서 이전에 일어났던 것은 이전에 일어난 것이기를 그치고, 이후에 일어난 것은 이후에 일어난 것이기를 그친다 — 이 이것의 진리를 포착한 자로 하여금 수용된 이념 무엇에게건 그것의 그러한 생성의 역행적 의미를 보급할 수 있게 한다는 것이다. 당신은 선구자들이 그들을 뒤따르는 자들 이전에 세상에 나왔다고 생각하는가?

∙ ∙ ∙ ∙

이 점과 관련해서 다소 수수께끼 같지만 설득력 있는 다음의 성찰을 언급할 수 있다: '나는 종종 인간이 없는 자연은 어떠할 것인지를(이것은 오래전부터 나에게는 어떤 커다란 질문이 되었습니다), 자연이 자신의 고유한 능력을 다시 얻기 위해서 인간을 통과하면서 동요해야 하는 것은 아닌지를 묻곤 합니다.', Lettre du 11 octobre 1931 à Elisabeth Blochmann, in *Correspondance avec Elisabeth Blochmann*, trad. P. David, Gallimard, 1996, p. 256.(인용된 문장들은 재번역된 것이다.)

아니다. 왜냐하면 선구자는 이전에 있었던 자가 아니라 이후에
그의 계승자들이 이전에 있었다고 주장했던 자이기 때문이다.
따라서 선구자로서 선구자는 계승자들 이후에 온다 등등. 그렇
다. 그것은 철학자들의 이상한 지식이다. 철학자들의 그런 지식
은 때때로 그런 식의 구르기roulés-boulés로, 즉 과학의 시간을
역방향으로 이중화함으로써 역전된 시간의 발명들로 환원되는
것처럼 보인다. 이 이상한 지식은 과학의 시간성 안에서 실제적
으로 포착되게 남아 있는 것을 우리가 포착할 수 없게 만든다.
다시 말해 과학은 이전에 일어났던 무엇을 이전에 일어났던
것으로, 그리고 우리 이전에 일어났던 무엇을 우리 이전에
일어났던 것으로 정말로 사유한다. 그리고 과학에 의해 드러난
놀라운 현시의 역설paradoxe de la manifestation을 구성하는 것, 철학이
지난 이 세기 동안 열중해서 사유했었음이 틀림없을 그런 역설을
구성하는 건 다른 무엇이 아닌 바로 사유의 그런 역량이다:
모든 실험에 선행하는 세계에 대한 실험적 인식이 어떻게 가능한
가?[67]

• • • •

67. 이러한 분석은 틀림없이 폴 리쾨르가 『시간과 이야기』(Temps et Récit, Éd.
du Seuil, 1983, t. III)의 4부, '시간성의 아포리아(L'aporétique de la temporalité)'라
는 제목의 첫 번째 장에서 제시한, 훨씬 발전된 분석과 유사하다. 그렇지만
이 텍스트를 참조할 수도 있을 독자는 두 관점 사이에 (특히 칸트에 대한
해석에 있어서) 존재하는 주된 차이들을 쉽게 확인할 것이다. 그리고 그
차이의 요점 또한 매우 분명하다: 리쾨르의 전개는 모순적이고, 우리의

이제 우리의 질문으로 돌아오자. 칸트 이래 무슨 일이 일어났기에 그러한 경로가 중단되게 되었을까? 어떻게 해서 사변적 사유에 대한 선험적 거부가 철학적 사유의 장을 완전히 지배하기에 이르렀을까? 과학이 그 어느 때보다도 자신의 가능성의 조건들을 도출할 수 있는 사변적 사유의 구축을 강력하게 요구했는데 말이다. 현재의 상관주의는 '칸트의 재앙'의 악화된 귀결에 불과하다. 그렇다면 '칸트의 재앙'이 의미하는 것은 무엇인가?[68] 어째서 철학자들은 그토록 오랫동안 과학적 혁명의 열쇠

• • • •

전개는 사변적이다.

68. 이 '재앙'은 칸트의 저작 자체에서 연구되어야 할 것이다. 그것은 선비판적 시기 동안 구상된 *L'Histoire générale de la nature et théorie du ciel*(1955)에 대한 회고적 이해 가운데 제1비판서(1781)가 도입한 긴장 속에서 나타난다. 실제로 1755년의 칸트의 우주 생성 이론은 — 신과 천사들을 제외한 — 모든 증인에 선행하는 우주의 역사를 전제했다. 그러나 비판적 사상가가 된 이상 어떻게 그러한 역사의 진리를 생각할 수 있을까? 신이 더 이상 이론적 사유의 대상이 아니라면 말이다. 이런저런 진리가 어떤 단순한 규제적 이념이라고 말하는 것으로는 아무것도 해결되지 않는다. 왜냐하면 그러한 이념은 그 의미의 내용상 어떤 인간 주체도 증인으로 내세울 수 없는 세계를 갖기 때문이다(세계가 시작될 때 물질의 최초의 조건들은 분명히 인간 주체를 허용하지 않았다). 결과적으로, 그러한 **이념**은 주체가 없는(주체에 대해 시-공간은 직관의 가능한 형식일 뿐이다) 시-공간적인 메커니즘적 사건과, 따라서 비판 자체에 대해서는 의미를 박탈당한 어떤 사건과 관계하거나, 그러한 **이념**은 자신의 의미 자체에서 상관관계적 사건의 위치를 그 이념에 부여하는 영원한 증인의 현존을 포함한다. 그러나 1781년부터 그 증인은 이론적 인식의 범위 바깥에 놓이게 되었으며, 신의 존재에 대한 도덕적

를 제공한다고 전제된 상관관계적 올가미를 받아들였을까?
과학적 혁명이 철학자들이 진술했던 것의 정반대를 해명하기를
멈추지 않았는데 말이다. 우리는 단지 칸트의 말을 듣는 것으로
충분하다. 그의 고백을 살펴보건대, 그를 '독단주의의 잠'으로부
터 '깨어나게' 했던 것은 무엇인가?[69] 그가, 그리고 그를 뒤따르
는 모든 상관주의자들이 사유 속에서 모든 형태의 절대성을
포기하게끔 결정하도록 만든 것은 무엇인가? 칸트는 분명히
말한다. 그것은 흄이라고. 달리 말해서 흄에 의해 정립된 인과적
연결의 문제라고, 다시 말해, 보다 일반적으로 충족 이유율의
모든 절대적 타당성의 파괴라고 말이다.[70] 그리하여 우리는
칸트의 '재앙'의 근본적인 세 가지 시간적 계기가 어떻게 성립되

• • • •

보증인 실천 이성만이, 즉 제2비판서만이 여전히 우주 생성 이론에 의미를
주는 게 허용되었다. 데카르트는 무신론적 수학자는 절대로 자신의 증명들에
대해 절대적으로 확신할 수 없을 것이라고 말했다. 마찬가지로 신을 믿을
만큼 충분한 도덕성을 갖지 않는 칸트적 천문학자는 자신의 과학의 타당성을
근거 지을 수 없을 것이라고 말해야만 할 것이다……

비판서와 『자연의 일반적 역사(*Histoire générale de la nature*)』의 관계와
관련해서는 P. Clavier의 *Kant. Les idées cosmologiques*, PUF, 1997을 볼 것.

69. *Prolégomènes à toute métaphysique future qui pourra se présenter comme science*,
trad. J. Rivelaygue, in *Oeuvres philosophiques*, Gallimard, La Pléiade, 1985, vol.
II, p. 23.

70. 그런 고백의 철학적 타당성에 관한 한 아무것도 제거하지 않으면서도, 그것의
역사적 가치를 부인하는 내용을 보기 위해서는 Michel Puech, *Kant et la
Causalité*, Vrin, 1990을 참조할 것.

었는지를 파악할 수 있다. 그 근원에 있는 [상관관계적] 올가미의 본성과 함께 말이다.

1. 코페르니쿠스–갈릴레이 사건은 자연에 대한 수학적 인식이라는 이념을 세운다. 그때부터 자연은 감각적 성질들을 박탈당한다. 갈릴레이 사건을 첫 번째로 승인했던 인물은 데카르트다. 자연에 대한 수학적 인식과 유일한 사유의 속성들처럼 고려된 성질들qualia의 인식 사이에서 데카르트가 엄격하게 행했던 분배를 통해 물리학과 형이상학 사이에 최초의 균형이 세워진다. 요컨대, 데카르트는 자연은 사유 없이 존재한다는 것을(또한 자연은 생명 없이 있다. 왜냐하면 데카르트에게 생명과 사유는 동등하기 때문이다), 사유는 수학을 경유해서 그러한 탈주관화된 자연을 사유할 수 있다는 것을 승인한다. 그러나 수학의 절대적 중요성은 더할 나위 없이 완벽한, 진실하다고 추정된 신 존재에 대한 형이상학적 증명에 토대를 둔다. 그러한 신만이 신新 과학의 진리의 역량을 보증할 수 있다.

2. 그런데 갈릴레이 사건의 지속은 옛 형태의 모든 형이상학적 지식이 기만적이었음을 증명하면서 또한 마찬가지로 물리학에 대한 모든 형이상학적 토대의 공허함을 증명한다. 사실상 갈릴레이 사건은 세계의 수학적 탈주관화에만 놓이는 게 아니다. 그 사건은 그처럼–존재하는 것에 대한 모든 선험적 지식의 파괴에도 놓인다. 우리가 이 세계에 실존하는 것에 대해 결정적

이고 필연적인 지식을 획득할 수 있다는 생각, 우리가 그것을 하나의 사실로서 복원하는 데 그치는 것만은 아니라는 생각, 이러한 생각들은 과학이 오래된 지식들을 파괴할 수 있는 역량을 제시하는 정도에서 그 세력을 서서히 잃게 된다. 그것이 신과학의 이름으로 제시된 데카르트의 소용돌이 이론처럼 아무리 발전된 형태를 띨지라도 말이다. 따라서 흄 사건은 갈릴레이 사건에 대한 이차적인 철학적 승인이며, 이는 합리성의 모든 형이상학적 형태의 무효함을 증명하는 방식, 즉 이성 원리의 절대성이 무효함을 증명하는 방식으로 진행된다. 지식은, 그처럼 소여된 것이 무조건 그처럼 존재해야만 한다는 사실을 선험적으로 확립하는 것을 목표로 삼는 모든 증명 형태를 포기해야만 한다. 세계의 그처럼-존재함은 경험이라는 간접적인 수단을 통해서만 발견될 수 있을 뿐이며, 절대적으로 필연적인 것으로 증명될 수 없다.

3. 그리하여 칸트 사건은 상관관계적 인식을 철학적으로 합법적인 유일한 인식 형식으로 만들면서, 지속적으로 안정적이고 최종적인 형식 아래에서 형이상학의 어떤 붕괴를 제안한다. 상관주의는 철학의 유일한 합법적 형식이 된다. 그것은 우리와 세계의 관계의 조건적 지식이 되었으며, 사변적 형이상학을 내려놓는 한에서 — 그렇다고 모든 보편성의 형태를 포기하지 않으면서 — 과학을 사유할 수 있는 유일한 지식이 된다. 라이프

니츠가 원했듯이 우리는 절대적으로 필연적인 진리에(무한하게 완전한 신 혹은 최상의 세계) 더 이상 도달할 수 없기 때문에 이론적으로 절대적인 모든 형식을 포기해야 하고 현상들이 소여되는 일반적인 조건들을 도출하는 데 만족해야 한다. 달리 말해서, 선험적 진술들의 가능성을 구해내기 위해서, 선험성을 표상의 보편적 조건들에 대한 규정으로 만들어야 하고, 선험성을 절대적 진리들과 결합시키는 것을 그만두어야 한다.

따라서 그러한 재앙을 주재하는 환상은 우리가 '탈절대화적 함축'이라고 불렀던 그것으로 모습을 드러낸다. 즉 형이상학의 종언으로부터 절대자들의 종언에 이르는 귀결을 피할 수 없는 것처럼 보였다는 것이다. 과학이 모든 형이상학은 환영적이라고 우리를 설득했기 때문에, 그리고 모든 절대자는 형이상학적 유형에 속하기 때문에, 과학을 사유하기 위해서 우리는 모든 절대적인 것의 형식을 포기해야 한다. 그리고 정확히 그로부터 수학의 절대적인 영역 — 사실상 근대 과학이 사유에 가져온 혁명의 본질 자체로 드러나게 되었던 절대적 영역 — 에 대한 믿음을 포기해야 한다. 그러므로 우리가 계속해서 우리 자신을 그 안에 붙들어 매는 칸트적 재앙은 실제로 모든 형이상학의 형식들과 모든 절대적인 것의 형식의 포기에 놓인다.

그런데 근대 과학의 진정한 요청은 그런 것이 아니다. 모든 오래된 지식들을 파괴할 수 있는 역량을 가지고 근대 과학이 우리에게 믿기를 멈추라고 명령했던 게 확실히 있다. 그 믿음은 규정된 현실이 절대적으로 그리고 필연적으로, 다르게가 아니라 그처럼 존재해야만 한다는 것을 지식이 증명할 수 있다는 것에 대한 믿음이다. 그러나 근대 과학은 또한 코페르니쿠스적 탈중심화의 형태를 통해 최초로 사유에 도입시켰던 또 다른 방식의 절대성을 사유하라고 우리에게 명령했다. 그렇기 때문에 갈릴레이-코페르니쿠스의 과학적 사태를 더 이상 변질시키지 않으면서 사유하기 위해 우리는 데카르트가 했던 것처럼 수학의 사변적 영역을 사유해야 한다. 그러나 이번에는 데카르트처럼 진리의 본래적인 양태를 보증할 수 있는 유일자라고 가정된 완벽한 **존재**의 실존을 증명하는 형이상학적 주장을 거치지 않으면서 말이다. 철학에 있어서 과제는— 상관주의와 반대로 코페르니쿠스적 탈-중심화에 충실하게 남아 있기 위해서— 사실상 시효를 상실한 형이상학적 유형의 필연성으로 인도되지 않으면서 다시 한번 수학의 영역을 절대화하는 데 있다. 문제는 이성 원리를 재활성화하지 않으면서 데카르트의 테제, 즉 수학화될 수 있는 것은 절대화될 수 있다는 테제를 확고하게 유지하는 것이다. 그리고 그것이 가능하기만 한 것이 아니라 시급한 본사실성의 원리의 과제인 것처럼 보인다: 가설적이라고 할지라도 절대화할 수 있는 어떤 가능성을 공식화할 수 있는 모든 수학적 진술의 능력을 **형상**Figure의 자격으로 도출하는 것. 모든 수학적 진술의 본질적인 기준 자체로부터 모든 존재자의 우연성의 필연적 조건을 포착하면서, '유일한le' 논리학을 절대화하려고 시도했던 것처럼 '유일한le' 수학을 절대화하자.

그리하여 우리는 이제 '칸트의 문제'라고 부르게 될 어떤 것의 사변적 재공식화가 어떻게 성립되어야 하는지를 파악한다: 자연을 수학화하는 과학이 어떻게 가능할 수 있을까? 우리에게 이 문제는 다른 두 가지 문제로 나눠지는데, 그 각각은 구별된 방식으로 수학의 사변적 영역을 다룬다.

1. 우선 칸트의 문제에 대한 사변적 해결은 선조적인 것의 문제에 대한 본사실적(혹은 통-시성의) 해결을 전제한다: 모든 수학적 진술 — 다시 말해 그 진술이 수학적인 한에서 — 은 필연적으로 참인 게 아니라 절대적으로 가능하다는 사실을 확립하는 것. 이미 진술된 테제 — 수학적으로 사유될 수 있는 것은 절대적으로 가능하다 — 를 본사실적 원리로부터 도출하면서 확립하는 것.

2. 그러나 덧붙여야 할 것은 — 그리고 여기서 우리는 인과적 연결의 문제에 대한 우리의 사유로 돌아온다 — 칸트의 문제가 흄의 문제에 대해 가설적 해결만이 아닌 사변적 해결을 가정한다는 사실이다. 왜냐하면 동시에 자연법칙들의 안정성이(이것

이 모든 자연과학의 조건이다) 절대화될 수 있는 것이라고 가정할 수 있는 합법성을 세워야 하기 때문이다. 이미 말했듯이 실제로 경험 과학들이 가능하다면, 이는 자연법칙들의 사실상의 안정성 덕분이다. 그러나 지금 우리가 이해하는 것은 그러한 안정성이 사유와는 무관한 사실처럼 확립되어야 한다는 것이다. 우리가 결정적으로 현대적 프톨레마이오스주의로부터 벗어나길 원한다면 말이다. 따라서 자연법칙들이 본사실적 안정성을 시간성의 절대적 속성 그 자체로부터 끌어온다는 것을 해명하는 게 중요하다. 그러한 속성은 우리의 실존과는 무관한 시간의 속성, 가능성들을 총체화할 수 없는 시간의 속성이다. 그런데 이는 수학의 사변적 영역을 이전의 방식과는 다른 방식으로서 재확립해야 하는 문제로 귀결된다. 여기서 문제가 되는 것은 모든 수학적 진술의 가설적인 아무러한 절대적 영역을 도출해 내는 것이 더 이상 아니다. 오히려 문제는 특정한 정리의 무조건적으로 필연적이며 절대적인 영역, 초한수의 비총체화를 지지할 수 있게 하는 영역을 도출하는 것이다.

그러므로 우리는 수학의 이중적 절대화의 요청과 대면한다. 통-시성의 문제에 내재하는 절대화는 모든 수학적 진술이 권리상 우연적인 존재자를, 하지만 인간이 없는 세계 속에 실존할 수 있는 존재자를 기술한다고 말하는 데 있다. 그 존재자가 어떤 세계, 어떤 법칙, 어떤 대상으로 확인되든지 아니든지 상관없이 말이다. 따라서 문제가 되는 것은 어떤 절대화인데, 우리는 이것을 존재적ontique이라고 말할 수 있다. 그것은 가능하고 우연적인 존재자들과, 그것의 존재가 사유와는 무관한 것으로서 사유될 수 있는 그런 존재자들과 관련된다. 그러나 칸토어의 비-전체의 절대화는 존재적이 아니라 존재론적인ontologique 절대화를 전제한다. 왜냐하면 문제가 되는 것은 이런저런 가능한 현실과 관련된 것이 아니라 가능성의 구조 자체와 관련된 것에 대한 진술이기 때문이다. 진술되어야 하는 것은 이런저런 가능한 존재자가 아니라 그러한 바로서의 가능성le possible comme tel이 필연적으로 비총체화될 수 있어야 한다는 것이다. 그러므로 이는 다음과 같은 사실, 즉 초한수를 거부하거나, 모든 부분집합들을 포함하는 하나의 집합의 불가능성을 거부하는 수학적 공리 체계들이 사유될 수 있을지라도, 그러한 사실이 비-전체가 다른 모든 가능성들 가운데 하나임을 의미하지는 않는다는 것을 확립할 수 있는 본사실적인 어떤 도출을 제안하도록 강요한다. 이는 그 가능성들이 총체화될 수 있는 어떤 세계들이 실존할 수 있고, 그 가능성이 총체화될 수 없는 다른 어떤 세계들이 실존할 수 있다는 것을 의미해서는 안 된다. 여기서 확립해야 하는 것은 비-전체를 승인하는 수학적 이론들만이 존재론적 영역을 가진다는 것이다. 반면에 전체에 대한 어떤 사유 가능성을 승인할 수 있는 다른 수학적 이론들은 존재적인 영역만을 가지리라는 것이다. 왜냐하면 그러한 이론들이 말하는 총체성, 혹은 그러한 이론들이 승인하지 않는 비총체성은, 그 이론들이 총체화할 수 있는 어떤 존재자, 총체화할 수 있는 어떤 세계를 기술한다는 사실로부터 나오기 때문이다. 그러한 이론들은 세계들의 총체화될 수 없는 존재를 기술하지 않는다.

그러므로 칸트의 문제에 대한 사변적 해결은 통-시성의 문제 그리고 흄의 문제를 해결할 수 있는 수학의 절대적 영역의 도출을 거쳐야만 할 것이다. 첫 번째 문제는 일반적인 문제의 사변적 해결을 조건으로 하며(이 해결이 없이 과학은 자신에 내재하는 코페르니쿠스적 의미를 잃어버린다), 두 번째 문제의 해결은 일반적인 문제의 비-형이상학적 해결을 요청한다(이 해결이 없이 과학은 실재적 필연성의 신비들 속에서 길을 잃을 것이다). 따라서 두 가지 문제 모두 본사실적 해결을 요청한다. 본사실적인 것이 모든 형이상학에 배타적인 사변의 공간 자체로서 정의되는 한에서 말이다.

틀림없이 사람들은 이와 같이 공식화된 질문이 여전히 모호하다고 생각할 것이다. 그러나 우리의 의도propos는 여기서 해결 그 자체를 다루는 게 아니었다. 과학의 코페르니쿠스주의와 철학의 프톨레마이오스주의 사이의 불일치가 — 그러한 분열이 유지될 수 있게 하는 부인否認들이 무엇이든지 간에 — 한없이 깊어만 가고 있는 시점에서, 사유의 절대적 영역을 재발견하는 게 가능할 뿐만 아니라 시급하다는 것을 설득시키려는 시도만이 우리에게 중요했다. 흄의 문제가 독단주의적 잠으로부터 칸트를 깨어나게 했다면, 사유와 절대적인 것 사이의 화해를 약속하는 선조성의 문제가 상관주의적 잠으로부터 우리를 깨어나게 할 수 있으리라고 기대해 보자.

옮긴이 후기

형이상학적이거나 절대적 의미에서의 신이 더 이상 유효하지 않은 현대의 철학에서 절대자를 회복하는 것이 어떤 가치를 가질 수 있을까? 메이야수는 절대자의 회복이 가치의 문제를 넘어 근본적인 결정이 되어야 할 것이라고 암시하고 있다. 그렇다면 그는 다시금 형이상학의 부활을 주장하는 것일까? 만약 독자가 그렇게 독서를 마무리한다면 이 책이 전달하고자 하는 내용을 정반대로 사유하는 게 될 것이다. 메이야수가 회복하려고 하는 것은 전통적 의미에서의 형이상학도 아니고 현대적 판본의 형이상학도 아니다. 그는 '절대자'에 대한 철학적 논의들 ― 독단주의적 논의들, 필연론적 논의들 ― 과 '절대자'를 전적으로 탈절대화시키는 철학적 논의들 ― 신앙적이거나 신비주의적 논의들 ― 을 비판하면서 수학에 기초한 새로운 '절대자'

의 관념을 도입한다.

그는 우선 철학사에서는 존재하지 않았던 '선조성'이라는 신조어를, 즉 인간이 존재하기 이전의 사실들을 진술하는 과학 담화의 성격을 지시하는 단어를 주조하면서 질문을 던진다. '인간적인 것을 비워낸 세계, 사물들, 그리고 현시와 비-상관적인 사건들로 가득 찬 세계의 기술을 허락하는 것은 무엇인가?' '어떻게 존재는 우리에 대한 현시에 선행하는 존재를 스스로 현시할 수 있을까?' 다시 말해, 그는 인간과 인간적 사유가 존재하지 않을 때도 존재하는 것이 실재적이라는 것을 어떻게 증명할 수 있을지를 묻는다. 예컨대 방사능 핵 분해의 속도 상수와 열광熱光 법칙의 결과로부터 도출된 지구의 나이, 행성의 나이 등을 실재적이라고 간주할 수 있는 근거를 어디서 찾아야 할 것인가? 메이야수의 '증명'은 바로 이러한 질문들로부터 시작한다. 그것은 또한 인간에게 현시되지 않으면서도 존재할 수 있을 사실의 가능성들을 사유할 때 발생하는 역설— '사유 없는 세계, 세계의 소여 없는 세계를 사유하는 것' — 에 대한 해명과 나란히 진행된다.

사실상 인간과 세계, 사유 행위와 사유 내용, 사유와 존재 등등으로 구성되는 상관관계와 거기에 이데올로기적 성격이 부과된 상관주의가 현대 철학을 지배하기 시작하면서 실재에 대한 사유는 사유의 한계와 무능력을 드러내는 데만 유용할 뿐이었다. 말하자면 상관주의적 사유는 절대자가 인식 불가능할 뿐만 아니라 사유 불가능하다는 결론에 도달함으로써 사유와 절대자와의 여하한 이성적 관계를 폐쇄한다. 특히 메이야수가 몇 차례 거론하는 하이데거와 비트겐슈타인은 언어와 존재의 상관관계, 사유와 존재의 상관관계를 벗어난 실재에 대해 침묵으로 응답하거나 신비적 태도로 전환한다. 이들에게 외부는 본연의 성격을 잃어버리고, 초월 불가능한 '유폐적 외부'처럼 나타난다. 외계에 대한 사유의 이러한 변화는 간단히 넘겨버릴 수만은 없는 문제인데, 왜냐하면 그로부터 철학이 모든 비합리적 담화에 대해 침묵하기 시작했기 때문이다.

그런 가운데 '선조성의 문제'를 탐구하는 건 거부할 수 없는 실재론을 다시금 철학사에 도입하는 것이며, 인간적 사유에 근거한 실재(이성 원리) 혹은 인간적 사유가 도달 불가능한 실재(회의주의적, 신앙절대론적 원리)와는 다른 실재를 확립하는 목적을 갖는다. 그리하여 과학 담화로 대표되는 선조적 진술만이 — 상관관계적 의미가 아닌 — 오로지 '실재적 의미'를, 이 실재적 의미를 제거한다면 아무런 의미도 갖지 않게 될 그런 실재적 의미만을 갖게 된다. 선조적 진술에 이중적 의미를 부여하는 건 바로 상관주의 철학자이다. 그는 겸손하고 신중하게, 하지만 결코 담대하지 않은 방식으로 장식을 단다. '사건 x는 인간의 출현이 있기 훨씬 전에 일어났다 — 인간에 대해서

(그리고 심지어는 과학자에 대해서)'. 메이야수는 이러한 인간 중심적 상관주의, 나아가 회의주의로 귀결될 수밖에 없는 상관주의를 겨냥한다.

그렇지만 메이야수는 절대자에 대한 실재적 사유 가능성이라는 질문에 곧바로 대답하지 않는다(사실상 그는 이 첫 저서에서 여태껏 아무도 감행한 적이 없었던 사유 실험으로서, 유한성을 넘어 절대자로 향하는 문을 사유에 열어 놓았을 뿐이다). 그는 '논증의 스타일'로 응답을 대신한다. 그의 논증은 대강 두 가지 전략을 함축한다. 1) 고전 형이상학에서의 절대자의 사유에 내재한 필연론적^{nécessitant} 성격을 폭로하기; 필연론은 독단론적 형이상학의 특징으로서 라이프니츠의 충족이유율과 같은 종류의 이성 원리로 표현된다. 2) 탈절대화적 함축을 갖는 모든 상관주의적 사유의 내부에 균열을 만들기; 강한 상관주의 내부에서 유일하게 탈절대화가 불가능한 사실성이 그 균열이며, 여기서부터 이성의 다른 사용, 즉 사변적 이성이 시작된다. 그럼으로써 메이야수는 두 가지 결론에 도달한다. 1) 필연적 존재자는 불가능하다. 2) 존재자의 우연성은 필연적이다.

논증을 위해 그는 우선 데카르트, 칸트, 흄으로 거슬러 올라간다. 이는 이 세 철학자 간의 대립을 통해 절대자에 대한 사변적 가능성을 탐색하기 위해서다. 데카르트의 존재론적 증명에 의한 형이상학적 절대자에 대한 칸트의 응답, 칸트의 선험적 형식들의 사실성에 대한 흄의 응답을 매개로 하여 메이야수는 그것이 완전한 신의 필연적 존재이건(데카르트) 선험적 형식의 사실적 필연성이건(칸트) 자연법칙의 안정성이건(흄) 독단주의적이거나 형이상학적 함의를 갖는 절대자는 논박의 대상이 될 수 있음을 증명한다. 반면 필연적인 절대적 존재자가 부재하는 사변적 사유는 독단주의적 절대자에 접근하는 게 아니라 절대자 일반에 접근한다. 사변적 사유에서 중요한 것은 절대적 존재자의 증명이 아니라 이유[근거, 이성]로부터 해방된 절대화absolu- toire의 사유다. 즉 '이성 원리를 경유해서 절대적인 것에 접근한다고 주장하는' 모든 형이상학적 사유가 정의상 사변적이라면 독단주의적 절대자를 전제하는 대신에 절대화의 사유를 주장하는 모든 사변적 사유가 형이상학적일 수는 없다.

상관주의 철학자가 형이상학적 전제를 거부하면서 탈절대화를 주장할 때, 우리가 간과하기 쉬운 것은 그가 형이상학적 절대자들의 종언을 선언하면서 거기에 사변적 절대자들까지 포함시켰다는 사실이다. 여기서 메이야수가 구분한 약한 상관주의와 강한 상관주의를 더 자세히 살펴볼 필요가 있다. 사변적 사유를 통해 절대자를 확립하는 데 있어 가장 강력한 적은 절대자에 대한 여하한 사유를 삭제하는 강한 상관주의이기 때문이다. 약한 상관주의는 칸트의 상관주의다. 칸트는 선험적 형식을 통해 인식 대상과 인식 행위를 구분하고 인식이 도달 불가능한 것으로 즉자를 고려했지만 이 즉자는 인식 불가능한 것이지 사유 불가능한 것이 아니다. 즉자는 그 존재의 근거가 확립될 수 없다는 점에서 이성 원리를 넘어서지만 무-모순적이기에 사유 가능하다. 반면에 강한 상관주의는 상관관계의 사실성만을 강조한다. 이는 두 가지 결과를 낳는바, 상관물 자체가 절대적인 것으로 고려되면서 상관물의 주관적 실체화가 일어나거나, 상관관계의 사실성만이 절대적인 것으로 고려되면서 칸트적 즉자가 삭제된다는 것이다. 전자는 다양한 주체의 심급을 결정하는 '주관주의적 형이상학'으로, 후자는 사유와 존재의 절대적 분리로 향한다. 메이야수의 전략은 강한 상관주의가 반박을 위해 전제하는 암묵적 절대성을 겨냥함으로써 바로 그 상관주의의 내부적 균열을 여는 것이다.

상관주의가 단정하는 필연적 존재자의 불가능성은 모든 존재가 다르게 존재하는 것이 가능하다는 것, 그리고 모든 존재가 우연적으로 존재한다는 것으로 재해석된다. 다시 말해 존재의 근거를 갖지 않는 모든 존재자는 바로 그 근거 없음에 의해 존재한다. 카오스 속에서 존재할 수 없는 유일한 존재자는 다름 아닌 필연적 존재자이다. 다시 말해 '모든 사물의 비-필연성의 절대적 필연성을 증명하는 것, 모든 사물의 우연성의 절대적 필연성을 확립'하는 것이 가능하다. 그리고 이 모든 존재자는 '순수한 우연성'의 시간 내에서, 시간 외적 시간인 우연성이 필연적이게 되는 시간 내에서 존재한다. 그것이 '카오스의 극단적인 형태, **초-카오스**'이며, 사실성의 비사실성인 본사실성을 구성한다. 여기서 발생할 수 있는 법칙의 와해는 칸토어의 초한수와 그에 따른 총체화될 수 없는 집합론에 의해 해결되고, 우연성의 필연성은 합리적 타당성을 얻는다. 요컨대 흄이 열어 놓은 문제, 즉 경험적 우연성을 존재론적으로 이해하기 위해서는 칸트에게서 논리적 필연성을, 데카르트에게서 수학적 사유를 빌려와야 한다. '모든 수학적 진술의 본질적인 기준 자체로부터 모든 존재자의 우연성의 필연적 조건을 포착하면서, '유일한 le' 논리학을 절대화하려고 시도했던 것처럼 '유일한le' 수학을 절대화'하는 것이 선조적 진술을 가능하게 하는 사변적 사유의 토대다.

메이야수는 강한 상관주의가 절대자의 불가능성을 선언하면서 이성을 온갖 종교적 신화에 노출시켰다고 진단 내린다. 형이상학과 절대자의 관념이 낡았다는 주장과 함께 종교는 유일신을 증명하려는 노력을 포기하고, 대신 온갖 종류의 신앙을 허용하게 되었다. 현대 철학 역시 종교의 이런 탈절대화적 양상을 좇고 있는 것처럼 보인다. 이렇듯 상관주의로부터 파생된 사유의 경향들 속에서, 메이야수의 사변적 실재론은 바디우가 서문에서 말하고 있듯이 '사유의 운명이 — '종교적인 것의 복귀'가 영혼의 허구적 보충물을 제공해 주는 가운데 우리가 자족해하는 저 단편들과 부분적 관계들이 아니라— 절대적인 것이라는 사실을 다시금 정당화한다'. 그는 이 첫 저서에서 회의주의적, 혹은 신앙절대론적인 경향의 현대 철학에 맞서서 다시금 절대적인 것에 대한 사변을 시작할 것을 우리에게 촉구한다. 그렇지만 그는 현재의 시각에서 일종의 사유의 감행일 수 있는 절대자의 회복을 단순히 주장하는 대신— 사실상 우리가 대다수의 현대 철학자들에게서 발견하는 것은 어떤 프로파간다적 형태다 — 매우 세련된, 그렇지만 동시에 매우 과감한 논증의 방식으로 그 타당성을 전개하고 있다. 그리하여 아리아드네의 실을 따라가듯이 그의 논증을 따라가는 것이 이 책의 독서에 있어 또 다른 즐거움을 안겨줄 것이다.

첫 번역본이 나온 지 십수 년이 지나서 출간하게 된 이 개정 증보 번역본은 기존의 번역본을 수정, 보완한 것이며, 특히 1장 선조성의 뒷부분 일부는 프랑스어 개정판을 반영해서 새로 덧붙여졌다. 기존의 번역본에 많은 수정을 가했지만 여전히 부족한 부분이 역자의 마음에 남아 있다. 우선 이 책을 재출간하기로 결정한 도서출판 b의 조기조 사장님에게 감사를 드리며, 아울러 책을 내기까지 애써주신 출판사 친구들에게도 감사를 드린다.

정지은

찾아보기

바리에테 신서 13
유한성 이후

초판 1쇄 발행 • 2010년 7월 23일
재판 1쇄 발행 • 2024년 6월 28일

지은이 • 퀑탱 메이야수
옮긴이 • 정지은
펴낸이 • 조기조

펴낸곳 • 도서출판 b
등록 • 2003년 2월 24일 제2023-000100호
주소 • 08504 서울시 금천구 가산디지털2로 169-23 가산모비우스타워 1501-2호
전화 • 02-6293-7070(대)
팩시밀리 • 02-6293-8080
홈페이지 • b-book.co.kr
이메일 • bbooks@naver.com
유튜브 • www.youtube.com/@bbookspublishing

정가 • 24,000원
ISBN 979-11-92986-24-1   03100